全国会计领军人才丛书

Accounting Scholar Leader

会计系列

Accounting

物流企业会计

基于管理者视角

◎ 张川　张涛　王放　编著

中国人民大学出版社

· 北京 ·

图书在版编目（CIP）数据

物流企业会计：基于管理者视角/张川，张涛，王放编著. —北京：中国人民大学出版社，2017.2
（全国会计领军人才丛书・会计系列）
ISBN 978-7-300-23582-0

Ⅰ.①物… Ⅱ.①张…②张…③王… Ⅲ.①物流企业-会计实务 Ⅳ.①F253.7

中国版本图书馆 CIP 数据核字（2016）第 270370 号

全国会计领军人才丛书・会计系列
物流企业会计——基于管理者视角
张川　张涛　王放　编著
Wuliu Qiye Kuaiji：Jiyu Guanlizhe Shijiao

出版发行	中国人民大学出版社		
社　　址	北京中关村大街 31 号	邮政编码	100080
电　　话	010－62511242（总编室）		010－62511770（质管部）
	010－82501766（邮购部）		010－62514148（门市部）
	010－62515195（发行公司）		010－62515275（盗版举报）
网　　址	http://www.crup.com.cn		
	http://www.ttrnet.com（人大教研网）		
经　　销	新华书店		
印　　刷	北京东君印刷有限公司		
规　　格	185 mm×260 mm　16 开本	版　　次	2017 年 2 月第 1 版
印　　张	14.5 插页 1	印　　次	2017 年 2 月第 1 次印刷
字　　数	313 000	定　　价	32.00 元

前　言

目前，物流业正在全球范围广泛兴起，国际上普遍认为物流业的发展程度与水平高低是一个国家现代化和综合国力的重要标志之一。同时，现代物流业也被认为是企业在降低成本消耗、提高劳动生产率以外的“第三利润源”。物流业已成为全球经济发展的一个新的增长点和重要热点。

对国内物流企业而言，其发展现状是市场竞争非常激烈，物流成本居高不下。根据国家发展和改革委员会、国家统计局和中国物流与采购联合会发布的《2013 年全国物流运行情况通报》，2013 年我国社会物流总费用为 10.2 万亿元，占 GDP 的 18%，是美国 8.5%的 2 倍多；与经济发展水平基本相当的金砖国家相比也明显偏高，例如印度为 13%，巴西为 11.6%。因此，加强我国物流企业的经营管理，对于降低商品流通成本，提升企业的生产效率，进而增强工商企业乃至国家经济的核心竞争力，推动我国经济体制与经济增长方式的根本性转变都具有非常重要而深远的意义。

会计作为企业经营管理的重要手段，势必会在物流企业的内部管理上凸显其必要性和重要性。然而，物流企业具有不同于传统工业企业和服务业的典型行业特点，这就决定了物流企业会计存在一定的特殊性。本书正是在这种背景下，打破常规会计教材结构体系，转向物流企业内部管理或管理者的视角编写的。

本书贴近物流企业内部管理实践，按照物流企业会计业务流程来编写。第 1 章“物流企业会计概述”作为全书的理论铺垫；第 2 章至第 7 章按照物流企业会计的完整业务流程安排，从物流企业的预算管理开始，经物流企业经营过程中的成本管理控制与日常经营业务核算，再到报表分析，然后是物流企业的绩效评价；第 8 章在经济全球化和跨国物流公司兴起的背景下，介绍物流企业相应的国际业务会计；第 9 章“物流金融会计”与第 10 章“‘互联网+’与物流企业会计”分别介绍新时代金融与互联网背景下物流业务创新与会计的结合，属于物流企业会计前沿知识。另外，书中的所有例题及案例全部与最新的企业会计准则和法律法规相一致。本书在编撰中力求适应物流管理专业与财会专业的特点，满足物流企业的财会人员和管理人员的需要，既有必要的理论分析，又包含适量的例题、案例与课后习题。本书既可作为高等院校本科和 MBA 教材使用，也可作为物流企业各级管理人员进修和自修用书。

本书由张川教授担任主编，负责主持制定写作大纲，并负责完成第 1 章、第 2 章、第 3 章和第 7 章。由张涛、王放担任副主编，张涛负责完成第 4 章、第 5 章、第 6 章和第 8 章，王放负责完成第 9 章和第 10 章。参加本书编写工作的还有张川教授指导的博士生娄祝坤、黄夏燕，及硕士生曾斌斌、陈小波、王新宇、邹彩凤、夏瑾婷、顾非凡、夏黎明、朱蓓、王贤、孙萧。

为了在编写过程中博取众家之长，我们参考了大量同行专家的有关著作、教材及案例，在此表示感谢！另外，感谢中国航油集团海鑫航运有限公司副总经理张戈为我们的调研提供大力支持。

本书的写作与出版，得到了中国人民大学出版社的大力支持，在此表示感谢！

由于作者水平有限，书中难免有不当之处，恳请读者提出宝贵意见。联系方式：zhangch@shmtu.edu.cn。

目 录

第 1 章 Chapter 1 物流企业会计概述

在经济全球化和一体化的时代背景下，随着信息技术突飞猛进的发展及企业获取生产资料与营销产品的范围日趋扩大，社会生产、商品交易、物资流通及企业管理方式正在并将继续发生深刻的变革。与此相适应，被视为除降低成本消耗、提高劳动生产率以外的“第三利润源”的现代物流业正在全球兴起。目前，物流业已成为全球经济发展的一个新的增长点和重要热点，它对于促进经济高效运行，降低商品流通成本，加快商品流通速度，提升企业的生产效率，改善对消费者的服务，进而增强工商企业乃至国家经济的核心竞争力，调整国家和地区的投资环境及产业结构，实现可持续发展战略，推动我国经济体制与经济增长方式的根本性转变具有非常重要而深远的意义。本章将介绍物流企业会计的基础知识，包括物流及物流企业、物流企业的业务流程、物流企业会计等主要内容。

本章学习目标：

1. 掌握物流与物流企业的概念；
2. 阐述物流企业的业务流程；
3. 理解物流企业会计的概念；
4. 掌握物流企业会计的特征。

第 1 节 物流及物流企业

一、物流及其发展

物流的概念最早形成于美国，1935 年，美国销售协会对物流进行了定义，当时称作“physical distribution”（PD），即实物配送之意。1985 年，美国物流管理协会侧重于实物管理方面，将物流定义为：“为满足消费者需求而进行的对货物、服务及相关信息从起始地到消费地的有效率与效益的流动与储存的计划、实施与控制过程”。

我国使用“物流”一词始于 1979 年。1979 年 6 月，我国物资工作者代表团赴日本参加第三届国际物流会议，在考察报告中第一次引用物流这一术语，但引入国内后称为"储运中心"，后来又改称"物流中心"。1989 年 4 月，第八届国际物流会议在北京召开，物流一词的使用日益普遍。其英语的原意也从 PD 延伸到 logistics，即后勤，后来转用于物资的流通，形成了沿用至今的现代物流概念。

当物流活动从生产过程和交易过程中独立出来后，物流就不再是简单的成本因素，而成为一个为生产、交易与消费提供服务的价值增值因素。物流业直接创造了时间与空间价值，是产品价值的重要组成部分。随着物流业的发展，它在国民经济中越来越重要。物流业已成为国民经济的重要产业，是我国经济一个新的增长点。2006 年 3 月，第十届全国人民代表大会第四次会议通过的《国民经济和社会发展第十一个五年规划纲要》明确提出大力发展现代物流业。2009 年 3 月，国务院出台的《物流业调整和振兴规划（2009—2011 年）》将物流业列入 2009 年政府调整振兴的十大产业中唯一的生产性服务业。这标志着物流业的战略地位日益凸显。得到国家政策上的倾斜，既是对物流业重要地位的肯定，也给物流业发展带来了机遇。物流业的发展要靠行业精英的支撑和推动，要靠物流企业的有效经营及其经济作用的有效发挥。

随着物流业的发展，物流企业的概念也在不断发展，在不同发展阶段有不同的定义。现代物流不仅考虑从生产者到消费者的货物配送问题，而且考虑从供应商到生产者对原材料的采购，生产者自身在产品制造过程中的运输、保管、信息等各个方面，还要考虑全面、综合性地提高经济效应和效率的有关问题。因此，现代物流是以满足需求为目标，把制造、运输、销售等市场情况统一起来考虑的一种战略措施，这与传统上仅将之看成是"后勤保障系统"和"销售活动中的桥梁"相比，在深度和广度上进一步提升。2006 年 12 月，为了规范有关物流的术语，我国制定了物流术语的国家标准（GB/T18354—2006）。物流的定义为："物流是指物品从供应地向接受地的实体流动过程。根据实际需要，将运输、储存、装卸、搬运、包装、流通加工、配送、信息处理等基本功能实施有机结合。"

二、物流企业及其特征

物流企业是指从事物流活动的经济组织。它是独立于生产领域之外，专门从事与商品流通有关的各种经济活动的企业，是在商品市场上依法自主经营、自负盈亏、自我发展、自我约束的具有法人资格的经营单位。具体来讲，物流企业以物流为主体功能，同时必然伴随有商流、资金流和信息流，涉及仓储业、运输业、批发业、连锁商业和外贸行业。

与工业企业相比，物流企业的经营特点有以下几方面：（1）物流企业的生产过程只是使劳动对象（货物）发生位置的变化，并不改变劳动对象的属性和形态，不创造新的物质产品。（2）在运输生产过程中只消耗劳动工具（运输工具及设备），不消耗劳动对象（货物）。而工业企业在生产过程中既消耗劳动工具（机器、设备等），也消耗劳动对象。（3）运输生产与消费同时进行。物流企业一般不生产有形产品，不储存产品，也不转让产品，其生产过程也就是产品消费过程。(4) 运输生产过程具有流动性、分散性。物流企业的生产过程始终在一个广阔的空间内不断流动，且运动方向很分散，线长点多。(5) 各种运输方式之间的替代性和协作性较强。运输生产的替代性和协作性，要求并决定了各沿线单位、各工作的分工协作，在运输生产过程中往往会跨企业、跨地区甚至跨国界。而工业企业不同的生产经营活动的替代性较弱。(6) 从整个运输行业来看，固定资产比重大，流动资产比重小。在物流企业的流动资产中，原材料比重较小，燃料、备用配件及轮胎等比重较大。一般来说，在工业企业中原材料占流动资产的比重较大。

可见，物流企业并不创造新的物质产品，但它属于特殊的物质生产部门，是社会生产过程在流通过程的延续。

三、物流企业的基本职能

在市场经济条件下，社会生产总过程由生产、分配、交换和消费四个基本环节构成。物流企业作为独立于生产企业之外，专门从事商品交换活动的经济实体，从全社会看，其基本职能是以商品的买者和卖者的双重身份交替出现在市场中，按照供求状况来完成物质的交换，解决生产与消费之间在数量、质量、时间和空间上的矛盾，实现生产和消费的供求结合，保证社会再生产的良性循环。这一基本职能称为物流企业的宏观职能。

商品流通过程一般分为购、销、存、运四个相对独立的环节。物流企业的宏观职能是通过其微观职能来实现的。其微观职能表现如下。

1. 购买职能

物流企业购买商品的职能即组织社会物资资源的职能。这一职能是物流过程的起点。物流企业根据市场的需求，用货币购买生产企业的劳动成果——物质产品，引入流通领域。

2. 销售职能

物流企业销售商品的职能即商品的供应职能。这一职能是物流过程的终点，是商品从流通领域进入生产消费和生活消费领域的最后环节。

3. 储存职能

物流企业储存商品的职能是“蓄水池”职能。商品储存是指物质产品离开生产领域，但还没有进入消费领域而在流通领域内的暂时停滞。

4. 运输职能

物流企业运输商品的职能即运送物质实体的职能。这是由物质产品在生产和消费之间的空间矛盾决定的。因为某类物质产品的生产在空间位置上相对分散，消费相对集中；或者相反，消费相对分散，而生产相对集中，所以，只有物质产品完成了空间位置的移动，才能满足消费需求。

5. 信息流通职能

在市场经济中，最重要、最大量的信息来自市场。由于物流企业连接产需双方并直接置身于市场，使其在收集信息方面具有得天独厚的条件，能将市场供求变化和潜在的信息反馈给供需双方，起到指导生产、引导消费、开拓市场的作用。

四、物流企业的类型

我国从事物流业务的物流企业一般可分为以下几种。

（一）从事简单专一物流业务的企业

这种物流企业通常称为传统物流企业，比如由仅从事运输、仓储、配送、装卸、货代等传统单一物流业务的企业转型而来的物流企业。这类企业的特点是拥有开展传统业务时保留的客户，通过发展和创新，逐步演变成现代物流企业。这类企业较多，可进一步细分为以下三种：

（1）以传统运输业务为主的物流企业。这类企业往往以原有的运输资源为基础，向现代综合物流的全方位功能扩展，但物流业务仍然侧重于运输。

（2）以传统仓储或港口业务为主的物流企业。这类企业往往以已有的仓储、码头资源为基础，增加相应的配送业务，向现代综合物流的全方位功能扩展，但业务仍侧重于仓储、港口与配送。

（3）以船代、货代为基础的物流企业。这类企业同上述两类企业有很大的区别，自身并不拥有具体的物流设施、设备等固定资产，而是利用所掌握的信息资源，通过传统业务路径转向综合型物流业务。

（二）第三方物流企业

第三方物流是指生产经营企业为集中精力搞好主业，把原来自己处理的物流活动，以合同方式委托给专业物流服务企业，同时通过信息系统与物流企业保持密切联系，以达到对物流全程管理控制的一种物流运作与管理方式。第三方物流（third-party logistics，简称 3PL 或 TPL），是相对"第一方"发货人和"第二方"收货人而言的。这是由第三方专业企业承担企业物流活动的一种物流形态。第三方物流企业既不属于第一方，也不属于第二方，而是通过与第一方或第二方的合作来提供专业的物流服务；它不拥有商品，不参与商品的买卖，而是为客户提供以合同为约束、以结盟为基础、系列化、个性化、信息化的物流代理服务。

（三）第四方物流企业

随着经济和物流行业的发展，市场上逐渐出现第四方物流企业。第四方物流企业专门提供物流规划、咨询、物流信息系统、供应链管理等活动。第四方物流是物流企业提供的一个整合性的物流，包括金融、保险、多站式物流配送的安排。与第三方物流企业只提供物流服务不同，第四方物流企业提供的服务是整合性的，例如协助办理进出口关税、收款等。因此，第四方物流企业提供物流系统的设计与整合。

第 2 节　物流企业的业务流程

物流企业的业务种类繁多，业务比较复杂。一般来说，大型物流公司拥有比较完善的业务流程，业务环节相对完善，业务配备相对齐全；而市场上大量存在的小型物流公司，可能仅参与物流业务流程的某一环节，从事某项业务，这些小型物流企业联合实现整个物流的业务流程。无论是具有完整物流业务流程的大型物流企业，还是专门从事某一环节业务的小型物流公司，所面对的整个物流业务流程包括运输环节、仓储环节、装卸搬运环节、包装环节、流通加工环节和配送环节等。

一、运输环节

运输是物流的中心环节之一，也是物流企业业务的主体，在现代物流企业中占有重要地位。运输是指用特定的设备和工具，在不同地域范围内提供货物或旅客的空间位移服务。无论是传统的以物资配送为核心的早期物流活动，还是当今社会以信息技术为基础、以供应链服务为特征的现代物流服务，都把运输作为实现物流服务的基本手段，通过这种位移创造商品的空间效益，实现其使用价值，满足社会的不同需求。

根据运输方式的不同，运输环节可分为铁路运输、公路运输、水上运输、航空运输和管道运输。这些运输方式有不同的特点，各自发挥着不同的作用。运输的作用表现在以下三个方面。

1. 保值作用

货物在运输过程中可能会遇到淋雨、受潮、水浸、生锈、破损等非正常性损失，因此要尽力避免非正常性损失的发生，保证货物从生产者到消费者移动过程中的质量和数量，使货物在到达消费者时使用价值不变。

2. 缩短距离，提高效率

运输可以克服货物的时间间隔、距离间隔及人的间隔，实现更高效的标的物品在生产者和客户之间的转移。现代化货物运输的发展不仅可以拉近生产者和消费者之间的距离，而且可以减少时滞成本，提供更多的便利，提高生产与生活的效率。

3. 加快商品流通，促进经济发展

运输的发展有利于加快商品流通的速度，从而降低商品的零售价格，提高消费者的购买欲望，拉动消费需求，最终刺激和促进经济的增长。

二、仓储环节

仓储是指利用仓库等设施来储藏、管理、保护物品或货物的物流活动。仓储是物流活动的另一重要环节，具有调节供需、调配运能、保护物资、实现配送、节约物资等功能。仓储是包括库存和储备在内的一种广泛的经济现象。在任何社会形态中，对于不论什么原因导致停滞的物资，也不论是什么种类的物资，在生产加工、运输、消费等活动前后，总是要存放起来，这就是仓储。与运输相对应，仓储是以改变物的时间状态为目的的活动，旨在克服供产或产需之间的时间差异而获得更好的效用和效益。

仓储活动是衔接生产和再生产、生产和消费的必要环节，为客户的货物创造了时间效用，同时以其储存、分类和整合等功能为后续环节做准备和铺陈，为后续环节效率的提升奠定一定的基础。没有合理、有序、规范的仓储，装卸、运输等活动的效率必然受到影响。

三、装卸搬运环节

装卸是物品在指定地点以人力或机械装入运输设备或卸下的活动。搬运是指在同一场所，以对物品进行水平移动为主的物流作业。在实际操作中，装卸和搬运密不可分，相伴随而发生。在物流过程中，装卸活动不断出现、反复进行，频率高于其他各项物流活动，而且每次装卸活动都要花费很长时间，往往成为决定物流速度的关键。装卸活动所消耗的人力物力也很多，装卸费用在物流成本中所占的比重较高。以我国水运为例，水运的装卸费占运费的40%左右，不仅包括装卸本身的费用，还包括因装卸延迟引起的滞期费、速遣费等费用。从降低物流费用角度考虑，要重视装卸环节。

另外，在装卸搬运过程中需要不断地接触货物，因此在此环节中极易造成货物破损、散失、损耗、混合等。虽然装卸搬运是一种附属性、伴生性的活动，但在很大程度上影响着物流效率，决定着物流技术经济效果。它对整个物流活动具有支持性和保障性的作用。

四、包装环节

包装是指为了在流通过程中保护商品、方便运输、促进销售，按照一定的技术方法而采用的容器、材料及辅助物等的总称，也指为了达到上述目的而采用容器、材料和辅助物的过程中运用一定技术方法的操作活动。包装可以避免货物日晒、风吹、雨淋、灰尘沾染等自然因素的侵袭，防止挥发、渗漏、溶化、碰撞、挤压、散失以及盗窃等造成的损失；可以实现货物价值和使用价值，增加货物的附加价值；同时也为物流其他环节提供便利。

五、流通加工环节

流通加工是指物品在从生产地到使用地的过程中，根据需要施加切割、计量、分拣、刷标志、栓标签、组装等简单作业的总称。流通加工是流通的一种特殊形式，指在物品从生产领域到消费领域流动的过程中，为了促进销售，维护产品质量和提高物流效果，对物品进行加工，使物品发生物理、化学或形状的变化。在商品流转过程中进行简单的、必要的加工能够有效地完善流通，创造附加价值，这一环节是现代物流的重要利润来源。

六、配送环节

配送是指物流企业按照用户订单或配送协议进行配货，通过科学统筹规划，选择经济合理的运输路线与运输方式，在用户指定的时间内，将符合要求的货物送达指定地点的一种方式。配送是物流中一种特殊的、综合的高水平送货形式，有既定的组织和渠道，有一套装备和管理力量、技术力量给予支持，有一套制度给予规范，也是包含物流中若干功能要素的一种形式。

配送是“配”和“送”的有机结合。配送通过有效的分拣、运送等理货工作，使送货达到一定的规模，以利用规模优势实现较低的送货成本。“配”是指在送货活动之前必须依据顾客需求对其进行合理的组织与计划，只有做到这一点，才能实现现代物流管理中低成本、快速度的“送”，进而有效地满足顾客的需求。

由于在买方市场条件下，顾客的需求灵活多变，消费特点是多品种、小批量，因此配送活动绝不是简单的送货活动，而应该是建立在市场营销策划基础上的企业经营活动。只有适当计划，才能以合理的、低成本的、快速的方式进行配送活动。

配送几乎包括所有的物流功能要素，是物流的一个缩影或在某个小范围内物流全部活动的体现，一般的配送集装卸、包装、保管、运输于一体，通过这一系列活动实现将货物送达的目的。特殊的配送则以加工活动为支撑，包括的方面更广泛。

第 3 节　物流企业会计的内容

一、物流企业会计的概念

物流企业会计是应用于物流企业的一门专业会计。依据会计的一般定义，结合物流企业的一般特点，我们可以给出物流企业会计的定义。

物流企业会计是以货币为主要计量单位，运用专门的方法，对各类物流企业的经济活动进行全面、连续、系统的核算与监督，以促进物流企业加强经营管理、提高经济效益的一种管理活动。

二、物流企业会计的特征

物流企业会计是一门特殊业务会计，具有与其他企业会计不同的特点。这些特点主要表现在以下方面。

（一）结算量与结算环节

从运输对象来看，运输的货物的种类较多，比较复杂，运量大小不等。从运输范围来看，有同城与异地、省内与省外、国内与国外之分。从运输路径和方式来看，运输过程中可能途经公路、海域、水系、航道，相应产生了直达运输、江海河联运、水陆联运、铁水联运等方式。从运输环节来看，运输过程中可能涉及仓储、加工、配送等多个环节。因此，物流企业要在如此大的范围内有效完成整个业务流程，就需要在足够多的城市、区域拥有分支机构或者与其他物流公司共同构建起稳固的物流网络。

运费通常是一次性由出运地或目的地核收，这就决定了在一个完整的物流过程中多个地区甚至多个国家的物流公司或分支机构之间进行结算和清算。因此，物流企业内外部往来结算的工作量大，发生频繁，涉及的环节、内容也较复杂。

（二）资金周转

物流业属于现代服务业，其运输营运过程是生产过程与销售过程的统一，运输生产的完成也就是销售的实现，这就决定了运输业务的资金周转方式具有特殊性。在运输业务的资金周转中，不需要进行产成品存货的账务处理，因为没有产成品资金的周转环节。

（三）辅助计量

物流运输生产的结果是提供货物的空间位移，这就决定了除主要以货币来计量，还以周转量来辅助计量。货物周转量的计量主要取决于两个因素：一是数量，即货物的重量；二是距离，即位移的公里、海里等。因此，货物周转量的单位为吨公里（吨海里）等。

（四）营业成本构成

物流企业要完成货物或旅客的运输生产，就会发生各项运营支出，形成运营成本。物流企业的运营成本，并不像实物产品成本那样涉及构成产品实体、占比相当高的原材料和主要材料，主要由与各环节的运行经营以及设施配备相关的成本费用构成，比如运输的燃油费，交通工具和装卸搬运工具的折旧费、修理费、租金、各环节工作人员的人工费用等。所以，一定时期内的运输生产成本可视为这一期间的销售成本。根据现行会计制度，这些成本在物流企业的“主营业务成本”科目中核算。

（五）收入与成本核算对象

物流企业的劳动对象，不是对原材料的物质形态进行加工制造，而是对商品进行空间位置的变化。商品经过运输，所追加的交换价值和其他任何商品的交换价值一样，都要有生产过程，由运输过程中所消耗的生产要素的价值决定。物流企业的材料，基本上是由运输设备在执行职能时消费，或是在生产过程中起协助作用，或是以维护修理的形式将价值转移到所运输的商品上。因此，收入和成本的核算对象不是对原材料加工完成的各批产品或者各个步骤，而是对货物、船舶、车辆、航线、航次等不同计算对象所形成的特有的计算方法。

（六）基本业务核算

物流企业与工业企业一样，货币资金来源于国家、银行或社会，要购买物料或燃料，支付工资和其他费用，生产过程中也要消耗各种生产要素。两者最大的不同之处在于，物流企业的生产过程和销售过程相统一。因此，物流企业在运输生产过程中，经过核收各项费用等结算过程（统称为“营运过程”），即可获得更多的货币资金。所以，物流企业会计在基本业务中不需要进行产成品和销售的核算。

（七）国际业务与外币核算

物流企业在经营范围内进行扩展，大多是向国外延伸。尽管小型物流公司不具备在国外经营的实力，但或多或少会承接一定的海外业务，而大型物流公司基本上会在全球范围内进行经营，存在大量国际业务或外币交易和外币结算，国际业务便成为物流企业会计中不可或缺的部分。

（八）代理业务

代理业务是物流企业业务的重要组成部分，比如货运代理业务，因而在物流企业会计中，代付代收项目较为常见。物流企业的代理业务比较繁杂，在不同的环节、不同的运输方式下会有不同的代理业务内容，这就给物流企业的会计核算带来了一定的难度。

此外，由于生产地点的流动分散，以及交通运输的特殊生产条件，物流企业的工资结算有其特殊性。由于生产条件、生产组织、生产过程、生产工具等不同，铁路运输会计、公路运输会计、航空运输会计及船舶运输会计也有一定的差异。

三、管理者视角的物流企业会计内容

下面从管理者的视角阐述物流企业会计内容。

（一）物流企业预算管理

随着社会主义市场经济的建立与发展，预算会计发挥着越来越重要的作用。时至年末年初，预算成为企业会计部门牵头、各部门共同参与的一项重要工作，也是企业管理者最关心的会计工作之一。“凡事预则立，不预则废”高度概括了预算管理的重要性。预算，是根据企业自身的管理和技术水平确定的方案，是考核经济效果的重要依据。其作用主要是加强计划管理和限额管理，达到强化基础工作，控制投入，增加经济效益的目的。预算管理是传统的、科学的、行之有效的管理办法，得到了管理者的高度重视。

（二）物流企业成本管理控制

如何对自身物流资源进行优化配置，如何实施管理和决策，以期用最小的成本带来最大的效益，是物流企业管理者面临的重要问题。加强物流成本管理对降低物流成本和提高物流活动的经济效益有着十分重要的意义。通过对物流成本的有效把握，科学合理地组织物流活动，加强对物流活动过程中费用支出的有效控制，以及根据物流成本的计算结果制定物流计划，从而降低物流的总成本，对提高物流企业乃至整个社会的经济效益具有重要的现实意义。

（三）物流企业运输收入与成本核算

按照现代经济管理理论，物流企业的一切活动最终体现为经济活动，所有经济活动必然要求进行经济核算、成本核算和经济效益业绩考核。这些都需要通过物流企业会计工作来完成，会计核算贯穿企业整个物流活动的全过程。

运输是物流的中心环节之一，是物流企业经营活动的主体，在现代物流企业中占主体地位。运输活动不创造实物产品，而是提供运输劳务，使物资发生位移。要对物流运输业务进行管理，必须确定物流收入与成本核算项目，做好收入与成本核算的各项基础工作，这样才能进行物流收入与成本的核算管理与控制。

（四）物流企业运输相关业务的会计核算

物流企业的业务除了运输业务外，还包括仓储业务、装卸搬运业务、流通加工业务、配送业务等与运输相关的业务。在市场上存在大量的小型物流公司，专门从事某种单项业务。无论是综合性物流公司还是从事单项业务的物流公司，同运输相关的业务的收入与成本的核算都是物流企业会计不可或缺的内容，也是物流企业管理者关心的内容之一。

（五）物流企业财务报表分析

物流企业财务报表反映了物流企业的财务状况、经营成果和现金流量，是物流企业会计的核算成果，也是物流企业绩效评价的重要依据和基础。通过物流企业财务报表分析，一方面，可以评价物流企业的财务状况和经营成果，揭示财务活动中存在的矛盾和问题，为改善经营管理提供方向和线索；另一方面，可以预测企业未来的报酬和风险，为投资人、债权人和经营者的决策提供帮助。

（六）物流企业绩效评价

物流企业绩效评价是物流企业管理者为保持或者修正企业活动形式而采用的所有正式的、以信息为基础的方法和程序，通过对相应数据的采集、整理、分类、分析、解释和传播，来对以往行为的效力或效率进行量化，并据此做出相应决策，采取相应行动的过程。通常会比较实际结果和战略目标之间的差距来帮助管理者追踪企业战略的实施，成功的管理者借助这一手段能够发现或者创造机会使自己在竞争中领先。

（七）物流企业国际业务会计

国际贸易的发展离不开国际物流业务的支持，随着经济全球化的发展，大型物流公司国际业务的比重越来越大，并且出现了大批跨国物流公司。物流企业国际业务的特点有二：一是直接在境外投资经营；二是外币结算量增大。因此，物流企业国际业务会计日益成为物流企业管理者关注的焦点。

（八）物流金融会计

快速发展的现代物流业对物流企业运营提出了更高的要求，物流管理已从物的处理提升到物的附加值方案的管理。可以为客户提供金融融资的物流供应商在客户心中的地位会大幅提高，物流金融将有助于物流企业获得竞争优势。物流企业开展物流金融服务，无论是对客户、金融机构、客户的客户，还是对物流企业自身，都是一个共赢的选择。

（九）“互联网＋”与物流企业会计

2015 年 3 月 5 日第十二届全国人民代表大会第三次会议上，李克强总理在政府工作报告中首次提出“互联网＋”行动计划。“互联网＋”代表了一种新的经济形态，即充分发挥互联网在生产要素配置中的优化和集成作用，将互联网的创新成果深度融合于经济社会各领域之中，提升实体经济的创新力和生产力，形成更广泛的以互联网为基础设施和实现工具的经济发展新形态。“互联网＋”物流已经产生了重要的经济效应，它通过把移动互联网和传统的物流相结合，推动了互联网共享经济的发展，提高了经济效益，同时减少了碳排放，对环境保护做出了贡献。

复习思考题

一、简答题

1. 简述物流企业及其特征。
2. 简述物流企业的基本职能。
3. 物流企业包括哪几种类型？
4. 简述物流企业的业务流程。
5. 简述物流企业会计的特征。

二、单项选择题

1. 物流企业的（　　）职能是物流过程的起点。

A. 储存　　B. 运输　　C. 购买　　D. 信息流通

2. 物流企业会计是以货币为主要计量单位，运用专门的方法，对各类物流企业的经济活动进行全面、连续、系统的（　　），以促进物流企业加强经营管理，提高经济效益的一种管理活动。

A. 核算与监督　　B. 预测与决策　　C. 分析与检查　　D. 监督与控制

3. 在运输生产过程中只消耗（　　）。

A. 原材料　　B. 货物

C. 运输工具及设备等劳动工具　　D. 劳动对象

4.（　　）是指利用仓库等设施来储藏、管理、保护物品或货物的物流活动。

A. 运输环节　　B. 包装环节　　C. 流通加工　　D. 仓储环节

5. 运输生产过程具有流动性与（　　）的特征。

A. 替代性　　B. 分散性　　C. 协作性　　D. 集中性

三、多项选择题

1. 物流是指物品从供应地向接受地的实体流动过程，它根据实际需要将运输、储存、装卸、搬运、（　　）等基本功能实施有机结合。

A. 包装　　B. 流通加工　　C. 配送　　D. 信息处理

2. 物流企业的基本职能包括（　　）。

A. 购销职能　　B. 储存职能

C. 运输职能　　D. 信息流通职能

3. 运输环节的作用表现为（　　）。

A. 保值作用　　B. 缩短距离，提高效率

C. 配送作用　　D. 加快商品流通，促进经济发展

4. 货物周转量与旅客周转量的计量主要取决于两个因素，即（　　）。

A. 重量　　B. 数量　　C. 距离　　D. 时间

5. 物流企业的类型包括（　　）。

A. 从事简单专一物流业务的企业　　B. 第二方物流企业

C. 第三方物流企业　　D. 第四方物流企业

四、判断题

1. 物流企业的储存职能是物理过程的重点。（　　）

2. 物流企业并不创造新的物质产品，因此不属于物质生产部门。（　　）

3. 物流业属于现代服务业，其运输营运过程是生产过程与销售过程的统一，运输生产的完成也就是销售的实现。（　　）

4. 物流企业的劳动对象，不是对原材料的物质形态进行加工制造，而是对商品进行空间位置的变化。（　　）

5. 物流企业会计以货币为主要计量单位。（　　）

五、案例分析

美国人山姆·沃尔顿于 1962 年创立沃尔玛百货有限公司。20 世纪 80 年代初，沃尔玛就拥有了一个自己的卫星系统。沃尔玛在建立卫星系统后，利用统一的产品代码——UPC（universal product code）对货品进行管理。经理扫描某商

品的 UPC 代码，不仅可以知道目前商场内这种商品有多少、订货量是多少，而且可以了解这种商品有多少正在运输途中、何时送到。这些数据都会通过主干网和通信卫星传递到数据中心。管理人员不但能实时对销售情况、物流情况等进行监控，还可以掌握当天回收了多少张失窃的信用卡、信用卡认证体系是否正常工作，并监控每日完成的交易数目。沃尔玛的数据中心还与供应商建立了联系，实现了快速反应的供应链管理。厂商通过运营系统可以进入沃尔玛的电脑分销系统和数据中心，直接从 POS（point of sale）得到供应商的商品流通动态信息，如不同店铺及不同商品的销售统计数据、沃尔玛各仓库的调配状态、销售预测、电子邮件与付款通知等，以此作为安排生产、供货和送货的依据。整个运作过程协调有序，减少了无效的程序，提高了效率。通过信息系统，管理人员掌握了第一手资料，并对日常运营与企业战略做出分析和决策。

在短短几十年间，沃尔玛由一家小型折扣商店发展成为世界上最大的零售企业。在推动沃尔玛短时间内发展壮大、超越对手、坐上世界零售企业头把交椅的各种因素中，强大的物流信息系统至关重要。依靠自身的信息系统，沃尔玛每年能够满足全球 4 000 多家连锁店对 8 万多种商品的配送需要，每年的运输总量超过 78 亿箱，总行程达 6.5 亿千米。

要求：

（1）根据以上资料分析沃尔玛物流的特点。

（2）沃尔玛的运作方式是否具有参考学习价值?

第2章 Chapter 2 物流企业预算管理

物流企业作为我国国民经济中一支重要的新生力量，显现出蓬勃的生命力和广阔的发展前景。现代物流预算管理理念作为重塑物流企业管理模式的指导概念，受到越来越多的物流企业的关注。本章从预算管理基本理论着手，通过描述预算管理的概念、分类、作用和意义对预算管理作简要介绍；接着详细介绍物流企业预算方法和原则，以及具体的预算编制和修改；最后对物流企业预算管理的执行和控制进行分析。本章希望通过对物流企业预算管理加以研究，为我国现代物流企业预算管理的完善和发展提供启示和借鉴。

本章学习目标：

1. 了解预算的概念与作用；
2. 掌握物流企业预算的几种编制方法；
3. 掌握物流企业经营预算、资本预算、财务预算的具体编制方法；
4. 了解预算的执行和修改。

第1节 物流企业预算管理概述

一、预算管理的概念

预算是建立在企业过去生产经营活动的结果的基础上，通过对未来进行合理的分析和预测，用货币或其他数量形式反映企业一定时期内的生产经营计划的数量说明。不同企业预算的具体内容存在差异。一般来说，预算包括营业预算、资本预算、筹资预算、财务预算，各项预算的有机组合构成企业总预算，也就是通常所说的全面预算。

预算管理是采用价值形式对企业经营活动进行预测、调节、决策和目标控制的管理形式，其根本点就在于通过预算来代替管理，使预算成为一种自动的管理机制，而不是单纯的管理手段，其目的是保证企业完成既定的经营目标。

二、预算的分类

（一）依据预算所涵盖的内容范围分类

主要分为经营预算、资本预算和财务预算。

1. 经营预算

经营预算又称日常业务预算，是指与企业日常经营活动直接相关的经营业务的各种预算，具体包括销售预算、生产预算、直接材料消耗及采购预算、直接工资及其他直接支出预算、制造费用预算、产品生产成本预算、经营及管理费用预算等。这些预算前后衔接，既有实物量指标，又有价值量和时间量指标。

2. 资本预算

资本预算又称特种决策预算，最能直接体现决策的结果，它实际上是中选方案的进一步规划。比如，资本投资预算是长期投资计划的反映，它是为规划投资所需资金并控制其支出而编制的预算，主要包括与投资相关的现金支付进度与数量计划，综合表现为各投资年度的现金收支预计表。

3. 财务预算

财务预算作为预算体系中的最后环节，可以从价值方面总括地反映经营期资本预算与业务预算的结果，亦称总预算，其他预算则称辅助预算或分预算。财务预算在预算管理体系中占有举足轻重的地位，主要包括现金流量表预算、利润表预算、资产负债表预算。

（1）现金流量表预算。现金流量表预算一般由现金收入、现金支出、现金多余或不足及资金的筹集与运用等四个部分组成。现金流量表预算的编制以各项营业预算和资本预算为基础，反映各预算期的收入款项和支出款项。其目的在于资金不足时筹措资金，资金多余时及时处理现金余额，发挥现金管理的作用。

（2）利润表预算。在各项营业预算、资本预算的基础上，根据企业会计准则，可以编制相应的利润表预算。利润表预算与实际利润表的内容、格式相同，只不过数据是面向预算期的。通过编制利润表预算，可以了解企业预期的盈利水平，帮助管理层及时调整经营策略。

（3）资产负债表预算。资产负债表预算是利用本期期初资产负债表，根据各项营业预算、资本预算、利润表预算的有关数据加以调整编制的，与实际的资产负债表内容、格式相同，只不过数据反映期末预期的财务会计状况。

（二）依据预算编制的主体分类

主要分为部门预算和总预算。

1. 部门预算

部门预算是以企业各分支机构、部门、单位等职能部门为主体，按不同的业务类别等编制的预算，也就是总预算中的各个组成部分。

2. 总预算

总预算是指将各个部门预算进行汇总所形成的企业整体预算，这种预算通常由财务预算构成，具体包括预计负债表、预计利润表等。

（三）依据预算所涵盖的时间范围分类

主要分为短期预算和长期预算。

1. 短期预算

短期预算主要是指预算期在一年以内的预算，又称年度预算。年度预算的编制往往从上一年度开始，公司要对计划销售的各种产品的产量、价格以及相应的成本和需要筹集的资金等制定详细的计划，并将这些计划以预算的形式落实为各个责任中心的经营目标。在短期预算的编制过程中，需要管理人员对未来一年中的有关要素加以预期，并注意各要素之间的衔接。一般来说，短期预算又可以分为经营业务预算、财务预算等。

2. 长期预算

长期预算是指预算期超过一年的预算，是对超过一年的投资和运营所进行的预算。从长期预算在公司经营中的地位来看，它是制定公司战略性计划过程中的一个关键内容。战略性计划主要解决的问题是选择企业的总体目标以及实现目标的具体方式，其中既涉及进入哪个市场、生产何种产品的问题，也涉及应采用怎样的价格、数量组合以及如何安排研究与开发、资本性支出及财务结构等支持公司目标实现的问题。一般来说，长期预算主要包括实施公司战略应进行的研发预算、筹资预算和经营扩张所需的资本投资预算等。

长期预算和短期预算不仅在编制时间的长短上有差异，而且在内容和精细程度上有差异。在短期预算中，关键的预算假设在于对数量和价格的预测，组织中的每个部门都必须接受这类关键性的假设，它一般较为精细，并可作为日常营运的控制标准；而在长期预算中，关键的预算假设主要涉及应进入哪个市场以及应获取何种技术的问题，它是对公司的未来进行的财务整体规划，因此相对来说不需要特别精细。通常情况下，短期预算和长期预算的制定可以合并为一个过程，具体操作中可以采用长期预算以滚动方式与年度预算相结合的方法。

（四）依据预算编制的特征分类

主要分为未来状态预算、责任预算及措施预算。

1. 未来状态预算

未来状态预算是指对预算期末公司财务状况以及预算期内经营成果和现金流量状况进行的预算，具体包括预算资产负债表、预算利润表和预算现金流量表。实际上，未来状态预算是对财务报表进行的预计，它表明如果经营按照计划进行，在预算期末公司将获得何种财务报表。一般来说，财务报表预算建立在业务预算和财务预算的基础上，是在既定假设前提下对业务预算和财务预算进行的综合。

2. 责任预算

责任预算是以责任中心为主体，以其可控的指标为对象编制的预算。预算要有效地发挥控制作用，必须将业务预算、财务预算和特定的责任主体联系起来，否则预算目标的落实就很有可能落空。因此，需要将业务预算、财务预算分解至其可控主体，形成责任预算。责任预算是对业务预算和财务预算的分解，在指标分解过程中，既应按照组织的层级进行纵向分解，又应按照组织的部门及其管理权限进行横向分解，同时保证事权、财权和预算责任的一致性。在各责任单位内部，应针对所负责的不同预算项目分项进行预算的编制，在组织的层面汇总各责任主体的项目预算，即重新得到业务预算和财务预算。

3. 措施预算

措施预算又称保障预算，是对前述各项预算目标提供的具体措施，具体包括完成预算应采取的具体措施及该措施的可行性。实际上，措施预算是预算指标和责任主体日常工作相结合的一种有效方式，通过措施预算，前述各项预算指标才有实现的基础和保障。

三、物流企业编制预算的作用

物流企业同一般制造企业一样有经营目标，也会提出预算要求。预算规定了企业各级部门经营活动的依据和考核经营业绩的标准。物流企业编制预算的作用体现在以下方面。

1. 资源配置

企业的资源是有限的，企业必须合理分配和利用企业资源以实现最大的效益。物流企业中销售部门、仓储部门、流通加工包装部门、装卸搬运部门与财务部门的资金运用和成本费用的控制经常出现分歧。编制预算的目的之一就是要协调各运营部门以减少分歧。在编制预算时应进行成本效益分析，分析比较每一项物流成本费用及相应的效应，评价每项费用开支计划的重要程度，区别不可避免项目和可延缓项目。然后根据预算期可动用的资金在企业内部各项目之间进行分配，对不可避免项目优先安排资金，对可延缓项目根据可动用资金情况，按轻重缓急、收益大小分配资金。这样就可以将企业的资源分配给获利能力相对较高的部门、项目，将企业资源加以整合与优化，通过内部化来节约成本费用，实现资源利用效率最大化。做好物流成本的预算，可以在事前掌握物流成本现状，在预计物流成本时掌握充分的主动性，从而保证物流计划准确可靠、完善物流成本考核和降低物流成本。

2. 管理协调

企业尤其是大企业管理跨度加大，需要通过一个机制来强化管理的协调。而预算的编制，将企业一定时期的生产经营目标细化成企业各层次、各环节、各部门、各人员的具体预算指标，这些量化的预算指标就成为具体工作目标和行动计划。这样，企业的经营目标就和内部各环节目标保持一致，通过编制预算、下达预算和执行预算，实现对企业管理的协调，使之成为一个整体。预算管理通过制度运行来代替管理，是一种制度管理而不是人的管理。

3. 全员参与

预算管理绝不只是财务部门的事情，而是企业综合的、全面的管理。预算管理过程涉及企业的各个部门及所有员工，那种将预算管理视为部门管理的想法是错误的。全员参与预算指标的实现，可增强企业员工的工作责任感，促进员工间的横向沟通和纵向沟通。

4. 战略支持

预算管理通过规划未来的发展指导当前的实践，因而具有战略性。战略支持功能最充分地体现在动态预算上，通过滚动预算和弹性预算形式，将未来置于现实之中。

5. 自我控制

预算管理是一种控制机制，预算作为一根“标杆”，使所有预算执行主体都知道自己的目标是什么、应如何去完成预算、如何与自身利益挂钩等，从而起到一种自我约束和自我激励的作用。

预算的编制是一种事前控制。在编制预算时，企业会综合考虑企业经营的各个方面，对经营活动进行合理的安排，并形成预算，作为以后实施的依据。预算的执行是对企业日常经营活动的事中控制。预算执行结果的考核和评价是对日常经营活动的事后控制。企业应及时分析预算与实际的差异，分析原因，吸取经验和教训，以便改善以后的经营。

第 2 节　物流企业预算编制的基本原则与方法

一、物流企业预算编制的基本原则

物流企业预算编制是物流企业管理的起点，也是物流管理的重点。预算编制是一项错综复杂的综合性工作，既需要企业最高管理部门的支持，又需要物流系统各部门的通力合作。为了保证预算编制的科学性、有效性和适用性，物流企业在编制预算时要坚持以下原则：

一是合法性原则，即预算编制要严格按照我国宪法及其他法律制度的规定。

二是公开原则，即预算编制行为和编制结果必须公之于众，让全员了解预算编制的程序，保证预算编制的公平可行。

三是完整性原则，即预算编制应该涵盖物流企业的所有活动，反映物流企业所有的收入与支出。

四是真实性原则，即预算必须真实反映物流企业的经营情况。

值得注意的是，物流企业人力成本、包装成本、仓储成本及固定资产摊销成本占其成本的绝大部分，所以在编制预算时，需要编制人员开展调查研究，也需要各部门大力支持。

二、物流企业预算编制程序与步骤

（一）物流企业预算编制程序

物流企业应当依据“上下结合、分级编制、逐级汇总”的原则，依据财务管理关系，层层组织做好各级子公司财务预算布置、审核、编制和汇总工作。内部运输部门、仓储部门、流通加工部门、包装部门、装卸搬运部门、投资部门、人力资源或业绩考核等职能部门应认真配合做好年度财务预算编制工作。物流企业预算编制的基本程序如图 2—1 所示。

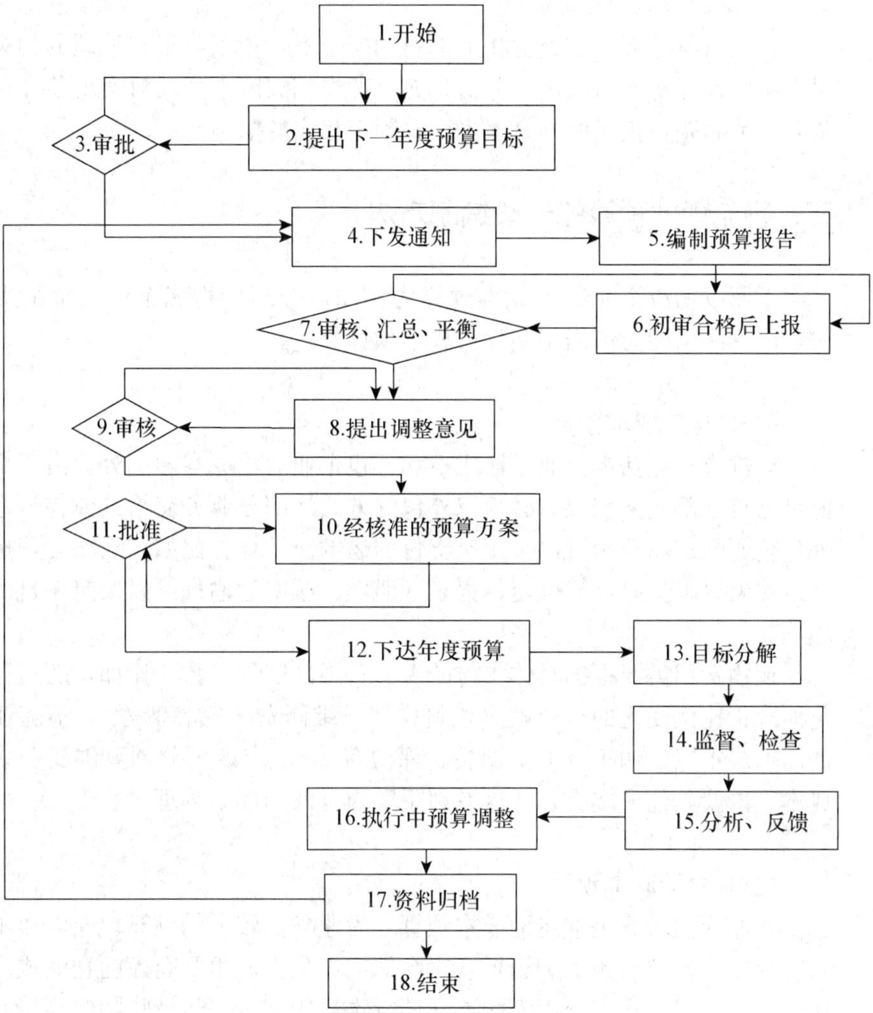

图 2—1　物流企业预算编制的基本程序

（二）物流企业预算编制步骤

无论采用哪种方式编制物流企业预算，一般都要经过以下几个步骤。

1. 收集和整理有关数据

在编制预算前，要广泛收集和整理所有需要的各项基础资料，并分析研究。

2. 分析上年度物流企业预算执行情况

企业在编制本期预算之前，要对上年度预算的执行情况进行分析，尤其要将上年度具有可比性的实际情况与预算情况进行对比，与同行业现有水平对比，揭示差距，查找原因，总结经验，以便编制有效的预算。

3. 测算相关因素变动对实现预算目标的影响

在分析上年度预算执行情况的基础上，根据确定的预算目标，考虑预算期内影响其变动的相关因素，反复研究如何应对这些因素的影响，使企业对于预算期内能否完成预定的目标做到心中有数。

4. 编制正式的预算报告

一般由财务部门在其他相关部门的配合下，依据收集和整理的相关资料，在对上年度预算执行情况进行分析、充分考虑相关因素变动对实现预算目标影响的基础上编制企业正式的预算报告，并制定相应的措施。

三、物流企业预算的一般编制方法

下面以物流企业物流成本预算为例加以介绍。物流企业通常采用固定预算法，以物流功能为依据编制物流成本预算。

（一）运输成本预算

运输成本包括本企业运输成本和外包企业运输成本两部分。由于部分企业不能自己将全部业务完成，必须以外包的方式将部分业务交给其他物流企业，因此外包企业的运输费用可以按直接支付的运输费计算。比如，陆路运费按汽车的标准运费乘以吨公里计算确定；火车、船舶、航空运输都可以按照各自的标准编制预算。

运输费用需要根据具体支付的有关费用确定预算数。比如，随运输业务量变化而成正比例变化的运输费（燃料税费、维修费、轮胎费等），不随业务量变化的固定成本（运输工具的折旧费、保险费等）。应该区分预算内变动成本和固定成本，以及其他成本类别，这有利于实施有效的成本管理。

（二）仓储成本预算

仓储成本预算是继运输成本预算之后业务量较大的预算。仓储成本预算包括自有仓库仓储成本预算和租赁仓库仓储成本预算。租赁仓库的仓储成本预算编制比较简单，只需根据仓库面积或仓储货物量的多少（包括货物保险费）计算相应的仓储费即可。

自有仓库的仓储成本预算要编制更细化的内容。对于企业自己拥有的仓库的仓储费，也必须严格区分变动成本和固定成本。变动仓储费包括转库搬运费、检验费、挑选整理费、库存物质损耗等。固定仓储费包括设备折旧费、维修费、管理人员的薪酬、保险费等。

（三）流通加工费预算

流通加工是指物流企业在获得制造企业的存储货物后在仓库中开展的增值业务，能够从客户手中获取业务收入。物流企业要消耗包括流通环节在内的各项支出，这些支出费用也分为直接成本和间接成本。直接成本是与流通加工业务量有关的费用，包括直接材料费、直接人工费。间接费用是与流通加工有关的共同费用，包括间接材料费、间接人工费。直接材料费和直接人工费一般为变动成本，与流通加工的业务量成正比。流通加工的设备折旧费等则为固定成本。流通加工业务广义上包括改包装、贴标签等物流增值业务等。根据历史数据比较容易确定流通加工的商品数量和单位加工成本，也就比较容易编制预算；按照共同成本的分配标准确定单一商品的间接成本，据此编制流通加工预算。

按照物流功能编制的成本预算可以根据月、季、半年、年度细分编制，在不同时间编制预算的方法应该保持一致，具有可比性。

四、物流企业物流成本的特殊预算编制方法

物流企业物流成本的特殊预算编制方法主要有三种，分别为弹性预算法、概率预算法及零基预算法。

（一）弹性预算法

弹性预算法又称变动预算法，是指在编制预算时，预先估计预算期间业务量可能发生的变动，编制出一套能适应多种业务量的预算方法。由于这种预算随着业务量的变化而变化，本身具有弹性，因此称为弹性预算法。

弹性预算的工作原理是把成本按照成本性态最终分为两类：一类是变动成本；另一类是固定成本。在按照实际业务量进行预算编制时，固定成本一般不变；不同的业务量只需对应不同的变动成本即可。通常根据线性公式 $Y=a+bX$ 算出一定业务范围内的预算数额，式中，Y 代表预算结果；a 代表固定部分；b 代表单位变动部分；X 代表业务量。

运用弹性预算法编制预算的程序如下：

（1）选择和确定恰当的业务量，确定预算期内业务波动的可能范围。

（2）分析、预计各成本费用项目的成本性态，将其划分为变动成本、固定成本和混合成本，并将混合成本进一步分解为变动成本部分和固定成本部分。

（3）计算确定各经济变量之间的数量关系，预测预算期内可能达到的各种经营活动的业务量。

（4）根据各经济变量之间的数量关系，确定不同业务水平下的预算数额。

物流成本的弹性预算通常采用列表法表示，其特点是直观、方便。如表 2—1 所示。

表 2—1　　**物流企业弹性预算表**　　单位：元

费用项目	业务量（千吨公里）				
	500	525	550	575	600
变动成本	250	265	280	295	310
混合成本	60	68	76	84	92
固定成本	2 500	2 500	2 500	2 500	2 500
总成本合计	2 810	2 833	2 856	2 879	2 902

值得注意的是：弹性预算必须遵循变动成本在一定业务量范围内呈正比变化，而固定成本在此范围内保持不变的原则。超出这一范围，则固定成本、变动成本的划分就会发生变化。

弹性预算法在利润预算中的应用通常和变动成本法相结合。

例 2—1

以表 2—1 的数据为例。每公里的运价为 7 元。为简化起见，将混合成本归入变动成本核算，不再进行分解。下面重点分析按照弹性预算法编制的表 2—2。

表 2—2　　海大物流公司弹性预算利润

20××年

单位：元

业务量（千吨公里）	500	525	550	575	600
业务额	3 500	3 675	3 850	4 025	4 200
变动成本	310	333	356	379	402
边际贡献	3 190	3 342	3 494	3 646	3 798
固定成本	2 500	2 500	2 500	2 500	2 500
营业利润	690	842	994	1 146	1 298

弹性预算法可运用于多项内容的预算，比如仓库量的预算、搬运量的预算等。弹性预算法多在有多种业务量时使用。

优点：由于按多种业务量水平编制预算，为实际结果与预算的比较提供了动态的基础。任何实际业务量都可以找到相同或相近的控制依据和评价标准，直接作为事中控制的依据和事后评价的标准使用，从而使预算能更好地履行其在控制依据和评价标准两方面的职能。

缺点：由于需划分出各项成本费用的固定成本和单位变动成本，对基础工作要求较高，工作量也会加大。

（二）概率预算法

概率预算法是在预算期内各种预算构成变量不确定的情况下，根据客观条件进行分析、预测，估计其可能变动的范围及出现在各变动范围内的概率，再通过加权平均计算有关变量在预算期内的期望值的一种预算编制方法。

弹性预算虽然考虑了预算期内不同的业务量水平，但在各种业务量水平下有关运费单价、变动成本、固定成本等都是确定的，因此弹性预算仍属于确定性预算。然而，构成预算的各变量在预算期内很可能是不确定的，在燃油价格随着国际市场的实时波动而变动的情况下尤其如此。在这种情况下，只能做出近似的估计，估算它们在一定范围内的变动以及在这个范围内有关数值可能出现的概率，然后按照各种可能性的大小加权平均，计算确定有关指标在预算期内的期望值，这就是概率预算。

下面举例说明概率预算法。

例 2—2

经测算，海大物流公司预计 20××年度内货物运送量可能达到 2 000 千吨公里或者 3 000 千吨公里，其概率分别为 0.5，0.5；运送单价可能达到 20 元/千吨公里或者 18 元/千吨公里，其概率分别为 0.4，0.6；单位变动成本可能达到 12 元或者 11 元，其概率分别为 0.7，0.3；固定成本总额为 10 000 元。根据上述资料，确定该货运公司的预计利润的期望值，如表 2—3 所示。

表 2—3　　**海大物流公司 20××年概率预算表**　　单位：元

单价 (1)	货运量 (2)	变动成本 (3)	固定成本 (4)	利润 (5)	联合概率 (6)	利润期望值 (7)	组合 (8)
20 (p=0.4)	2 000 (p=0.5)	12（p=0.7）	10 000	6 000	0.14	840	1
		11（p=0.3）	10 000	8 000	0.06	480	2
	3 000 (p=0.5)	12（p=0.7）	10 000	14 000	0.14	1 960	3
		11（p=0.3）	10 000	17 000	0.06	1 020	4
18 (p=0.6)	2 000 (p=0.5)	12（p=0.7）	10 000	2 000	0.21	420	5
		11（p=0.3）	10 000	4 000	0.09	360	6
	3 000 (p=0.5)	12（p=0.7）	10 000	8 000	0.21	1 680	7
		11（p=0.3）	10 000	11 000	0.09	990	8
合计						7 750	

表 2—3 的计算表明，当单价为 20 元、业务量为 2 000 千吨公里、单位变动成本为 12 元、固定成本为 10 000 元时，可实现利润为：

$$2\,000\times(20-12)-10\,000=6\,000(\text{元})$$

出现这种情况的联合概率为：

$$0.4\times0.5\times0.7=0.14$$

由此可得到这种情况下利润的期望值为：

$$6\,000\times0.14=840(\text{元})$$

当然这只是其中的一种可能，可用同样的方法对其他各种组合依次进行计算，然后汇总，最后可求得利润的期望值为 7 750 元。由于该期望值考虑了各种可能性，因而更符合客观情况。

利润期望值也可以通过分别确定单价、业务量和单位变动成本的期望值来计算：

$$\text{单价}=20\times0.4+18\times0.6=18.8(\text{元})$$

$$\text{业务量}=2\,000\times0.5+3\,000\times0.5=2\,500(\text{千吨公里})$$

$$\text{单位变动成本}=12\times0.7+11\times0.3=11.7(\text{元})$$

然后正式编制该企业 20××年的利润概率预算，如表 2—4 所示。

表 2—4 海大物流公司 20××年利润概率预算表 单位：元

项目	预期值
销售收入（18.8×2 500）	47 000
变动成本（11.7×2 500）	29 250
边际贡献	17 750
固定成本	10 000
预期利润	7 750

优点：由于它充分考虑了各预算变量在预算期间可能出现的概率，企业能够在预算构成变量复杂多变的情况下，使编制的预算比较接近实际。

缺点：要求编制者有较高的预测水平，预算构成变量出现的概率易受主观因素的影响。

（三）零基预算法

零基预算法是指在编制预算时，不受过去业务收支实际情况的约束，不以现有预算、上期实际发生项目及发生额为基础，将所有还在进行的业务活动都看成是重新开始的，即所有收支均以零为出发点，在综合平衡的基础上编制当期预算。

运用零基预算法编制预算的程序如下：

（1）根据企业的计划期的目标和任务，如费用成本目标等，列出在计划期内需要发生哪些费用项目，并说明费用开支的目的，以及需要开支的具体数额。

（2）将每一项费用项目的支出进行成本效益分析即综合评价，权衡轻重缓急，按先后顺序排列，分层次等级。一般以必不可少的业务发生的费用为第一层次，必须优先保证；然后依据业务内容和费用大小，依次列出第二层次和第三层次等，提供给决策层参考。

（3）按照上一步骤所定的层次和顺序，结合可动用的资金来源，分配资金，落实预算。

由于不依据前期的数据，没有过去的条条框框的限制，不受现行预算的束缚，这种方法相对而言能够充分发挥各级管理人员的创造性，还能大幅节约费用，特别适用于那些较难分辨产出的服务性部门（如物流业务部门）。对于物流成本中出现的诸多不合理的地方，可以撇开过去的历史数据实施零基预算。但零基预算中预算编制量过于繁重，资源分配容易受部门的影响。

例 2—3

海大物流公司仓储部按照零基预算法编制管理费用，经过管理部门和全体员工的反复酝酿，确定如下费用项目及数额：

1. 仓库租金　　6 000 元
2. 行政管理人员薪金　　5 000 元
3. 自动化仓储设备研发费　　5 500 元
4. 交际应酬费　　5 500 元

5. 办公费　　　　　　　　　　3 000 元

按照管理会计的成本性态要求分析，上述五项费用中，仓库租金、行政管理人员薪金和办公费为约束性固定成本，这些费用的数额确定后不再更改，可列为第一层次；而研发费和交际应酬费为酌量性固定成本，可列为第二层次。对每一层次中的项目按照成本效益原则排序。该企业的成本效益分析如表2—5所示。

表2—5　海大物流公司仓储部的成本效益分析　单位：元

项目	成本	收益	成本收益比
研发费	1 000	3 000	1∶3
交际应酬费	1 000	1 000	1∶1

根据表2—5，研发费应排在交际应酬费之前。如果该企业的管理费用总额受限，只有20 000元，小于确定的费用总额25 000元，即并没能按照要求如数实现上述所有费用，因此要按照排序进行一次分配。先扣除约束性固定成本20 000－6 000－5 000－3 000＝6 000元，然后在研发费和交际应酬费中分配如下：

研发费应分配资金＝[6 000/(3 000＋1 000)]×3 000＝4 500(元)

交际应酬费应分配资金＝[6 000/(3 000＋1 000)]×1 000＝1 500(元)

故仓库的管理费用预算可做如下排序：

1. 仓库租金　　　　　　　　6 000 元
2. 行政管理人员薪金　　　　5 000 元
3. 办公费　　　　　　　　　3 000 元
4. 自动化仓储设备研发费　　4 500 元
5. 交际应酬费　　　　　　　1 500 元

合计　　　　　　　　　　　　20 000 元

由于一切支出均以零为起点进行分析研究，因而编制预算的工作量较大，费用较高，而且评级和资源分配具有一定的主观性，易引起部门间的矛盾，只能每四五年编制一次零基预算，以后适当调整，以减少浪费、避免低效。零基预算法对于广告费、培训费等固定性支出费用的预算编制以及事业型费用支出的编制尤为有效。

优点：这种方法能够合理配置企业资源，确保重点、兼顾一般。打破了条条框框的束缚，不受实际情况的制约，既有利于发挥各部门人员的主动性和积极性，又能促进各部门精打细算、合理使用资金，将有限的资源用于最重要的地方，并通过成本效益分析提高投入产出水平，提高资源的使用效率。

缺点：由于这种预算方法要求一切支出均以零为起点，需要进行历史资料、现有情况和投入产出的分析，因此，编制预算的工作相当繁重，需要花费大量的人力和物力，成本较高，耗时较长。

第3节 物流企业预算的编制与修改

一、物流企业预算的编制

对现代物流企业来说，预算编制应以利润为主要起点，辅之以成本目标起点与业务量起点。通过实际中对预算的执行与控制，达到控制成本、增加利润、考核员工的目的，并提高企业绩效、增强竞争优势。图 2—2 为物流企业预算编制流程图。

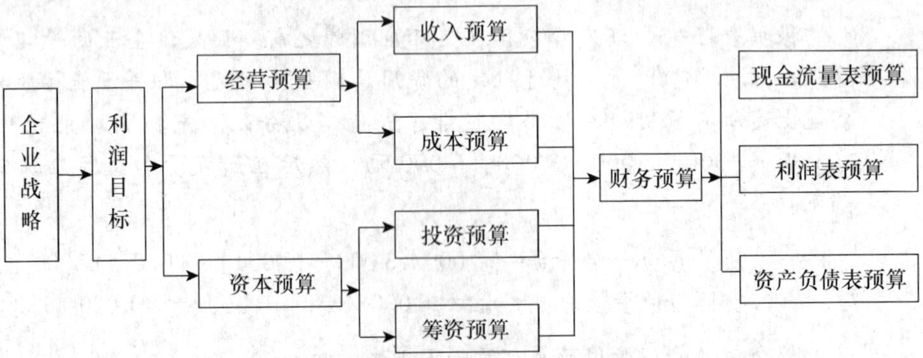

图 2—2 物流企业预算编制流程图

(一) 利润目标的确定和分解

企业的经营战略是企业未来经营发展的指导方针，利润目标的制定要符合企业战略的要求，充分体现公司管理层面临和需要达到的工作目标。物流企业要根据企业中长期发展战略的要求，从企业市场定位、客户增长率、竞争对手威胁、国家和产业政策可能的变化等出发，选取行业内先进企业作为标杆，由公司总部提出预算利润目标草案。预算委员会根据预算年度企业已有运力和可能新增运力，以最优运力安排为标准，对预算期内影响利润目标的收入成本因素进行本量利分析，确定企业盈亏平衡点，并对各种内外部因素进行敏感性分析，找出影响预算的关键因素，对关键因素可能出现的概率进行评价和分析，确保目标利润的合理性、科学性和可实现性，最后提出预算利润目标决议。

在确定利润目标后，要据此确定业务量目标和成本目标。公司总部为一级预算单位，各子（分）公司为二级预算单位，各子（分）公司所属各部门为三级预算单位。通过预算组织层级的划分，将预算目标按总部→分公司→各部门→各车组→各车辆的步骤层层分解并下达到各责任中心。预算目标一旦确定，不得随意修改，以保证预算的约束性。利润目标确定和分解后，各部门可以在此基础上编制预算，除了一般项目预算外，还要设立例外项目预算，以避免市场发生巨大变化时造成被动，影响原定目标的实现。

（二）经营预算

1. 收入预算

编制收入预算需要选择科学适用的收入预测方法。预测方法主要包括定性预测法和定量预测法，其中，定性预测法主要有专家判断法、业务人员意见法等，定量预测法主要有加权平均法、移动加权平均法、回归分析法、指数平滑法等。由于指数平滑法使用简单，预测精度较高，只需少量数据和计算时间，控制所需费用低，因此物流企业在进行收入预测时可以将指数平滑法和定性方法结合使用，以提高收入预测的准确性。下面简要介绍几种定量预测法。

（1）加权平均法是利用过去若干按照发生时间顺序排列的收入的观测值并以时间顺序为权数，计算出观测值的加权平均数，以这一数字作为预测未来期间收入预测值的一种趋势预测方法。

（2）移动加权平均法是根据同一移动段内不同时间的收入数据对预测值的影响程度，分别给予不同权数，然后进行平均移动以预测未来值。移动加权平均法不像简单移动平均法那样，在计算平均值时对移动期内的数据同等看待，而是根据越是近期数据对预测值的影响越大这一特点，不同地对待移动期内的各个数据。对近期数据给予较大的权数，对较远数据给予较小的权数，以弥补简单移动平均法的不足。

（3）回归分析法是在掌握以前较多的收入值的情况下，利用数理统计方法建立收入和影响收入因素的变量之间的回归关系函数表达式，最终通过函数表达式带入影响因素的预测值来估计预测期收入。

（4）指数平滑法是通过计算指数平滑值，配合一定的时间序列预测模型对现象的未来进行预测。其原理是任一期的指数平滑值是本期实际值和前一期指数平滑值的加权平均。

物流企业可以以单位运输工具为一个计量单位，根据以往期间不同运输工具的工作率的差异分别确定其收入。例如，企业可以根据卡车标准行驶公里定额、吨公里价格定额、吊车标准作业时间定额等资料，预测不同业务量水平，利用弹性预算法编制企业的收入预算。除编制营业收入预算外，还要编制其他收入及现金收入（如租赁收入、押金收入等）的预算。

2. 成本预算

物流企业成本按性态可以分为固定成本、变动成本和混合成本，混合成本也可以根据混合成本函数分解为固定成本和变动成本。

（1）固定成本预算编制。固定成本主要包括折旧费、保险费、各种税金及附加、租赁费、广告费、行政办公费、管理人员工资、员工培训费等。其中，折旧费、税金、年审费、货（客）运基金、车船使用税等比较容易确定，国家与地区都有相应的规定，按照规定就能测定单车定额，但保险费较难测定，因为不同保险公司的保险种类不尽相同，需要通过公司内有关部门统一协调制定。此外，固定成本根据支出的可控性还可以分为酌量性固定成本和约束性固定成本。对于酌量性固定成本（如广告费、行政办公费、员工培训费等），要利用零基预算法对其合理性和必要性进行成本效益分析和研究，权衡各项工作的轻重缓急，确定开支的层次和先后顺序，结合预算期内可动用的资金来源，分配资金，落实预算，以避免各部门为了自身短期利益而损害企业整体和长期利益。

（2）变动成本预算编制。变动成本主要包括与业务量相关的燃料费、配件费、修理费、租赁费、通信费、员工工资和福利费及过路费等。其中，工资和福利费一般情况下比较稳定，容易确定；租赁费按照合同的签订与实施状况直接确定；通信费按照企业内部规定来核定。但配件费、修理费和过路费较难确定，它们的发生具有一定的随机性，尤其是外部维修费可预测性较差，不同年份之间差别较大。可行的编制方法是对几年的历史数据进行统计分析求得平均数或在不同年份之间进行分摊。另外，在变动费用中，燃料费占很大一部分。由于油价不稳定，预算编制会受到一定影响。企业可以通过敏感性分析，对油价上涨带来的影响作出判断，确定合适的燃料定额，并根据未来油价变动情况适时调整预算。过路费的确定比较复杂，企业可以依据运输线路确定，对于固定运输线路，可根据定额资料计算过路费，而对于变动运输线路，可根据业务量进行预测，确定相应数额。

（三）资本预算

资本预算包括投资预算和筹资预算。投资预算是企业长期投资计划的反映，是预算期内进行资本性投资活动的预算。资本支出具有周期长、资金量大、时效性强、风险大等特点。企业投资预算要根据中长期发展规划、企业的资本分配政策、投资项目的可行性报告、预算期年度经营计划，结合生产预算进行编制，主要包括固定资产投资预算、权益性投资预算和债权投资预算。筹资预算也是资本预算的核心内容。对外筹资总额是投资总额减去部分内源性资金（如其他营业性现金流入量、项目折旧或利润再投资等）后的净额。事先明确对外筹资总额可以使筹资行为在事先规划的过程中为投资服务。筹资预算主要解决资本筹集方式、资本需求等问题。

资本预算不仅要编制项目支出总额，而且要在时间上安排好现金流量。

1. 投资预算

投资预算的编制步骤如下：（1）制定企业投资计划；（2）提出多种可选投资方案；（3）预计各种方案的预期现金流量；（4）评估、论证各种方案预期的现金流量；（5）比较、优选投资方案；（6）进行项目实施的过程控制、评估和事后审计。

下面简要介绍固定资产投资预算、权益性投资预算和债券投资预算。

（1）固定资产投资预算。固定资产投资预算是企业在预算期内购建、改建、扩建、更新固定资产，进行资本投资的预算。添置各类运输工具时，物流企业要通过对未来市场占有率和客户增长率的预测分析，研究企业目前各类型车辆运输能力的利用程度，初步确定购置类型和数量，并根据净现值法和投资回收期法等动静结合的评估方法对投资方案进行评价，预测其对企业未来现金流量的影响。

1）设备技术改造项目预算一般由设备部负责，它根据现有设备状况提出设备技术改造需求计划，并编制预算，经主管部门审批后，报送预算管理委员会和董事会批准。

2）固定资产投资预算要按企业经营需要分月编制。要预计未来现金流量，编制现金流的分月收支金额以及新增折旧（通常所有折旧费用的预算统一由财务部负责编制），以明确固定资产购置项目、类型和数量等。

注意：企业处置固定资产所引起的现金流入，也应列入资本支出预算。企业如有国家建设投资、国家财政生产性拨款，应当根据国家有关部门批准的文件、产业结构调整政策、企业技术改造方案等资料单独编制预算。

（2）权益性投资预算和债权投资预算。在市场经济条件下，企业生产经营日趋多元化。除传统的经过原材料投入、加工、销售方式获取利润外，通常采用投资、收购、兼并、重组等方式，增强获利能力。投资是指企业为了获得收益或实现资本增值向被投资单位投放资金的经济行为。企业对外投资，从性质上可以分为权益性投资和债权投资。此预算一般由财务部负责编制。

1）权益性投资预算。权益性投资预算是企业在预算期内为了获得其他单位的股权及收益分配权而进行的投资预算。主要包括：

①企业持有的能够对被投资单位实施控制的权益性投资，即对子公司的投资。

②企业持有的能够与其他合营方一同对被投资单位实施共同控制的权益性投资，即对合营企业的投资。

③企业持有的能够对被投资单位施加重大影响的权益性投资，即对联营企业的投资。

④企业对被投资单位不具有控制、共同控制或重大影响，且在活跃市场中没有报价、公允价值不能可靠计量的权益性投资。

权益性投资预算应根据企业发展战略、年度经营计划和预算期权益性投资计划等编制，企业收回、转让权益性投资或收取被投资单位分配的利润（股利）所引起的现金流入也要纳入资本预算。

2）债权投资预算。债权投资预算是指企业在预算期内为了购买国债、企业债券、金融债券等进行的投资预算。

债权投资预算应根据企业发展战略、年度经营计划和预算期债权投资计划等编制，企业收回、转让债券的本息所引起的现金流入也要纳入资本预算。

2. 筹资预算

筹资是指通过增量方式筹措权益资本和债务资金，它表现为表内资金来源总量的增加。

（1）企业筹资的方式。资金是企业生产经营活动的血液和润滑剂，随着企业规模的扩大，企业对流动资金和固定资产投资的需求将增加；企业生产经营困难时，为了解决财务困难，需要对外筹资；企业需要一个合理的负债结构，也需要对原有债务进行调整。况且企业负债经营具有财务杠杆作用、抵税作用，可以转嫁通货膨胀带来的影响等，企业靠自己积累的资金是远远不够的，必须对外筹资。目前，企业筹资的方式主要有以下几种：

1）股权融资，主要包括发行上市、增资扩股、风险投资、借壳买卖、股权转让和交换、杠杆收购。

2）债权融资，主要包括银行借款、发行债券、民间借贷筹资、租赁筹资、信托计划。

3）结构融资和贸易融资，主要包括留存收益、资产抵借、票据贴现、商业信用、国际贸易、补偿贸易融资。

4）项目融资和政策融资，主要包括国际组织项目融资、国际商业银行贷款、政府贷款、项目包装融资、专项资金资助、高新技术扶持、产业政策融资。

（2）筹资预算的编制。筹资预算是指企业在预算期内需要新借入的长期借款、短期借款、经批准发行的债券及对原借款、债券还本付息的预算，主要依据企业年度经营计划、预算期资金需求状况、筹资方案、预算期期初银行借款和应付债券余额、利率、债券发行批准文件等编制，一般由企业财务部门负责。企业经批准发行股票、配股和增发股票，应当根据股票发行计划、配股计划和增发股票计划等资料单独编制预算。股票发行费用也应当在筹资预算中做出安排。下面仅介绍经营性筹资预算的编制方法。

经营性筹资预算的编制依据：经营性筹资预算是指企业在预算期内为满足经营活动所需资金进行的筹资和到期偿还借款本息的预算，主要根据预算期年度经营计划、经营资金需求预测、经营预算中经营活动现金流情况、企业内部资金积累情况、预算期资金计划、筹资渠道及方式等编制。

经营性筹资预算的编制步骤：

1）预测经营资金需求量。企业通常根据成本、费用、资产、负债、所有者权益各项目与营业收入之间的依存关系，按照预算期收入增长情况来预测需要增加多少资金量。具体的步骤如下：

- 计算资产负债表中基期各项敏感项目分别占基期营业收入的比例。

使用此方法的前提是假设在预测期随营业收入（主要是运输收入）变动而变动的敏感项目（包括货币资金、应收账款、应收票据、存货、应付债款、应付票据、应交税费等）、非敏感项目（包括实收资本、留存收益等）与营业收入的百分比均与基期保持不变。

- 计算预计收入增量下的资产和负债增量，其公式如下：

敏感资产引起资金占用增量＝预算期营业收入增量×敏感资产占比
敏感负债引起资金占用增量＝预算期营业收入增量×敏感负债占比

- 根据资金平衡原理确定预算期资金需求量，其公式如下：

资金需求量＝资金占用增量－资金来源增量
　　　　　＝敏感资产增量－敏感负债增量

- 确定企业留存收益增加额，其公式如下：

留存收益增加额＝预计营业收入×预计净利润率(1－股利支付率)
　　　　　　　＝内部融资额

- 确定企业外部融资数量，其公式如下：

企业外部融资需求量＝资金需求量－内部融资额

＝敏感资产增量－敏感负债增量－留存收益增加额

2）根据汇总、审核后的经营预算，得出每月经营活动的现金收付的金额，测算出现金在预算期各月的余额。

3）将预测的经营资金需求量与经营预算中经营活动现金余额进行对比分析，找出存在差异的原因，得出调整后的经营预算中经营活动现金余额。

4）确定预算期到期应归还基期债务本息的还款种类、时间和余额。

5）将调整后的经营预算中经营活动现金余额减去预算期到期应归还基期债务本息，得出经营预算中经营活动最终的现金余额。

6）对经营预算中经营活动最终的现金余额进行认真分析。若有结余，则可以提前归还债务本息或用于投资；若有短缺，则应先挖掘内部潜力，之后仍存在短缺，应制定筹资方案。筹资方案要考虑筹资时间、筹资方式、筹资渠道、筹资额度、筹资成本等因素，并上报审批。

7）将批准的筹资方案与现金预算相结合编制经营筹资预算。

（四）财务预算

财务预算是反映企业在预算期内有关现金收支、经营成果和财务状况的预算，其编制工作主要涉及现金流量表预算、利润表预算和资产负债表预算。由财务部根据年度经营计划和已编制完成的收入预算、成本预算和资本预算来分月编制。

财务部将各预算责任单位的财务预算进行汇总，形成企业总预算目标，以使企业全面了解预算期的财务状况、经营成果和现金收支情况，并为企业的经营决策、业绩考评、资源配置等提供依据。

1. 现金流量表预算

现金流量表预算包括现金收支及筹措、运用情况，是反映企业在预算期内一切现金收支及结果的预算。现金流量表预算实际上是上述各项预算中有关现金收支部分的汇总。这里所说的现金包括库存现金、银行存款和其他货币资金。

企业现金流量表预算根据年度经营预算、资本预算和预计未来现金收入与支出情况，主要由财务部按收付实现制原则编制。编制现金流量表预算可以让企业预计预算期内现金的多余或不足情况，科学地对现金进行管理。如果现金不足，可通过向银行申请贷款、发行企业债券或其他渠道融资解决；如果现金多余，可提前归还银行贷款、其他债务或进行短期投资。现金流量表预算一般采用现金收支法（也可以采用净损益调整法）编制。现金收支法对现金收支项目和金额进行归类和汇总，其计算公式如下：

$$期末现金余额=\begin{matrix}期初现金\\余额\end{matrix}+\begin{matrix}预算期\\现金收入\end{matrix}-\begin{matrix}预算期\\现金支出\end{matrix}-\begin{matrix}现金最低\\持有量\end{matrix}\pm\begin{matrix}资金筹集\\与运用\end{matrix}$$

现金流量表预算的编制说明：

（1）编制现金流量表预算是为了合理使用资金，确保生产经营的正常运行。

（2）现金收入构成：运输收入、收回的应收账款、应收票据到期兑现等。其资料主要来源于收入预算。

（3）现金支出构成：支付运输费和过路费、支付工资及福利费、支付管理费用、支付财务费用、偿还应付款项、缴纳税金、支付股利及资本支出等。

（4）现金最低持有量：根据企业预算期的情况，为了保证生产经营正常运行而保持的合理的现金持有量。

（5）现金余（缺）：差额为正，收大于支，多余资金可用于偿还债务或作其他用途；差额为负，支大于收，即现金不足，需要采取适当的渠道和方式筹措资金。

（6）资金的筹措及运用：企业在预算期内根据资金的余（缺）采取措施合理筹措或使用资金。

这里要强调的是：现金流量表预算的编制要遵循收付实现制。要保证现金流量表预算准确，就必须首先保证收入预算、成本预算、资本预算准确，并使现金资本预算有合理的持有量。

2. 利润表预算

利润表预算是在前述各预算的基础上，采用《企业会计准则》中利润表的内容和格式，由财务部按权责发生制采用多步式净利润方法编制。

收入－成本和费用＝利润

利润表预算反映企业预算期内的经营活动及其最终财务成果，展示企业的获利能力、重要经营目标和预算指标。它是企业全面预算体系的核心，也是编制资产负债表预算的基础。它是根据年度经营目标、预算目标、经营预算、资本预算、现金流量表预算等有关资料，分单位、分月编制后汇总形成的。

利润表预算编制完成后，企业可以根据预算期利润情况、企业章程规定的利润分配政策和股东大会审议的利润分配方案等资料，采用《企业会计准则》中利润分配表的格式、内容和计算方法，由财务部负责编制利润分配预算。

3. 资产负债表预算

资产负债表预算反映企业预算期末预计的财务状况，其内容和格式与《企业会计准则》中的资产负债表基本相同，只是资产负债表预算中的期末数为预算数。该表由财务部依据预算期期初资产负债表数据，以及企业经营预算、资本预算、现金流量表预算、利润表预算等有关数据加以分析和计算后形成。

编制资产负债表预算的目的是判断预算所反映的财务状况的稳定性和流动性。通过资产负债表预算期期初与期末的对比分析，可以发现某些财务比率不佳，必要时可调整有关预算，以改善企业财务状况。

总之，企业应当根据自己的情况，建立一套科学的预算报表体系，明确各预算编制单位分工，将预算表的相关数据与企业的会计账套连接，以提高预算编制效率。

二、物流企业预算的修改

（一）企业预算修改的目的

预算方案审核通过后，预算的执行就成为关键。然而企业可能遇到各种变化，在预算执行过程中可能会出现预算已经不符合实际的情况。这时必须对预算进行必要的修改，以保证企业经营目标的实现。预算修改时，需要分情况确定是否调整考核指标。

（二）企业预算修改的前提

预算修改的前提包括：市场需求发生变化，企业内部资源发生变化，增补临时预算，外部市场环境发生重大变化。

（三）企业预算修改的程序

预算的修改流程包括预算修改申请、预算修改审议、预算修改批准三个环节。其中，预算修改不影响预算目标的，由预算管理委员会批准即可；直接影响预算总目标的，由预算管理委员会报董事会批准。

第 4 节　物流企业预算的执行与控制

一、物流企业预算的执行

预算的执行是在调动各级预算责任单位的积极性、创造性的基础上，强化责任意识并运用各项经济资源完成预算目标的过程，是全面预算管理的核心环节。再好的预算方案，如果不能有效执行也将毫无意义。

（一）预算执行责任主体

预算执行是企业各职能部门共同完成的工作，其责任主体有：

（1）各责任中心负责人。首先由各责任中心的负责人进行自我控制，根据该责任中心的业务计划和预算目标，合理安排具体的业务活动，按照预算目标控制资金及成本费用的支出，完成指定的工作目标。

（2）财务部。依据公司的审批权限及审批流程审核各项业务；根据预算目标对责任中心的成本费用及资金申请进行审核，确保预算执行部门在预算目标框架下运行；向预算管理委员会提供资金平衡方案。

（3）预算管理办公室。协调平衡销售计划、生产计划和采购计划，保证资源配置的合理性；受理、审核各责任中心提出的预算追加申请；判断预算调整的必要性，提出预算调整方案；组织协调预算执行过程中各责任中心、预算管理部门、预算管理委员会之间的关系，对预算执行信息进行综合管理，保障预算管理工作顺利进行。

(4) 预算管理委员会。根据公司的审批权限、审批流程审批成本费用的支出；平衡、审批月度资金方案；审批预算追加、预算调整方案。

(二) 预算执行权责安排

为了提高管理效率，实行预算管理的企业大多会将预算管理与授权度进行整合和融合，使其成为一体化的预算授权管理制度，也就是说，将授权规则与预算管理权限进行重新梳理，以明确以下权力的边界：(1) 预算内审批权——本质上是一种预算执行权；(2) 预算外审批权——本质上是一种预算决策权。预算内审批权是指企业内部各预算责任单位及其责任人，在既定的管理边界内根据既定预算、计划、制度标准等，充分行使各经营事项的决策权和执行权，如费用开支、预算内的资本支出计划等。预算外审批权是指在既定的管理边界、预算范围和权限以外的决策和管理事项，需要由上一级管理者行使决策控制的权限。

二、物流企业预算的控制

控制是为达到既定的目标所实施的手段。预算控制是企业内部控制体系的重要组成部分。

(一) 预算控制的目的

预算控制是企业针对全面预算管理各环节的风险实施的管控，目的是通过防范相关风险，促进全面预算管理在推动企业实现发展战略的过程中发挥积极作用。根据《企业内部控制应用指引》，企业实行全面预算管理应当关注的风险至少包括以下三类：

(1) 不编制预算或预算不健全，可能导致企业经营缺乏约束或盲目经营。

(2) 预算目标不合理、编制不科学，可能导致企业资源浪费或发展战略难以实现。

(3) 预算缺乏刚性、执行不力、考核不严，可能导致预算管理只是一种形式。

(二) 预算控制的基本要求

预算控制以健全全面预算管理体制及规范的预算管理工作流程为基础，其要求的核心如下：

(1) 按照不相容职务互相分离的原则细化各部门、各岗位在预算管理体系中的职责、分工与权限。预算管理工作各环节的不相容岗位一般包括：预算编制岗位与预算审批岗位、预算审批岗位与预算执行岗位、预算执行岗位与预算考核岗位。

(2) 明确预算编制、执行、分析、调整、考核各环节的授权批准制度与程序所要达到的目的。

（三）预算控制的内容

预算控制是指针对预算流程中主要业务风险采取控制措施，具体包括预算编制、预算审批、预算下达、预算指标的分解和责任落实、预算执行控制、预算分析、预算调整以及预算考核等八个环节的主要风险的控制。

三、物流企业预算执行与控制的步骤

第一步，加强现金流量预算管理，及时组织资金收入预算，严密控制资金支付预算，进而调节资金的收付平衡，对支付风险进行控制。

第二步，强化成本控制措施，按照成本效益原则，建立健全凭证记录，逐步完善各项管理制度，并严格执行成本费用预算、生产预算以及销售预算，强化适时监控。

第三步，建立企业全面预算报告制度，各预算执行单位定期向全面预算管理机构报告预算执行情况。

第四步，预算管理部门和上级主管部门使用报表来监控预算的执行情况，并将预算执行的进度和执行的差异及其对企业预算目标的影响等信息及时地向企业预算管理委员会和预算的执行单位提供，以促进企业完成预算目标。

复习思考题

一、简答题

1. 简述物流企业预算的分类。
2. 预算的作用有哪些？
3. 简述物流企业的三种预算编制方法。
4. 什么是物流企业经营预算，如何编制？
5. 什么是物流企业资本预算，如何编制？
6. 什么是物流企业财务预算，如何编制？

二、单项选择题

1. 预算按照所涵盖的内容分类，不包括在内的是（　　）。

A. 资本预算　　B. 财务预算　　C. 成本预算　　D. 经营预算

2. 预算按照编制的特征分类，不包括在内的是（　　）。

A. 未来状态预算　　B. 全面预算　　C. 责任预算　　D. 措施预算

3. 下列关于弹性预算法优点的表述正确的是（　　）。

A. 预算范围宽　　B. 透明度高　　C. 及时性强　　D. 连续性好

4. 下列预算中不属于财务预算的是（　　）。

A. 现金流量表预算　　B. 资产负债表预算

C. 利润表预算　　D. 资本支出预算

5.（　　）是物流企业预算管理的起点，也是物流预算管理的重点。

A. 预算编制　B. 预算分析　C. 预算修改　D. 预算分解

6. 在编制预算时，预先估计预算期间业务量可能发生的变动，编制出一套能适应多种业务量的预算方法是（　　）。

A. 全面预算法　B. 零基预算法　C. 弹性预算法　D. 概率预算法

7. 下列各项中不属于定量预测方法的是（　　）。

A. 加权平均法　B. 专家判断法　C. 回归分析法　D. 指数平滑法

8. 下列各项中不属于物流企业固定成本的是（　　）。

A. 折旧费　B. 广告费　C. 年审费　D. 燃料费

9. 下列各项中不属于财务预算编制对象的是（　　）。

A. 预计现金流量表　B. 资本预算

C. 预计利润表　D. 预计资产负债表

10. 预算修改影响预算总目标的，由（　　）批准。

A. 预算管理委员会　B. 财务部　C. 总经理　D. 董事会

三、多项选择题

1. 从预算所涵盖的内容范围来看，主要分为（　　）。

A. 资本预算　B. 收入预算　C. 经营预算　D. 财务预算

2. 财务预算主要包括（　　）。

A. 收入预算　B. 现金预算

C. 利润表预算　D. 资产负债表预算

3. 从预算编制的主体来看，主要包括（　　）。

A. 部门预算　B. 成本中心预算

C. 利润中心预算　D. 总预算

4. 下列各项中属于长期预算的包括（　　）。

A. 研发预算　B. 筹资预算

C. 资本投资预算　D. 经营业务预算

5. 依据预算编制的特征分类，主要包括（　　）。

A. 财务预算　B. 未来状态预算　C. 责任预算　D. 措施预算

6. 企业应当依据（　　）的原则，依据财务管理关系，层层组织做好各级子公司财务预算布置、审核、编制和汇总工作。

A. 上下结合　B. 分级编制　C. 层层分解　D. 逐级汇总

7. 物流企业常用的预算编制方法主要有（　　）。

A. 弹性预算法　B. 概率预算法　C. 零基预算法　D. 全面预算法

8. 下列各项中属于经营预算的有（　　）。

A. 收入预算　B. 成本预算　C. 投资预算　D. 筹资预算

9. 下列各项中属于收入定量预测方法的有（　　）。

A. 加权平均法　B. 移动加权平均法　C. 回归分析法　D. 指数平滑法

10. 预算执行是企业各职能部门共同完成的工作，其责任主体有（　　）。

A. 各责任中心负责人　B. 财务部

C. 预算管理办公室　D. 预算管理委员会

四、判断题

1. 财务预算又称日常业务预算，是指与企业日常经营活动直接相关的经营业务的各种预算。（ ）

2. 现金预算一般由现金收入、现金支出、现金多余或不足及资金的筹集与运用等四个部分组成。（ ）

3. 长期预算是指预算期超过一年的预算，是对超过一年的投资和运营所进行的预算，又称年度预算。（ ）

4. 在长期预算中，关键的预算假设主要涉及应进入哪个市场以及应获取何种技术的问题，它是对未来公司进行的财务整体规划，因此相对来说不需要特别精细。（ ）

5. 预算管理绝不只是财务部门的事情，而是企业综合的、全面的管理。预算管理过程涉及企业的各个部门及所有员工，那种将预算管理视为部门管理的想法是错误的。（ ）

6. 概率预算法又称变动预算法，是指在编制预算时，预先估计预算期间业务量可能发生的变动，编制出一套能适应多种业务量的预算方法。（ ）

7. 弹性预算要求编制者有较高的预测水平，预算构成变量的概率易受主观因素的影响。（ ）

8. 零基预算法要求一切支出均以零为起点，需要对历史资料、现有情况和投入产出进行分析。（ ）

9. 预算修改不影响预算目标的，由财务部批准即可；直接影响预算总目标的，由预算管理委员会批准。（ ）

10. 预算管理工作各环节的不相容岗位一般包括预算编制岗位与预算审批岗位、预算审批岗位与预算执行岗位、预算执行岗位与预算考核岗位。（ ）

五、案例分析

深圳航空有限责任公司（以下简称“深航”）于1992年11月成立，1993年9月17日正式开航。股东为中国国际航空股份有限公司、深国际全程物流（深圳）有限公司等，主要经营航空客、货、邮运输业务。至今，深航及其控股的航空公司共拥有波音747、737和空客320、319等各类型干线客货机逾百架，经营国内国际航线200多条。

如何实现低成本战略？如何有效控制企业经营成本？如何让航线成本核算成为航空公司制定有效营销策略的重要依据？为此，深航找到用友公司协助开发预算管理系统。根据深航的战略目标及经营管理的具体情况，用友采用NC全面预算系统的费用计划及财务计划，并结合应收、应付、报账中心、总账等系统，对营运成本与费用进行全面计划与控制。

1. 建立健全预算体系

深航的预算管理工作由财务部负责，财务部每年10月下达预算样表，要求集团本部各部门及二级公司两周内根据自身情况编制预算，对各部门的费用项目进行预警控制，对部分费用项目进行事前控制。深航的预算体系包括两部分：一是财务预算，按照会计科目、辅助项制定预算样表；二是费用预算，按照收支项目、部门制定预算样表。

2. 预算编制

首先由财务部编制预算样表并将预算样表垂直分解到各业务部门和下级子公司，再由各业务部门和下级子公司填制计划表。

对于应该由专项归口部门管理的预算，须由归口部门操作员根据各部门填制的计划表，汇总部门专项预算的合计数。

3. 预算控制

费用预算控制：费用计划通过NC应付、报账中心系统严格进行控制；控制对象为收支项目及部门。

财务预算控制：财务计划通过NC总账系统采用报警方式进行控制；控制对象为科目加辅助项。

各部门通过权限设置可以实时查询本部门的预算执行情况，并进行分析，不能看到无业务权限的其他部门的预算及执行情况。

4. 预算分析

预算分析中，除了最常见的以预算为基准，对照实际执行的结果，考察预算差异和预算执行进度外，用户还可以做进一步分析，包括因素分析、多维OLAP分析等。在分析过程中，考虑到异常因素，可以针对预算数据或实际数据进行剔除异常因素的分析。

5. 实施效果

深航坚持以降低成本为预算管理的总体指导思想，将一切经济业务纳入预算管理，做到事前有预测，事中有控制，事后有反馈考核。深航的预算管理系统不仅编制过程清晰透明，大大缩短了编制时间，而且编制时可以参考查询到的大量相关数据，使得预算编制的准确性大幅提高。由于预算管理模块对预算执行实时监控，把预算控制落实到各部门的各项工作之中，对生产经营链条中的每一环节进行财务成本控制，确定一个标准来核定预算指标，确保一切业务活动受控于预算。通过全方位的预算控制，公司将成本控制落实到生产经营的各方面，最大限度地降低了成本，增加了经济效益。

要求：

（1）结合本章内容和案例，从预算的内容来看，你认为预算管理系统应包含哪些模块？

（2）以深航为例，阐述预算管理的作用和意义。

第 3 章

Chapter 3 物流成本管理控制

物流是经济领域的黑暗大陆和第三利润源，通过合理降低物流成本，可以获得继减少劳动力资源和物质资源消耗之后的第三种利润实现途径。物流成本问题已成为物流管理的主要问题。

本章主要介绍物流成本管理控制，包括物流成本及分类、物流企业本量利分析、物流战略成本管理以及供应链物流成本管理等四个方面。

本章学习目标：

1. 对物流成本有清晰的界定；
2. 理解本量利分析法在成本管理中的作用；
3. 对物流战略成本和供应链成本有深入的认识。

第 1 节　物流成本及分类

一、物流成本的概念

物流成本是指伴随企业的物流活动而发生的各种费用。从不同的角度理解，对物流成本的定义会有所不同。从物流成本的范围来看，可分为狭义物流成本和广义物流成本；从物流成本的层级来看，可分为宏观物流成本和微观物流成本。

（一）狭义物流成本和广义物流成本

狭义物流成本是指由于物品实体的场所或位置发生位移而引起的运输、包装、仓储、装卸搬运等成本。广义物流成本是指由于生产、流通和消费全过程的物品实体与价值变换而发生的全部成本。

（二）宏观物流成本和微观物流成本

宏观物流成本又称社会物流成本，是指全社会在一定时间范围内，为消除时间和空间障碍而发生的有价值的商品运动和静止行为所耗费的成本开支总额。美国、日本等发达国家对物流成本的研究非常重视，建立了一套完整的物流成本收集系统，并将各年的资料加以比较，随时掌握国内物流成本变化情况以供企业和政府参考。我国对社会物流成本核算的研究较晚，2004 年国家发展与改革委员会、国家统计局发布《社会物流统计制度及核算表式（试行）》，相对完善的社会物流成本统计计算体系问世。

微观物流成本又称企业物流成本，现有教材文献涉及的物流成本研究通常是基于微观物流成本而言的，指发生在企业内部的为实现物流服务功能而支付的各种物流成本费用。

（三）我国对微观物流成本的定义

我国在 2006 年颁布实施的国家标准《企业物流成本构成与计算》（GB/T 20523—2006）中指出："物流成本是企业物流活动中所消耗的物化劳动和活劳动的货币表现，包括货物在运输、储存、包装、装卸搬运、流通加工、物流信息、物流管理等过程中所耗费的人力、物力和财力的总和以及与存货有关的流动资金占用成本、存货风险成本和存货保险成本。"该定义中的物流成本包含两方面内容：一方面是直接在物流环节产生的支付给劳动力的成本、耗费在机器设备上的成本以及支付给外部第三方的成本；另一方面包括在物流环节中因持有存货等产生的潜在成本，如资金占用成本、保险费等。

二、物流成本的内容与分类

按成本项目划分，物流成本由物流功能成本和存货相关成本构成（如图 3—1 所示）。物流功能成本包括物流活动过程中发生的运输成本、仓储成本、包装成本、装卸搬运成本、流通加工成本和物流信息成本。存货相关成本包括与存货有关的资金占用成本、物品损耗成本、保险和税收成本等。

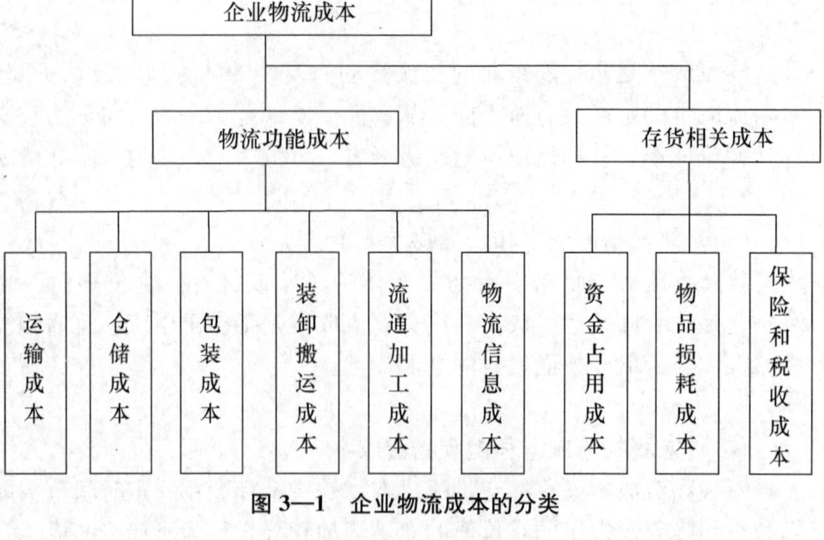

图 3—1 企业物流成本的分类

(一) 物流功能成本

按照物流的环节和功能，可以将物流功能成本分为以下几种。

1. 运输成本

物流企业在一定时间内完成一定客货运输量的全部费用支出，称为该期运输总成本。单位运输产品分摊的运输费用支出，称为单位运输产品成本，简称运输成本。

2. 仓储成本

与物流有关的仓储成本是指利用自建或租赁库房、场地，储存、保管、装卸搬运、配送货物所发生的成本。传统的仓储定义是从物资储备的角度给出的。现代的仓储不是传统意义上的“仓库”和“仓库管理”，而是在经济全球化与供应链一体化背景下的仓储，是现代物流系统中的仓储。与仓储有关的成本主要包括：

(1) 仓储持有成本；

(2) 订货或生产准备成本；

(3) 缺货成本；

(4) 在途库存持有成本。

3. 包装成本

包装成本是指企业为完成货物包装业务而发生的全部费用，包括运输包装费、集装和分装包装费、业务人员的工资福利费、包装设施年折旧费、包装材料费、设施设备维修保养费、业务费。与包装有关的成本主要包括：

(1) 包装材料费用；

(2) 包装机械费用；

(3) 包装辅助费用；

(4) 包装人工费用。

4. 装卸搬运成本

在同一地域范围（如车站、工厂、仓库等）内因改变物的存放、支承状态的活动所发生的成本和因改变物的空间位置的活动所发生的成本。与装卸搬运有关的成本主要包括：

(1) 装卸搬运人工费用；

(2) 营运费用；

(3) 装卸搬运合理损耗；

(4) 装卸搬运其他费用。

5. 流通加工成本

流通加工是物品从生产地到使用地的过程中，根据需要施加包装、分割、计量、分拣、刷标志、拴标签、组装等简单作业的总称。在物流系统中进行流通加工所消耗的物化劳动和活化劳动的货币表现，即流通加工成本。与流通加工有关的成本主要包括：

(1) 流通加工设备费用；

(2) 流通加工材料费用；

(3) 流通加工劳务费用；

（4）流通加工其他费用。

为了简化核算，对流通加工成本一般设置直接材料、直接人工和制造费用三个成本项目。另外，还需要增加废品成本项目，以单独核算物流企业在流通加工过程中产生的废品损失。

6. 物流信息成本

一定时期内，企业为采集、运输、处理物流信息而发生的全部费用，指与订货处理、储存管理、客户服务有关的费用，具体包括物流信息人员费用、软硬件折旧费、维护保养费和通信费等。

（二）存货相关成本

存货相关成本包括资金占用成本、物品损耗成本、保险和税收成本。

资金占用成本是指在一定时期内，企业在物流活动过程中负债融资所发生的利息支出（显性成本）和占用内部资金所发生的机会成本（隐性成本）。物品损耗成本是指在一定时期内，企业在物流活动过程中所发生的物品跌价、损耗、毁损、盘亏等损失。保险和税收成本是指在一定时期内，企业支付的与存货相关的财产保险费以及因购进和销售物品应缴纳的税金支出。

三、物流成本性态分析

成本性态是指成本总额与业务总量之间的依存关系，通常又称成本习性。用数学表达式可表示为 $y=f(x)$，式中，y 表示成本总额；x 表示业务量。

按照成本与业务量之间的依存关系，成本可分为固定成本、变动成本和混合成本三类。固定成本又分为酌量性固定成本和约束性固定成本两类，混合成本又分为半变动成本、半固定成本、延伸变动成本和曲线变动成本四类。

（一）固定物流成本

物流成本中的固定成本是指物流成本总额在一定时期和一定业务量范围内不随业务量增减变动而变动的成本。通常包括仓库租赁费、运输车辆保险费、管理人员薪金以及按直线法计提的固定资产折旧等。在相关范围内，固定物流成本总额不受产量增减变动的影响，但单位业务量分摊的固定物流成本却随着业务量的增加而相应减少。

固定物流成本按照管理人员的决策行为是否可以改变其数额，进一步划分为以下两种：

（1）酌量性固定物流成本。指可以控制并改变其数额的固定物流成本。

（2）约束性固定物流成本。指在日常经营活动中很难控制并改变其数额的固定物流成本。

（二）变动物流成本

变动物流成本是指物流成本总额在一定时期和一定业务量范围内随业务量变

动成正比例增减变动的成本。通常包括随业务量成正比例变化的物料费、燃料费、动力费、计件工资形式下的生产工人工资等费用。在相关范围内，变动物流成本总额随着业务量的增减成正比例增减，但业务量的单位成本不变。

（三）混合物流成本

混合物流成本是指除固定物流成本和变动物流成本之外，介于两者之间的成本。混合物流成本随业务量变动而变动，但不成正比例变动。混合物流成本按照变动趋势的不同，可进一步分为半变动物流成本、半固定物流成本、延期变动物流成本、曲线变动物流成本四种（如图 3—2 所示）。

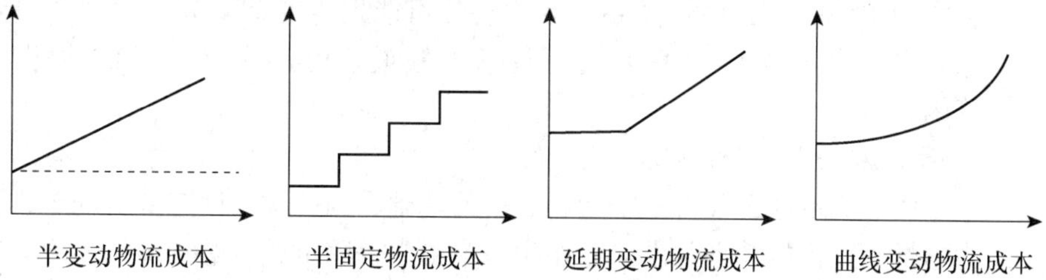

图 3—2　混合物流成本的分类

（1）半变动物流成本。指在初始基数的基础上物流成本总额随业务量呈正比例增长的成本。

（2）半固定物流成本（阶梯式成本）。指总额随业务量呈阶梯式增长的成本。当业务量在一定范围内增长时，其发生额固定不变，但在业务量增长超过一定限度时，其成本就会跳跃式上升，然后在新业务量达到一定范围时又保持不变，直到出现新一次的跳跃式上升。

（3）延期变动物流成本。指在一定业务量范围内总额保持稳定，超过特定业务量后则开始随业务量呈正比例增长的成本。

（4）曲线变动物流成本。指物流成本总额随业务量增长而呈曲线增长的成本。曲线变动成本有一个初始成本量，相当于固定成本，在这个初始量的基础上，成本随业务量增长而逐渐增加，但其增长幅度呈抛物线上升。

在物流企业里，大多数物流成本都包含固定成本与变动成本。只有将所有成本分解为固定成本和变动成本两部分，才能满足经营管理上多方面的需要。混合成本的分解方法主要有以下几种（如表 3—1 所示）。

表 3—1　混合成本分解方法

名称	具体步骤
项目分解法	按照费用性质或事先规定的比例，将其逐项分解，再分类汇总
合同确认法	根据经济合同的具体数额或有关明文规定确定，如电话费、租用费等
技术测定法	根据物质消耗的工艺过程确定相应费用的性质
散布图法	根据若干历史资料，绘制成本点散布图，目测变动趋势，画出成本直线，在图上确定直线截距即固定成本，然后计算单位变动成本
回归直线法	根据历史成本资料，用最小二乘法计算代表平均成本水平的直线截距和斜率，作为固定成本和单位变动成本

第2节 物流企业本量利分析

一、本量利分析概述

(一) 本量利分析的前提

在现实的经济活动中，成本、销售额、价格和利润之间的关系非常复杂。例如，成本与业务量之间可能呈线性关系也可能呈非线性关系；销售收入与销售量之间也不一定是线性关系，因为售价可能发生变动。为了建立本量利分析理论，必须对上述复杂关系做一些基本假设，由此来严格限定本量利分析的范围。

1. 相关范围和线性关系假设

由于成本性态分析是本量利分析的基础，因此成本性态分析的基本假设就成为本量利分析的基本假设，即在相关范围内，固定成本总额保持不变，变动成本总额随业务量变化而变化，所以总成本与业务量呈线性关系。相应地，假设售价也在相关范围内保持不变，这样，销售收入与销售量之间也呈线性关系。因此，在相关范围内，成本和销售收入分别与业务量呈线性关系。

2. 品种结构稳定假设

该假设是指在一个生产和销售多种产品的企业内，每种产品的销售收入占总销售收入的比例不会发生变化。这促使企业管理人员关注价格、成本和业务量对营业利润产生的影响。

3. 产销平衡假设

产销平衡假设是指企业生产的产品总是可以销售出去，能够实现生产量等于销售量。在这一假设下，本量利分析中的量指的是销售量而不是生产量，进一步讲，在销售价格不变时，这个量就是指销售收入。

正是因为本量利分析建立在上述假设的基础上，所以一般只适用于短期分析。在实际工作中运用本量利分析原理时，必须从动态的角度去分析企业生产经营条件、销售价格和产销平衡等因素的实际变动情况，调整分析结论。

4. 变动成本法假设

该假设是指产品成本按变动成本法计算，即产品成本中只包括变动生产成本，而所有的固定成本均作为期间成本。

(二) 本量利分析基本模型

本量利分析也叫保本分析或盈亏平衡分析，是业务量—成本—利润关系分析的简称，是指在变动成本核算模式的基础上，以数学模型与图形来揭示固定成本、变动成本、业务量、单价、营业额、利润等变量之间的内在规律性联系，为预测、决策和规划提供必要的财务信息的一种定量分析方法。本量利分析可以用以下公式描述：

利润＝营业收入－变动成本总额－固定成本总额
＝单价×业务量－单位变动成本×业务量－固定成本总额
＝(单价－单位变动成本)×业务量－固定成本总额
利润＋固定成本总额＝边际贡献总额
＝营业收入－变动成本总额
＝(单价－单位变动成本)×业务量
单位边际贡献＝(利润＋固定成本总额)/业务量
＝单价－单位变动成本
边际贡献率＝(利润＋固定成本总额)/营业收入总额
＝(单价－单位变动成本)/单价
＝1－变动成本率

如果考虑所得税，则上式中的利润用以下公式计算得到：

利润＝净利润/(1－所得税税率)

在上述公式中，边际贡献是指营业收入与相应变动成本总额之间的差额，又称贡献边际、贡献毛利、边际利润等，除了主要以总额表示外，还可采用单位边际贡献和边际贡献率两种形式表示。

单位边际贡献是指某产品或服务的单价减去单位变动成本后的差额，也可用边际贡献总额除以相关业务量求得。边际贡献率是指边际贡献总额占营业收入总额的百分比，也指单位边际贡献占单价的百分比。

在公式中，（单价－单位变动成本）就是产品或服务的单位边际贡献，而(单价－单位变动成本)×业务量就是边际贡献总额。由此可以看出，各种产品或服务提供的边际贡献，虽然不是营业净利润，但与营业净利润的形成有着密切的关系。因为边际贡献首先用于补偿固定成本，所剩的余额即企业的利润。

二、本量利分析在物流企业中的应用

本量利分析的应用十分广泛，它与物流经营分析相联系，可促进物流系统降低经营风险；与预测技术相结合，可促进物流系统保本预测，确定实现目标利润的最低业务量与成本等；与决策融为一体，可使物流系统据此进行作业决策、定价决策和投资不确定性分析。

（一）保本点分析

物流服务的保本点是指能使物流达到保本状态的业务量的总称，即在该业务量水平上，该项物流业务收入与变动成本之差刚好与固定成本持平。增加业务量就有盈利；反之，减少业务量就发生亏损。

物流服务的保本点有两种表现形式：一是保本点业务量；二是保本点营业收入。它们都是收支平衡实现保本的物流业务量衡量指标。保本点的确定就是计算保本点业务量和保本点营业收入的过程。

下面以汽车运输企业的运输业务为例来说明物流服务的本量利分析方法。

汽车运输企业的运输收入同运输成本的数量关系大致有如下三种：运输收入>运输成本，运输收入<运输成本，运输收入=运输成本。在这三种情况中，只有运输收入等于运输成本时企业才处于不盈不亏的状态，即盈亏平衡状态。因此盈亏平衡点就是企业的运输收入等于运输成本的点，在这点之上就有盈利，在这点之下就会亏损。

运输业务量越大，企业实现的盈利就越多或亏损越少。运输企业保本点运输周转量的公式如下：

$$\text{保本点运输周转率}=\frac{\text{固定成本总额}}{\text{单位运价}\times(1-\text{营业税率})-\text{单位变动成本}}$$

式中，单位变动成本可以用下面的公式计算：

单位变动成本=(公里变动成本/载运系数)+吨公里变动成本

(二) 安全边际和安全边际率

安全边际是把盈亏平衡点与企业的利润联系起来的一个概念，指实际（或预计）的销售量或销售额与盈亏平衡点的销售量或销售额的差别。它反映了企业从目前状态至盈亏平衡点状态的下降空间有多大，即企业的销售量或销售额降低多少还不至于造成亏损。安全边际主要用于分析所面临的经营风险的大小。

根据定义，安全边际既可以用实物量来表示，也可以用价值量表示，其公式如下：

安全边际量=实际(或预计)业务量-保本点业务量

安全边际额=实际(或预计)营业收入-保本点业务收入

显然，对于企业的经营来说，安全边际越大，经营风险越低；安全边际越小，经营风险越高。

此外，反映企业经营安全程度的另一个指标是安全边际率。

安全边际率=安全边际量/实际(或预计)业务量

=安全边际额/实际(或预计)营业收入

物流企业可以通过降低单位变动成本、降低固定成本、扩大业务量或提高价格等方式来提高安全边际率，降低经营风险。

(三) 经营风险

物流企业的经营风险既可以用安全边际来衡量，也可以用经营杠杆（或营业杠杆）来衡量。

经营杠杆是本量利分析中的另一个重要概念。根据成本性态的原理，在一定业务范围内，销售量的增减不会改变固定成本总额，但会使单位固定成本随之增减，从而提高或降低单位产品的利润，并使利润的变化率大于业务量的变化率。

这种由于固定成本的存在导致销售上较小幅度的变动引起利润较大幅度变动的现象，称为经营杠杆。

$$
\begin{aligned}
\text{经营杠杆} &= \frac{\text{利润变动率}}{\text{营业收入变动率}} \\
&= \frac{\text{边际贡献}}{\text{利润}} \\
&= \frac{\text{固定成本}+\text{利润}}{\text{利润}} \\
&= \frac{\text{营业收入}-\text{变动成本总额}}{\text{营业收入}-\text{变动成本总额}-\text{固定成本总额}}
\end{aligned}
$$

显然，经营杠杆是由于固定成本的存在引起的，因此企业的固定成本在成本总额中所占的比重对经营杠杆有着重要影响。一般来说，固定成本占比较高的企业具有较高的经营杠杆，变动成本占比较高的企业则具有较低的经营杠杆。经营杠杆率能反映企业经营的风险，帮助管理部门进行科学的预测分析和决策分析，因此它也是本量利分析中的重要概念。

例3—1

海大物流公司10月份的运输计划为：单位运价220元/千吨公里，单位变动成本169元/千吨公里，固定成本20万元，营业税率为5%。海大物流公司基期的边际贡献总额为80 000元，基期实现的利润为50 000元，预测销售量将增加10%。根据以上信息进行物流成本的保本分析。

解：

$$
\begin{aligned}
\text{保本点业务量} &= \frac{\text{固定成本总额}}{\text{单价}\times(1-\text{营业税率})-\text{单位变动成本}} \\
&= \frac{200\,000}{220\times(1-5\%)-169} \\
&= 5\,000(\text{千吨公里})
\end{aligned}
$$

海大物流公司10月份保本运输业务周转量为5 000千吨公里。如果公司的运输业务周转量大于5 000千吨公里，则此运输业务是盈利的。如果公司的预期运输业务周转量小于5 000千吨公里，则此业务是亏损的。

$$
\begin{aligned}
\text{经营杠杆} &= \text{利润变动率}/\text{营业收入变动率} \\
&= \text{边际贡献}/\text{利润} \\
&= 80\,000/50\,000 \\
&= 1.6
\end{aligned}
$$

$$\text{利润变动率}=1.6\times10\%=16\%$$

$$\text{利润预测额}=80\,000\times(1+16\%)=92\,800$$

经营杠杆反映了业务量较小幅度的变动引起的利润较大幅度变动，还可用来预测利润。海大物流公司的经营杠杆为1.6，由此可以得到利润变动率，进而预测利润总额。

第 3 节 物流企业战略成本定位分析

一、物流战略成本管理概述

（一）物流战略成本管理的内涵

物流战略成本管理是以战略的眼光从成本的源头识别成本驱动因素，对物流价值链进行成本管理，即运用成本数据和信息，为战略管理的每一个关键步骤提供战略性物流成本信息，以利于物流企业竞争优势的形成和核心竞争力的创造。战略成本管理是物流成本管理与战略管理有机结合的产物，是传统成本管理对竞争环境变化所作出的一种适应性变革。实施战略成本管理，应该从价值链分析和成本动因分析入手，对企业成本从战略高度进行分析和管理。

（二）物流战略成本管理的特征

与传统成本管理相比，物流战略成本管理具有长期性、全局性、开放性、竞争性等特点（如表 3—2 所示）。

表 3—2 战略成本管理和传统成本管理的区别

战略成本管理	传统成本管理
旨在取得长久竞争优势（长期性）	立足于短期成本管理策略
以企业发展全局为对象，综合分析企业自身、产业和竞争对手价值链（全局性）	单纯为降低成本而管理成本
着眼于外部环境，贯穿企业采购、研发、生产、销售和服务各环节（开放性）	关注企业内部的生产流程
重点发展企业可持续竞争优势（竞争性）	单纯考虑如何解决眼前问题

二、物流企业总体战略选择

物流企业总体战略，又称物流企业公司层战略，是物流企业最高层次的战略。

物流企业在进行总体战略选择时，应该首先进行战略分析，分析物流企业目前面临的外部环境的机会和威胁、内部环境的优势和劣势。当前，物流业外有国家政策的支持和较好的市场环境，内有丰富的发展经验和技术设施的进步，有较好的发展前景。因此，物流企业应该选择发展战略，充分利用外部环境的机会，充分发掘企业内部的优势资源，使企业在现有的战略基础上更好地发展。

三、物流企业战略成本动因分析

（一）物流企业战略成本动因的概念

在作业成本法中，作业影响成本，动因影响作业，动因是引起成本发生的根本原因。成本动因可分为两个层次：一是微观层次的与企业具体的生产作业相关的成本动因，即作业成本动因；二是战略层次上的成本动因，称为战略成本动因。

战略成本动因是指从战略上对企业的产品成本产生影响的因素。与作业成本动因相比，它具有如下特点：

（1）与企业的战略密切相连，如企业的规模、整合程度等。

（2）对产品成本的影响更长期、更持久、更深远。

（3）动因的形成与改变均较为困难。

（二）战略成本动因的一般分类

战略成本动因通常可以分为结构性成本动因与执行性成本动因。

结构性成本动因是指与决定企业基础经济结构和影响战略成本整体相关的成本驱动因素。结构性成本动因分析就是分析成本驱动因素对价值链活动成本的直接影响，以及它们之间的相互作用对价值链活动成本的影响，最终可归纳为一个"选择"问题。结构性成本动因通常包括：

（1）规模，即企业在研发、制造、营销等方面的投资规模。

（2）范围，即企业价值链的纵向长度和横向宽度，前者与业务范围有关，后者与规模相关。

（3）经验，即熟练程度的积累，与企业目前作业的重复次数相关。

（4）技术，即企业在每一个价值链活动中所运用的技术处理方式。

（5）多样性，即企业提供给客户的产品、服务的种类。

执行性成本动因是指与企业执行作业程序相关的成本驱动因素，通常包括：

（1）劳动力对企业投入的向心力；

（2）全面质量管理；

（3）能力利用；

（4）联系，即企业的各种价值链活动之间的相互关联。

（三）物流企业战略成本动因对成本的影响

1. 物流企业外部成本动因对成本的影响

物流企业的外部成本动因来源于物流企业所处的外部环境和领域，通过各种方式对物流企业的成本产生影响。来源于外部的成本动因与企业的战略管理密切相关，物流企业不同的战略会导致不同的对外关系，从而对企业成本产生不同的作用。具体表现在以下方面：

第一，从市场需求角度分析，客户要求的服务水平影响物流成本。物流服务水平反映了企业内外部客户对企业物流系统产出——物流服务——的要求。一般情况下，客户要求的服务水平越高，物流系统的投入——物流成本——也就越高。

第二，从货物性质来看，物流企业的产品特点会影响其物流成本。产品特点指产品形状、产品易损性、产品密度、产品质量和产品价值等。对不同特点的产品实施物流作业会产生不同的成本，比如越容易损坏的产品，为保证完好所需花费的物流成本越高。

第三，从地理位置来看，制造中心的位置和生产布局影响物流成本。如果制造中心所在地区交通比较便利，路况良好，则物流企业的成本相对降低。如果制造中心所在地区交通不便利，路况较差，则会增加物流成本。对于生产性物流企业而言，生产布局也会对物流成本产生影响，尽量缩短车间之间的距离，合理安排不同工序车间和设备的位置，可降低物流成本。

第四，从企业总体战略角度分析，产业链纵向联系的紧密程度是影响物流成本的重要因素。如果企业与其供应商和销售商合作密切，实现以订单为驱动力的生产与采购，减少原材料与产成品的积压，缩短运输等待时间，可降低物流成本。如果企业与其上下游企业之间合作松散，为保证生产的正常进行和产成品的供应率，或降低采购与生产成本，企业物流系统就必须承担更大的压力，从而导致物流成本增加。

2. 物流企业内部成本动因对成本的影响

物流企业的内部成本动因是来源于企业自身的成本驱动因素，这些驱动因素的增减变动会在很大程度上影响物流成本。物流企业对内部成本动因的控制力要显著大于对外部成本动因的控制力。根据企业内部活动种类的不同，可以将物流企业内部成本动因分为投资活动产生的成本动因和经营活动产生的成本动因。

1）投资活动产生的成本动因。投资活动产生的成本动因源于物流企业的系统建设活动，这种类型的成本动因不会经常性变动。因为这类成本动因对物流成本的影响一般在系统建设时发生，所以对其进行调整需要付出较大的代价。比较典型的这类成本动因是物流设施的地理位置和物流固定资产的技术水平。

物流设施的地理位置对物流企业的成本具有很大影响，比如合理规划物流配送中心的位置，虽然有可能增加土地成本，但会提高物流运作的效率，相应降低成本。物流固定资产的技术水平也会影响物流企业的成本，主要包括物流企业设备设施的技术先进性和物流管理信息系统的技术先进性。

物流企业投资活动产生的成本动因具有一定的特殊性，不能因为投资活动会使企业成本上升而减少投资活动。因此，对于投资活动产生的成本动因的分析，往往要结合经营活动产生的成本动因的分析。投资活动使成本大幅上升，但是因固定设备投资带来的经营活动效率的提高，会大幅降低物流成本。

2）经营活动产生的成本动因。经营活动产生的成本动因包括物流资源的利用率、物流工作人员的素质、物流作业质量和软性技术的应用等。它们带来的影响具体表现在以下方面：

一是提高物流资源的利用率，可以降低物流成本。物流资源包括物流设施设备和人员等。提高物流资源的利用率，降低设备和人员的闲置率，是降低物流成本的重要途径之一。如果存在闲置的物流设施设备，可以对外出租，提高物流资源利用率。

二是物流工作人员素质的高低影响物流成本。有经验、技能熟练的物流工作人员工作更高效，工作质量更高，会带来物流成本的下降。同时，物流工作人员作为物流活动最直接的参与者，往往最了解哪些因素会导致物流成本上升。高素质的物流工作人员的责任感较强，可以充分发挥他们的主观能动性，鼓励他们积极寻找降低物流成本的途径。

三是作业质量的高低影响物流成本。作业质量越高，工作失误和工作损失越少，从而使物流成本降低；某项物流功能的作业质量高，也有利于其他功能的实施，使得其他功能的成本降低，从而使总体物流成本下降。比如，如果物流企业的包装环节质量较高，包装速度快，就会降低产品对运输和仓储的要求，降低运输和仓储成本。

经营活动产生的成本动因主要来源于物流企业内部的各功能活动，因此成本动因的调整主要取决于各项物流功能成本之间的权衡。在对经营活动产生的成本动因进行分析时，也要权衡各功能活动成本动因之间的关系，某功能活动成本动因导致的物流成本上升可能引发另一功能活动物流成本的下降。

第 4 节 供应链物流成本管理

一、供应链管理概述

（一）供应链的内涵

供应链由多个围绕某个终极市场目标的企业构成，通过对信息流、物流、资金流的控制和集成，从采购原材料开始，制成中间产品以及最终产品，最后通过销售网络把产品送到消费者手中，将从供应商到最终客户的上游及下游实体组织连成一个整体的功能网络链结构。在供应链中存在三种流：物流、资金流和信息流。其中，物流从上游向下游流动，资金流从下游向上游流动，信息流的流动则是双向的。这三种流贯穿企业的全部活动。

供应链的主要特点表现在：首先，它是一个网链状结构，由围绕核心企业的各层供应商组成的供应体系及分销体系和客户组成；其次，一个企业是一个节点，节点企业和节点企业之间是一种需求与供应的关系；最后，节点企业在需求信息的驱动下，通过供应链的职能分工与合作，以资金流、物流等为媒介实现整个供应链的不断增值。

（二）供应链管理的内涵

早期人们把供应链管理的重点放在管理库存上。作为平衡有限的生产能力和适应用户需求变化的缓冲手段，它通过各种协调手段，寻求把产品迅速可靠地送到用户手中所需费用与生产、库存管理费用之间的平衡点，从而确定最佳的库存投资额。因此，其主要的工作任务是管理库存和运输。现在的供应链管理则把供应链上的各企业作为一个不可分割的整体，使供应链上各企业分担的采购、生产、分销和销售等职能成为一个协调发展的有机体。

供应链管理是一种集成的管理思想和方法，它利用计算机网络技术全面规划供应链中的信息流、物流、资金流等，并进行计划、组织、协调与控制。供应链管理的对象就是供应链。供应链是一个连接在一起的网络组织，通过前向和后向连接的不同过程和活动，以产品方式产生价值，或者以服务方式提供给下一个节点，直到最终用户。供应链管理的目标是通过“链”上信息流、物流和资金流的合理优化，提高整条“链”的竞争力。提高供应链的核心竞争力，主要应注意两个方面：一是强化不同企业之间的集成，形成集体优势；二是在信息流、物流和资金流方面进行更好的合作。

（三）供应链中物流业务的特点

供应链管理在把整条供应链上的活动作为一个连续、无缝的过程来加以规划和优化的同时，要求企业根据变革的需要进行必要的业务重组和流程再造，依照“流程管理”和“客户需求”的思想对企业资源进行优化重组，据此提升整个企业及整条供应链的竞争力。供应链在生产及流通过程中形成了一种网络结构。在这个网络结构中，每个贸易伙伴既是其客户的供应商，又是其供应商的客户。它们既向上游的贸易伙伴订购产品，又向下游的贸易伙伴供应产品。

在供应链管理环境下，物流企业的业务具有以下特点：

（1）物流业务有新的改进。与传统的纵向一体化物流模式相比，物流信息的流量增加了，信息的传递不是逐级的，而是网络式的。供应链环境下的物流系统有三种信息：供应信息、需求信息和共享信息。共享信息的增加对供应链管理非常重要，由于可以做到信息共享，供应链上任何节点都能及时地掌握市场的需求信息和整个供应链的运行情况。供应链管理通过技术支撑，使其成员企业能及时获得并处理信息，加速了作业流程重组，从而提高了整个系统对客户需求快速有效作出反应的能力。

（2）物流业务利用现代信息技术，高度依赖对大量数据信息的采集、分析、处理和及时更新。电子数据交换、条形码、电子商务等技术使得一切工作简单、迅速且准确性高。利用信息技术可以快速获得信息，提供优良的客户服务，提高对供应链企业运行状况的跟踪能力，进而提高供应链体系整体竞争优势。

（3）成员企业通过信息共享加强相互之间的沟通与合作，有助于集成化管理，减少供应链上每个成员企业实施物流管理的不确定性，降低每个成员企业的安全库存量。

（4）建立了物流联盟战略。传统物流渠道的各个企业之间实际上是一种松散的安排，或纯粹是一种联营关系，渠道商的各个企业一般感觉不到渠道成员之间存在广泛的依赖性。物流联盟战略是在供应链管理的背景下提出的，是供应链一体化管理中最重要的一个组成部分，它通过某种形式的联盟减少渠道冲突，快速传递物流信息，降低渠道成本。

二、供应链物流成本管理

1. 供应链物流成本的含义

供应链物流成本是指在整个供应链的运作过程中，特定企业直接和间接的与物流作业有关的经济消耗或支出。供应链物流管理作为一种共生型物流管理模式，不是孤立地优化自身的物流活动，而是强调供应链成员企业通过协作使供应链物流的整体效率得到提高。主要的供应链流程从产品和服务的起源到最终消费，主要包括顾客服务、需求预测、信息处理、包装、选址、采购、运输、仓储管理和资金管理等。因此，供应链成本包括供应链中所发生的一切订货成本、仓储成本、运输成本、交易成本、资金管理成本、信息成本、生产成本、经营成本，以及与供应链相关的机会成本及供应链整合成本。

影响供应链成本的因素众多，物流、信息流、资金流的业务流程改变，各种业务流程上诸多活动的作业方法的变化，效率的升降，资源消耗的增减，库存量的变化等，都会影响供应链成本。

2. 供应链物流成本管理的含义

供应链物流成本管理是指对供应链运作过程中发生的物流成本进行计划、协调与控制等。供应链物流成本管理并不是管理供应链的物流成本，而是通过物流成本去管理供应链。两者的区别在于，前者只注重供应链物流成本的计算，将之作为目的，后者则是将物流成本作为一种供应链管理手段。

为了缓解降价压力，保证一定的利润水平，企业必须寻求降低物流成本的方法。常见的物流成本管理一般只局限于单个企业，但为了争夺市场，企业在不同的经营管理模式下需要不同的物流成本管理方法。当企业实施供应链管理后，供应链物流成本管理将成为这些企业获得竞争优势的新的突破点，其基本理念是将物流成本管理方法拓展到组织的界限之外，应用于整个供应链。供应链物流成本管理作为一种全新的物流成本管理方法，其思想精髓就在于追求供应链物流成本的最小化，在供应链的各个环节不断地消除多余作业，杜绝浪费，从而持续降低供应链物流成本，提高供应链整体竞争力。

3. 供应链物流成本管理的作用

物流成本是一种必要的并且不创造任何新的使用价值的耗费，因此，物流成本是社会财富的一种扣除，所有的企业都在谋求降低物流成本。物流将供应商、供应商的供应商以及客户、客户的客户都紧密联系起来，因此必须站在供应链整体的角度，实现最有效的物流成本管理。实行供应链物流成本管理的具体作用体现在以下几个方面：

（1）有利于改进供应链企业的物流管理。供应链上企业物流管理水平的高低，直接影响物流成本的大小。因此，要降低物流成本水平，就必须不断地提高服务质量，不断地改进物流管理的方法和技能。从某种程度上说，企业在加强物流成本管理、降低物流成本的同时，也提高了物流管理水平和物流服务质量。

（2）有利于实现企业经营和发展战略。供应链物流成本管理促使企业统筹兼顾，不仅考虑如何降低本企业物流成本，而且从供应链体系的角度研究如何降低供应商和客户的物流成本，力促企业、供应商和客户的多赢，对于促进企业发展、实现战略目标具有重要意义。

（3）有利于降低产品价格。产品或服务通过整个供应链从供应商向客户流动，物流成本是产品价格的重要组成部分，通过对供应链物流成本进行有效管理，使物流成本降至最低，就可较大幅度地降低产品价格，增强商品的竞争力，并相应地提高整个供应链的竞争力。

（4）有利于更新物流成本管理理念。传统物流成本管理中，物流成本管理的目标是努力降低成本，节约成为降低物流成本的基本手段。现代物流成本管理的目标则是以尽可能少的物流成本支出获得尽可能多的价值。供应链物流成本管理在分析企业供应链物流成本的基础上，形成以客户价值增加为导向，实现整个供应链物流成本最小化的成本管理新理念。它突破了传统的以利润为导向的物流成本管理模式，为物流成本管理开创了崭新的思维空间。

4. 供应链物流成本管理的方法

物流成本管理的方法很多，既有定性方法，也有定量方法。具体来说，可以从两个角度来讨论物流成本管理的方法：一是从成本管理的内容看，可以横向实施物流成本管理，主要包括物流成本计算、成本预测、成本决策、成本计划、成本控制、成本分析以及成本考核等；二是从物流功能看，可从物流各项功能或环节实施成本管理，包括运输、仓储、包装、装卸搬运、流通加工等成本的管理。

具体来说，实施供应链物流成本管理可以采取以下方法：

（1）设计和优化供应链分销网络，确保用户方便快捷地获得产品。

（2）建立供应链合作伙伴关系，积极推行供应链体系内存货的“零库存”策略，实现库存水平的降低和资金占用的减少，不断降低供应链体系的仓储成本和存货相关成本。

（3）加强供应链配送管理，在保证满足客户要求的前提下，用最低的成本将产品送到客户手中。

（4）借助网络和信息技术，促进供应链上下游企业之间的信息沟通，确保上下游企业销售和生产一致。

（5）建立供应链成员企业间的相互信任关系，形成自我监督机制，促进供应链总产出的增加，控制供应链物流总成本，努力实现供应链效率最大化。

（6）建立合理的供应链利益分配机制，增加各节点企业共同进行物流成本控制的积极性和动力，从而降低供应链物流总成本。

三、供应链物流成本管理的对策

1. 创导一体化物流服务

一体化物流服务是一种附加值最高的物流服务，它根据客户需求整合了客户的上游企业与下游企业及客户自身的生产经营流程。

2. 开创多式联运

在我国，大量投资物流基础设施，建立起现代物流所需的快速通道，如高速公路、高等级的全国公路网络、快捷的城市运输通道、铁路、机场等。多式联运的现代化物流模式，能够进一步促进政府完善宏观调控职能，打破条块分割、地方保护等不利于现代物流发展的局面，实现物流资源的共享。

3. 成为网点建设专家

寻找合作伙伴，通过合作伙伴支持完成物流网络布局，结合空运、陆运及 IT 网络，为全球提供电子托运、即时包裹追踪及配送服务等。

4. 成为资源整合高手

对管理不足、技术落后、设备设施较差的物流公司进行重组与再造，整合资源，提高效率。

5. 通过物流信息化提升服务质量

现代物流企业的服务质量在很大程度上取决于企业的信息化程度及对信息的运用能力。因此，物流公司应建立快捷、便利的信息系统及自动化的物流设备，加快信息化进程，提升服务质量。

复习思考题

一、简答题

1. 简要分析本量利分析基本模型的内容。
2. 物流战略成本管理有何特征？各个特征的具体含义是什么？
3. 在供应链管理环境下，物流企业的业务具有什么特点？

二、单项选择题

1. 按物流的（　　）可将物流成本分为运输费、保管费、包装费、装卸费、信息费和物流管理费。

A. 范围　　B. 支付方式　　C. 功能　　D. 成分

2. 物流成本管理的前提是（　　）。

A. 市场机制　　B. 公平竞争　　C. 价格策略　　D. 物流成本计算

3. （　　）是物流成本管理的中心环节。

A. 物流成本核算　　B. 物流成本控制
C. 物流成本分析　　D. 物流成本预测

4. 作业成本按作业动因分配到（　　）。

A. 产品　　B. 作业　　C. 作业池　　D. 成本项目

5. 物流成本控制应以降低（　　）为目标。

A. 物流总成本　　B. 物流分成本
C. 物流重点成本　　D. 物流局部成本

三、多项选择题

1. 按照流通环节分类，物流成本可分为运输成本、（　　）、物流信息管理成本等。

A. 仓储成本　　B. 包装成本
C. 装卸搬运成本　　D. 流通加工成本
E. 配送成本

2. 下列各项中能降低保本点的有（　　）。

A. 单价降低　　B. 单位变动成本降低

C. 单位变动成本增加　　D. 单价提高

E. 固定成本总额的减少

3. 按成本的性质不同，物流成本可以分为（　　）。

A. 固定成本　B. 流通成本　C. 变动成本　D. 生产成本

4. 成本动因的形式有（　　）。

A. 生产动因　B. 资源动因　C. 销售动因　D. 作业动因

5. 物流成本管理的内容有（　　）。

A. 物流成本预测　　B. 物流成本计划

C. 物流成本核算　　D. 物流成本分析

E. 物流成本决策

四、判断题

1. 变动成本并不存在相关范围问题。（　　）

2. 虽然物流的范围很广泛，但物流费用的归集较为简单。（　　）

3. 仓储成本是指与储存的存货数量有关的成本。（　　）

4. 一类物流成本的下降往往伴随着其他物流成本的下降。（　　）

5. 物流成本纵向管理就是对物流成本进行预测、编制计划。（　　）

五、业务计算题

海大物流公司10月份的运输计划为：单位运价220元/千吨公里，单位变动成本169元/千吨公里，固定成本20万元，营业税率为5%。海大物流公司基期的边际贡献总额为8 000元，基期实现的利润为50 000元，预测销售量将增加10%。要求：根据以上信息进行物流成本的保本分析。

六、案例分析题

海大物流公司是一家速递公司，提供地面快递、重型货物运送、文件复印及物流服务。它是全球规模前十的快递运输公司，建有航空及陆运网络、管理系统和服务系统，有自己独特的管理理念。在建立物流战略成本管理模式的过程中，海大物流公司希望进行全面的物流战略成本动因的分析，以帮助公司从战略高度降低物流成本。

为了应对经济全球化条件下日趋激烈的竞争，提升企业竞争力，海大物流公司的管理层改变传统成本管理模式，转向建立物流战略成本管理模式。同时，随着经济全球化速度的加快，海大物流公司加快了国际业务的拓展。随着国际业务规模的扩大，原有的物流体系和管理制度难以适应公司快速发展的需要，特别是在A国，由于物流业发展较慢，导致海大物流公司的物流服务成本过高。

要求：

（1）企业环境分析通常分为外部环境分析和内部环境分析，海大物流公司的管理层希望按此思路进行公司的外部成本动因分析和内部成本动因分析。但是在分析的过程中，公司遇到了困难，希望你能帮助其进行战略成本动因的分析。

（2）海大物流公司如何通过供应链管理实现对A国物流成本的控制。

第 4 章

Chapter 4 物流企业运输业务的核算

随着我国经济实力不断增强，物流企业的运输业务迅猛发展。开放的物流市场以及顾客多样化的需求使得我国物流企业之间的竞争日益激烈。由于运输业务的特殊性，各种类型运输业务的核算也各有特点。如何正确有效地核算运输业务是各类物流企业关注的重点。

本章主要介绍物流企业运输业务的核算，包括物流企业运输业务概述、公路运输业务的成本核算、船舶运输业务的成本核算、航空运输业务的成本核算以及运输业务的收入核算。

本章学习目标：

1. 了解物流企业运输业务的相关概念；
2. 了解各类运输方式的特点；
3. 掌握各类运输方式的成本核算，知晓各类费用的分配方式；
4. 参考各节案例深入学习，了解运输业务核算模式。

第 1 节　物流企业运输业务概述

一、运输的概念

运输是物流作业中最主要且最直观的部分，是对物的转移及输送。在生产过程中，运输与生产紧密相连，没有运输，供应链的各环节就会脱节；在市场上，运输将生产与消费相连，联结各企业、各经济部门，甚至不同的国家和城市。

我国国家标准《物流术语》中对运输的定义是：“用设备和工具，将物品从一地点向另一地点运送的物流活动。其中包括集货、分配、搬运、中转、装入、卸下和分散等一系列操作。”

运输是实现物流合理化的关键。通过运输，将货物运送到其效用最高的地方，实现资源的优化配置，相当于通过运输提高了货物的使用价值。

二、运输成本与收入的概念

运输成本是企业在对原材料、在制品及产成品的运输活动中产生的相关费用，包括直接成本和间接成本。运输成本主要与运输量及运输距离成正比，即运输的货物越重、数量越多、运输距离越长，运输成本也就越高。单位运输产品分摊的运输费用支出，称为单位运输产品成本。运输成本在物流成本中占比很大，一个物流企业单位运输产品成本的高低反映了自身营运效率的高低。

运输收入是指物流企业从事汽车运输、船舶运输等运输业务所取得的收入，包括货运收入和其他运输收入。

三、运输方式

物流企业的运输方式按照运输设备的不同，主要分为公路运输、船舶运输、铁路运输、航空运输和管道运输五种。本章以下内容主要是针对公路运输、船舶运输、铁路运输和航空运输四种运输方式讨论其成本与收入的会计核算处理。

第 2 节　公路运输业务的成本核算

一、公路运输业务的特点

物流企业公路运输因服务的灵活性和针对性而成为许多企业的主要选择。具体表现在以下几个方面：

（1）程序简单，灵活性强。公路运输可以实现门对门、点对点的货物运输，从而大大减少因为中转和搬动对包装及产品的损坏。城市内的中短途运输常选择这种运输方式。

（2）前期投入少，回报较快。一般而言，公路运输在半年到一年即可收回投资，之后便可获利，对于运输行业而言是一种较优的选择。

（3）即时运输，针对性强。公路运输可以根据托运人的具体要求，提供有针对性的服务，满足不同客户对不同特征的货物的要求。

（4）使用广泛。无论是航空运输、船舶运输还是铁路运输，在到达目的地后仍然需要采用公路运输方式将货物运送至交货地。所以对物流企业而言，配备相应的载货汽车是必不可少的。

但是，公路运输也有缺点。首先，载重量相对较小，不适宜装载重件、大件货物，在长途运输中易造成货损货差事故。其次，运输费用相对船舶运输和铁路运输较高。最后，公路运输造成环境污染。我国许多大城市饱尝雾霾之苦，汽车尾气的排放是罪魁祸首。

二、公路运输的一般业务程序

公路运输的一般业务程序如图 4—1 所示。

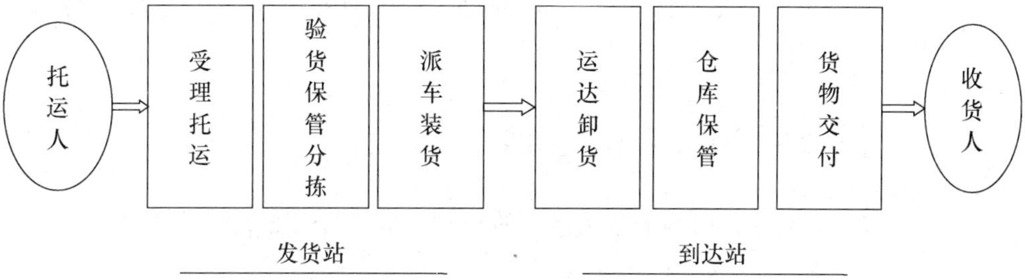

图 4—1　公路运输的一般业务程序

（一）受理托运

托运单是托运人根据贸易合同或信用证条款内容填制的，向承运人或其代理办理货物托运的单证。公路运输部收到托运单后，对托运单的内容（主要包括货物的名称、体积、重量、数量等）进行审核。同时检查托运人提交的准许出口、外运的相关证明文件。在确认受理后，货物受理人员计算货物的运输里程及其他运杂费，并将结算通知单交给托运人。

（二）验货保管分拣

在收到货物后应由承运人和托运人共同验货。对于不要求即时派送的货物，应先保管于仓库，待发货时进行分拣。需做以下准备工作：查清货物的待运条件是否变更，确定装车时间，落实装卸、搬运设备等。

（三）派车装货

派车时，由发货部门填写配装单和货物交接单，根据车辆的容载量和货物特性进行配载。在货物装车前，监装人员应检查货物是否损坏、变质等，一旦发现应及时与发货单位协商。装车完毕后，应核对货物数量，核实无误后即可发货。

（四）运达卸货

送货车辆到卸货点后，仓库人员向驾驶员索要货物交接单及相关凭证，按单验货，一旦发现货损货差，应按有关规定记录并申报处理。验货完毕后，仓库人员将货物收入仓库。

（五）仓库保管

由于收货人并不会时刻在收货站等待，故多数情况下货物运达后仍然需要存放于仓库，仓库保管员应做好货物的保管工作。在与收货人约定时间后上门配送或由收货人自取。

（六）货物交付

收货人凭提货单提货，需要检查货物的数量、质量等，对异常货物进行申报登记。交货完毕后，收货人在货票收货回单联上签字盖章。至此，该批次货物运输完毕。

三、公路运输业务的成本核算

（一）公路运输业务的成本核算对象、成本计算单位和成本计算期

1. 成本核算对象

公路运输企业以运输业务作为成本核算对象，但是营运车辆的车型众多，不同车型耗用的成本存在差异，因此为了准确反映不同车型的经济效益，汽车运输企业应该以不同车型和不同燃料的运营车辆作为成本核算对象。就一般汽车运输企业而言，企业可以将集装箱车、平板车、零担车、冷藏车和罐车等作为成本核算对象。

2. 成本计算单位

成本计算单位以汽车运输工作量的计量单位为依据。货物运输工作量通常称为货物周转率，其计量单位为吨公里，即实际运送的货物吨数与运送距离的乘积。实际工作中通常以“千吨公里”为成本计算单位。

3. 成本计算期

按月、季、半年和年计算成本。从年初至各月末止的累计成本，一般不计入在产品成本。营运车辆在经营跨月运输业务时，一般以行车路单签发日期所属月份计算其成本。

（二）公路运输业务的成本项目

公路运输业务的成本项目如表4—1所示。

表4—1 公路运输业务的成本项目

序号	成本大类	成本项目	内容
1	直接材料费用	燃料费	营运车辆运行中所耗用的各种燃料（如汽油、柴油等）费用，还包括自动倾卸车辆卸车时所耗用的燃料费用。
		轮胎费	营运车辆耗用的外胎、内胎和垫带的费用支出，以及轮胎翻新和零星修补费用。
2	直接人工费用	工资	按规定支付给营运车辆司机和助手的工资、奖金、津贴和补贴。
		其他人工费用	按规定的工资总额的一定比例计提的职工福利费、工会经费、职工教育经费、住房公积金和社会保险费。

续前表

序号	成本大类	成本项目	内容
3	其他直接费用	折旧费	营运车辆按规定计提的折旧费用。
		修理费	营运车辆进行各级保养和修理所发生的工料费、修复旧件费用和引车耗用的机油费用。
		保险费	营运车辆按规定向保险公司投保而支付的费用。
		事故损失费	营运车辆在运行过程中因行车肇事所发生的事故损失，扣除保险公司赔偿后的事故费用。
		税金	按规定缴纳的车船使用税。
		其他费用	不属于以上各项的车辆营运费用，包括行车杂支、随车工具费、篷布绳索费、车辆牌照和检验费、过桥费、过渡费、高速公路建设费、停车住宿费等。
4	营运间接费用	营运间接费用	运输企业所属的基层营运单位（如分公司、车站等）在组织与管理物流营运过程中所发生的不能直接计入成本核算对象的各种间接费用，包括这些部门发生的工资、其他人工费用、折旧费、修理费、低值易耗品摊销、取暖费、水电费、办公费、差旅费、保险费、劳动保护费和其他费用等。

（三）直接材料费用的归集和分配

1. 燃料费的归集和分配

物流企业各种车辆耗用的燃料，应先根据领料单进行汇总，编制燃料耗用汇总表，以便对燃料费进行归集和分配。确定每月燃料实际耗用量的方法有满油箱制和实地盘存制两种。

满油箱制下，在月初、月末油箱加满的前提下，车辆当月加油的数量即为当月燃料的实际耗用数。此种方法简单易懂，但需要保证月初和月末的油量。

实地盘存制下，车辆当月燃料的实际耗用数等于月初车存数加本月领用数减月末车存数。此种方法通过计算得出实际耗用量，较前者复杂，但无须加满月初、月末油量。计算公式如下：

当月实际耗用量＝月初车油量＋本月领用量－月末车油量

2. 轮胎费的归集和分配

各种车辆领用的轮胎外胎、内胎和垫带，应根据领料单进行汇总，编制轮胎领用汇总表，以便对轮胎费进行归集和分配。摊提的方法有按行驶千米摊提法和一次摊销法两种。

按行驶千米摊提法是指按外胎在预计行驶总千米内实际行驶千米的比例计算摊提额的方法。计算公式如下：

外胎行驶千米摊提率＝(外胎成本－预计残值)/预计行驶总千米

本月摊提外胎费＝本月外胎行驶千米×外胎行驶千米摊提率

一次摊销法是指在领用轮胎时，将其价值一次计入运输成本。若一次大量领用新胎，为了均衡运输成本，可以先记入“待摊费用”账户，分期摊销，但摊销期不能超过一年。

(四) 直接人工费用的归集和分配

直接人工费用主要指车辆司机和助手的薪酬费用。

固定车辆的司机和助手的工资，根据工资汇总表直接记入各成本计算对象的明细账户。

对于没有固定车辆的司机和助手的工资、后备司机和助手的工资，按一定的标准分配，记入各成本计算对象的明细账户。分配标准有营运货物吨位和营运车日两种。

相应的其他薪酬费用直接记入各成本计算对象的明细账户。

(五) 其他直接费用的归集和分配

1. 折旧费的核算

物流企业对营运车辆的折旧需要分两部分来处理：一是对不带外胎的营运车辆核算折旧；二是对外胎单独核算折旧。

对于不带外胎的营运车辆一般采用工作量法计提折旧，这是因为物流企业营运车辆的损耗程度与其行驶里程密切相关。

对于营运车辆外胎费用的核算方法有两种：一是一次摊销法，即在外胎领用时一次摊销计入运输成本，计提折旧时，外胎的价值不需从营运车辆原值中扣除；二是按行驶里程摊提外胎费用，在购置新车投入营运后，为了避免出现重复摊提，在计提营运车辆折旧时，应将营运车辆的原值扣除外胎的价值进行计算，计算公式如下：

车辆折旧率=(车辆原值－车装轮胎价值－预计净残值)/预计该车辆行驶千米

车辆月折旧额=该车辆月实际行驶千米×车辆折旧率

2. 修理费的核算

汽车运输企业为了使各种车辆正常运行，需要经常对其进行维修和保养，并定期进行大修理。对车辆进行维修、保养和大修理均系固定资产费用化后续支出。营运车辆可以由车队自行进行维修和保养，直接在“运输支出”账户进行归集。

汽车的大修理通常由修理车间负责，营运车辆的维修和保养也可以安排给修理车间。届时修理费用应在“辅助营运费用”账户归集。期末通过编制辅助生产费用分配表，将其分配给各受益对象。

辅助营运费用的归集应根据成本核算对象和费用类别进行。对于修理车间领用的直接用于修理车辆的材料，应根据领料单，按车辆所属部门分别记入相应的成本核算对象的成本，在“辅助营运费用——维修保养费”和“辅助营运费用——大修理费”二级科目中归集；对于修理车辆共同耗用的材料及修理车间发生的人工费及管理费等，应在“辅助营运费用——共同费用”二级科目中归集。

3. 保险费、税金的核算

为了减少物流企业各种车辆在遭遇雷击、暴风、火灾、洪涝等意外事故时发生的损失，物流公司应定期向保险公司投保。这里的税金主要是物流企业为自有的各种车辆缴纳的车船使用税。

物流企业一般按年为营运车辆支付保险费和车船使用税。支付时，借记“其他应收款”，贷记“银行存款”；按月摊销时，借记“主营业务成本”“营运间接费用”“管理费用”等科目，贷记“长期待摊费用”科目。

4. 事故损失费的核算

汽车运输企业的营运车辆在营运过程中因碰撞、翻车、碾压、落水、失火和机械故障等原因，造成人员死亡、车辆损失和物资毁损等行车事故所发生的修理费、救援费、赔偿费以及支付给乘客的医药费、丧葬费、抚恤费、生活补助费等事故损失，在扣除保险公司的赔偿以及事故对方或过失人的赔偿金额后，计入运输成本。

对于当年不能结案的事故，年终时可按估计净损失计入运输成本，借记“主营业务成本”，贷记“预计负债”；在结案时，再根据预提损失数与实际损失数的差额，调整当年的有关运输成本。届时借记“预计负债”科目，贷记“银行存款”或“应付账款”科目，差额借记或贷记“主营业务成本”科目。

5. 其他费用的核算

汽车运输企业的营运车辆除了会发生前述各项费用外，还会发生其他的直接费用，如车队领用随车工具、篷布绳索、防滑链、司机和助手的劳动保护用具等，届时应借记“主营业务成本——运输支出”科目，贷记“低值易耗品”科目；如支付的行车杂支、车辆牌照费、检验费、过桥费、过渡费、高速公路建设费、停车住宿费等，届时应借记“运输支出”科目，贷记“银行存款”或“库存现金”科目。

（六）营运间接费用的归集和分配

汽车运输企业的营运间接费用是运输分公司、车场和车站等部门在组织与管理运输业务过程中发生的各种间接费用。这些部门除了会发生前述燃料费、轮胎费、工资、其他人工费用、折旧费、修理费和保险费等费用外，还会发生差旅费、水电费、办公费、取暖费和其他费用。这些费用在“营运间接费用”科目进行归集，然后按一定的标准在各个成本核算对象内分配，分配标准主要有直接费用总额或总营运车日等。计算公式如下：

$$\text{营运间接分配率}=\frac{\text{部门发生的营运间接费用}}{\text{运输直接费用总额（或总营运车日）}}$$

$$\text{某成本核算对象应分配营运间接费用}=\text{该成本核算对象的直接费用总额（或总营运车日）}\times\text{营运间接分配率}$$

例 4—1

海大物流公司 1 月份发生以下业务：

(1) 拥有货运汽车 1 辆，原始价值 200 000 元，预计可行驶 500 000 公里。该车有轮胎 6 只，每只价值 918 元，预计净残值为 7 492 元。该月份该车行驶 9 600公里。

(2) 修理车间共归集了辅助营运费用 46 700 元，分配的结果为：客运车队 19 800 元，货运车队 22 100 元，第一运输分公司 1 540 元，行政管理部门 3 200元。

(3) 1 月 2 日，签发转账支票，支付给保险公司全年车辆保险费 120 000 元。

(4) 全部车辆全年的保险费为 120 000 元，其中：客运车队 60 000 元，货运车队 72 000 元，第一运输分公司 6 000 元，行政管理部门 7 200 元。

(5) 1 月份领用随车工具、篷布绳索、司机和助手的劳动保护用具所发生的费用，客运车队为 3 842 元，货运车队为 4 800 元；以现金支付过桥费、过渡费和高速公路建设费等各种费用，客运车队为 10 600 元，货运车队为 12 410 元。

(6) 1 月份发生的工资总额为 136 600 元，其中：客运车队 49 600 元，货运车队 58 900 元，第一运输分公司 8 000 元，行政管理部门 15 000 元，机动司机和助手 5 100 元。该月客运车队营运乘客 800 万人公里，货运车队营运货物 900 千吨公里。换算比例：1 万人公里＝1 千吨公里。

(7) 1 月份，第一运输分公司发生营运间接费用 18 200 元；海大物流公司共发生运输直接费用 910 000 元，其中：客运车队 496 000 元，货运车队 414 000 元。

分配营运间接费用的会计处理及计算如下。

(1) 计算该车的折旧率和 1 月份的折旧额。

折旧率＝(200 000－918×6－7 492)/500 000÷1 000＝374

该车 1 月份的折旧额＝9 600÷1 000×374＝3 590.4(元)

(2) 归集辅助营运费用。

借：主营业务成本——运输支出——客运车队	19 800	
——货运车队	22 100	
营运间接费用——第一运输公司	1 540	
管理费用	3 260	
贷：辅助营运费用		46 700

(3) 支付全年保险费。

借：长期待摊费用	120 000	
贷：银行存款		120 000

(4) 摊销保险费。

借：主营业务成本——运输支出——客运车队——车辆保险费	5 000	
——货运车队——车辆保险费	6 000	
营运间接费用——第一运输分公司	500	
管理费用	600	
贷：待摊费用		12 100

(5) 分配其他费用。

借：主营业务成本——运输支出——客运车队——其他费用	14 442	
——货运车队——其他费用	17 210	
贷：低值易耗品		8 642

库存现金　　23 010

(6) 分配工资费用和其他人工费用。

分配工资费用。

千吨公里工资费用分配率＝5 100/(800＋900)＝3

客运车队应分配工资费用＝800×3＝2 400(元)

货运车队应分配工资费用＝900×3＝2 700(元)

借：主营业务成本——运输支出——客运车队——工资费用　　52 000
——货运车队——工资费用　　61 600
营运间接费用——第一运输分公司　　8 000
管理费用　　15 000
贷：应付职工薪酬——工资　　136 600

分配其他人工费用。按工资总额的12%，2%，1.5%，7%和5%分别计提职工福利费、工会经费、职工教育经费、住房公积金和社会保险费。

借：主营业务成本——运输支出——客运车队——其他人工费用　15 340
——货运车队——其他人工费用　18 172
营运间接费用——第一运输分公司　　2 360
管理费用　　4 425
贷：应付职工薪酬——职工福利费　　19 124
——工会经费　　2 732
——职工教育经费　　2 049
——住房公积金　　9 562
——社会保险费　　6 830

(7) 分配率＝18 200/(496 000＋414 000)＝0.02

客运车队应分配营运间接费用＝496 000×0.02＝9 920(元)

货运车队应分配营运间接费用＝414 000×0.02＝8 280(元)

根据分配的结果，作分录如下：

借：主营业务成本——运输支出——客运车队——营运间接费用　9 920
——货运车队——营运间接费用　8 280
贷：营运间接费用——第一运输分公司　　18 200

第3节　船舶运输业务的成本核算

一、船舶运输业务的特点与形式

(一) 船舶运输业务的特点

与其他的运输形式相比，船舶运输具有运量大、运输成本低的优势。它的运输距离远，能源消耗低，是所有运输方式中成本最低的一种。

但是，船舶运输业存在一些缺点，如运输速度较慢，易受港口、水位、气候、季节等影响。

（二）船舶运输业务的形式

船舶运输业务有沿海运输、近海运输、内河运输、远洋运输四种形式。

（1）沿海运输。船舶在大陆附近的沿海航线上航行，经营国内沿海各港口之间的货物运输业务。

（2）近海运输。船舶在大陆邻近国家海上航线上航行，经营国内沿海港口与邻国港口之间的货物运输业务。

（3）内河运输。船舶在陆地内的江、河、湖等水道上航行，经营江河港口之间的货物运输业务。

（4）远洋运输。船舶跨大洋在国际航线上航行，经营跨大洋港口之间的货物运输业务。

二、船舶运输的一般业务程序

船舶运输的一般业务程序如图 4—2 所示。

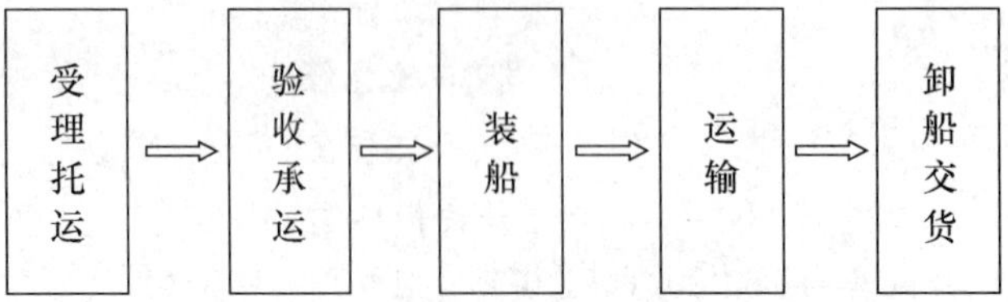

图 4—2 船舶运输的一般业务程序

（一）受理托运

货物托运人向承运人递交货物运单，运单内容应填写完整、正确。承运人应认真审核托运人填制的运单，审核内容包括收发货人名称和地址、产品运输要求、运输合同当事人权利义务的划分等，最后审核在托运人盖章处有无托运人的印章，如果没有，则运输合同不能成立。

（二）验收承运

运单经承运人审核无误后，即可承运。承运人应对运单记载的相关内容进行审核，主要检查货物重量、尺码、件数、质量，承运人有权对托运人的货物进行抽查，对于与运单规定不符的货物，应及时通知托运人进行调整。最后应检查托运人是否按规定标明运输标志、指示标志、危险品标志等必要的信息标志。验收完毕，若接受了托运人的货物托运，双方的承托关系成立。承运人应当准时将货物完好运抵目的港，同时向托运人收取运费。

（三）装船

载货船到达指定的泊位后，堆场理货员通知起重机司机将货物移到拖车上，拖至装卸桥下，外轮理货员及桥下理货员核对箱号和封条号，船上理货员核对箱号并合理摆放货物。在装船过程中，船方和装船方应采取各种方法核对，做到数量上准确无误，同时监察理货，如发现货损、标志不清应及时记录。装船完毕后，即可办理货运票据的签证和交接。

（四）运输

承运人应在合同规定的时间或期限内将货物运抵合同规定的卸货港。货物运输途中由于承运人照管货物的过失造成货物灭失、损坏的，由承运人负责赔偿。

（五）卸船交货

卸船交货的形式主要有直接卸船交货，以及集中卸船、仓库交付两种。

直接卸船交货是指承运人向收货人发出货物已运到且已具备提货条件的通知，运输船到达后即可交货。

集中卸船、仓库交付是指由船舶公司指定装卸公司作为卸货代理人，由卸货代理人总揽卸货和接收货物并向收货人实际交付货物。

收货人提货时，应验收货物，如发现货物的质量、数量与运单不符，应立即提出异议，由双方进行记录，如未提出异议，收货人在提货单上签字并加盖印章，运输责任宣告终止。

三、船舶运输业务的成本核算

（一）船舶运输业务的成本核算对象、成本计算单位和成本计算期

1. 成本核算对象

船舶运输企业以客运、货运业务作为成本核算对象。但由于运输成本主要是船舶设备的使用成本，因此发生的船舶费用仍以运输船舶为对象，通过核算船舶费用，间接计算运输成本。船舶运输企业应根据经营管理的需要，对不同形式的船舶运输确定不同的成本核算对象。

沿海、近海运输以单船、船舶类型作为成本核算对象，先核算每艘船舶的运输成本，在此基础上再计算船舶类型成本。

远洋运输船舶航次时间长、吨位大，必须以单船的航次作为成本核算对象。

内河运输船舶的类型较多，通常以船舶类型作为成本核算对象。

2. 成本计算单位

船舶运输业务的成本计算单位如下：客运成本为元/千人海里，货运成本为元/千吨海里。

3. 成本计算期

船舶运输形式不同，其成本计算期也不同。沿海运输业务、近海运输业务和内河运输业务航次时间不长，比较稳定，且未完航次的运输量和运输费用较少，因此以月度作为成本计算期。而远洋运输航次时间长，各月末完航次的运输量和运输费用较大，因此以航次作为成本计算期。船舶的航次时间，应从上一航次终点港卸完所载货物时起，到本航次终点港卸完所载货物时止。

（二）海洋运输业务的成本项目和成本核算

1. 成本项目

沿海运输、近海运输、远洋运输统称海洋运输，其成本项目可分为船舶航行费用或航次运行费用、船舶固定费用、集装箱固定费用、船舶租赁费和营运间接费用五项，如表4—2所示。

表4—2 海洋运输业务的成本项目

序号	成本大类	成本项目	内容
1	航次运行费用	燃料费	船舶在航行、装卸和停泊等时间内耗用的全部燃料费用。
		港口费	船舶进出港口、停泊港内所发生的各项费用。
		货物费	运输船舶载运货物所发生的应由船方负担的业务费用。
		集装箱货物费	船舶载运集装箱所发生的应由船方负担的业务费用，如集装箱装卸费、站场费用和代理费用等。
		中转费	船舶载运的货物在中途港口换装其他运输工具运往目的地及在港口中转时发生的应由船方负担的各种费用。
		客运费	船舶为运送旅客而发生的业务费用，如旅客生活设备生活用品费、旅客医药支出、客运代理费等。
		垫隔材料费	船舶在同一货舱内装运不同类别的货物需要分开、垫隔，或虽在同一货舱内装运同类货物，但需要防止摇动、移位，以及货物通风需要耗用的材料、隔货网、防摇装置和通风筒等费用。使用后退回可以再利用的材料，应作价予以冲回。
		速遣费	有装卸协议的船舶、港口单位提前完成装卸作业，按照协议支付的速遣费用。
		事故损失费	船舶在营运生产过程中发生海损、机损、货损货差、污染和人身伤亡等事故的费用，包括施救、赔偿、修理、诉讼和善后等直接损失。
		航行其他费用	不属于以上各项的应由船舶航行或航次负担的其他费用。

续前表

序号	成本大类	成本项目	内容
2	船舶固定费用	工资	在航船员的各类工资、奖金、津贴、补贴等。
		其他人工费用	按规定的工资总额的一定比例计提的职工福利费、工会经费、职工教育经费、住房公积金和社会保险费。
		润料费	船舶耗用的各种润滑油的费用。
		物料费	在运输生产中耗用的各种物料、低值易耗品的费用。
		折旧费	按确定的折旧方法按月计提的折旧费用。
		修理费	已完工的船舶实际修理费用支出，日常维护保养耗用的修理料、备品配件等支出，以及船舶技术改造大修理摊销的支出。
		保险费	向保险公司投保各种船舶险、船员人身险以及意外伤残所支付的保险费用。
		税金	按规定缴纳的车船使用税。
		营运期费用	船舶在非营运期（如厂休、停港、自修、事故停航等）内发生的燃料费、港口费等。
		船舶共同费用	企业所有运输船舶共同受益，但不能分船直接负担，需经分配由各船负担的费用。
		其他费用	不属于以上各项的其他船舶固定费用，如船舶证书费、船舶检验费、船员劳动保护费等。
3	集装箱固定费用	空箱保管费	空箱存放在堆场所支付的堆存费用。
		折旧费	按规定折旧率计提的集装箱折旧费用。
		租赁费	租入的集装箱按租赁合同规定所支付的租金。
		修理费	集装箱修理所用配件、材料费用和修理费用。
		保险费	投保集装箱安全险支付给保险公司的保险费用。
		底盘车费用	企业自有或租入的集装箱底盘车所发生的保管费、折旧费、租赁费、保险费和修理费等。
		其他费用	不属于以上各项的集装箱固定费用，如清洁费、熏箱费等。
4	船舶租赁费	期租费	在期租形式下，企业按租约规定在租船起讫期间内按期支付的租金。
		程（航次）租费	在程（航次）形式下，企业按租约规定自接船港口起至还船港口止支付的租费。
		光租费	在光租形式下，企业按租约规定在租船起讫期间内按期支付的租金。
		舱（箱）位租费	企业按租约规定按期支付约定舱（箱）位数的租费。
5	营运间接费用	营运间接费用	企业的船队或分公司为管理和组织营运生产所发生的各项管理费用和业务费用，不能直接计入运输成本核算对象的间接费用。明细项目包括：工资、职工福利费、燃料费、材料费、低值易耗品摊销、折旧费、修理费、办公费、水电费、租赁费、差旅费、业务票据费、存货盘盈和盘亏、取暖费、会议费、保险费等。

2. 成本核算

物流企业的运输费通过“主营业务成本——运输支出”账户进行结算，本账户按核算对象设置明细账户，并按成本项目进行明细核算。

(1) 航次运行费用的核算。航次运行费用发生时，根据成本项目直接计入相应的航次运输成本，届时借记“主营业务成本——运输支出——X航次——成本项目”科目，贷记“燃料”“银行存款”等科目。

(2) 船舶固定费用的核算。船舶固定费用通过“船舶固定费用”账户核算。届时借记“船舶固定费用”科目，贷记“原材料”“应付职工薪酬”“银行存款”“累计折旧”等科目。

当由多艘船共同负担船舶固定费用时，用“船舶固定费用——船舶共同费用”来归集这些共同负担的费用，期末再按一定的分配标准（一般为运输周转量）在各艘船之间进行分配。计算公式如下：

分配率＝船舶共同费用/总运输周转量

某船舶应负担船舶共同费用＝该船完成运输周转量×分配率

(3) 集装箱固定费用的核算。物流企业发生的集装箱固定费用通过“集装箱固定费用”核算，分别设置“集装箱费用”和“底盘车费用”明细账进行核算。届时借记“集装箱固定费用”科目，贷记“银行存款”“累计折旧”等科目。期末将归集的集装箱固定费用总额按全部船舶装用集装箱的箱天数进行分配。计算公式如下：

分配率＝集装箱固定费用总额/全部船舶装用集装箱标准箱天数

$$\text{全部船舶装用集装箱标准箱天数} = \sum(\text{船舶装用集装箱标准箱天数} \times \text{使用天数})$$

某船舶应负担的集装箱固定费用＝该船装用集装箱标准箱天数×分配率

(4) 船舶租赁费的核算。物流企业租入运输船舶发生的船舶租赁费应在船次成本下设置租金明细单独核算，按照船次计入当次船运成本，届时借记“主营业务成本——运输支出——X船次——租金”科目，贷记“银行存款”等科目。船舶租赁费是按照租赁合同约定的日租金与当期租期计算的。计算公式如下：

某船舶当期租赁费＝合同约定日租金×当期租期

(5) 营运间接费用的核算。物流企业经营海洋运输业务设有船队或分公司的，应按船队或分公司设置明细账，以归集各船队或分公司为管理运输船舶和组织运营活动所发生的费用。借记“营运间接费用”科目，贷记“应付职工薪酬”“银行存款”等科目。期末再将归集的营运间接费用按一定的标准（一般为船舶直接费用和船舶营运吨天）在各船舶之间进行分配。计算公式如下：

分配率＝营运间接费用总额/船舶直接费用总额(或船舶营运总吨天)

某船舶应负担的营运间接费用＝该船舶的直接费用(或船舶营运吨天)×分配率

（三）内河运输业务的成本项目和成本核算

1. 成本项目

内河运输业务的成本项目可分为船舶直接费用、船舶维护费用、集装箱固定费用和营运间接费用四项，如表4—3所示。

表4—3 内河运输业务的成本项目

序号	成本大类	成本项目	内容
1	船舶直接费用	工资	船员的各类工资、奖金、津贴、补贴等按有关规定由成本列支的工资性费用。
		职工福利费	按船员工资总额和规定的比率提取的职工福利费。
		燃料费	船舶实际耗用的各种燃料费用。
		润料费	船舶实际耗用的各种润滑油料费用。
		材料费	船舶在运输生产中耗用的各种材料和低值易耗品等费用。
		外付港口费	运输船舶在外单位港埠发生的港口费用，不包括在自营港埠发生的港口费用。
		外付业务费	运输船舶支付给非自营港埠或其他单位的业务代理费、理货费及转口、倒舱、翻舱、扫舱和洗舱等费用。
		养河费及过闸费	按规定向航道管理部门支付的养河费，以及运输船舶过闸时按规定向船闸管理部门支付的过闸费用。
		事故损失费	船舶在运输过程中发生的事故净损失。
2	船舶维护费用	工资	非通航期间留船船员的工资、奖金、津贴和补贴。
		其他人工费用	根据上项留船船员工资总额，按规定的比例计提的职工福利费、工会经费、职工教育经费、住房公积金和社会保险费。
		燃料费	在非通航期间由于船舶照明、取暖所耗用的燃料费用。
		材料费	船舶在非通航期间领用的维护用材料和低值易耗品的费用。
		保卫费	船舶在非通航期间为防止事故和防火所发生的费用。
		破冰费	为保护船舶免受流冰损坏和清除船上冰雪所发生的费用。
		其他费用	不属于以上各项的船舶维护费用。
3	集装箱固定费用	折旧费	集装箱按规定提取的折旧费用。
		修理费	企业实际支付的修理集装箱的费用。
		保管费	为保管集装箱所发生的费用。
		保险费	投保集装箱安全险支付给保险公司的保险费用。
		租赁费	企业支付的集装箱租赁费用。
		其他费用	不属于以上各项的集装箱的其他费用。
4	营运间接费用	营运间接费用	企业营业过程中发生的不能直接计入营运业务成本核算对象的各种间接费用，包括企业实行内部独立核算单位的船队费用、自营港埠费用与船舶基地费用。

2. 成本核算

(1) 航次直接费用的核算。航次直接费用发生时，根据成本项目直接计入相应的航次运输成本，届时借记“主营业务成本——运输支出——X航次——成本项目”科目，贷记“燃料”“银行存款”“应付职工薪酬”等科目。

(2) 船舶维护费用的核算。船舶运输企业内河运输业务在非通航期间发生的船舶维护费用，应按船舶类型设置“船舶维护费用”明细账户予以归集。届时根据工资结算汇总表、其他人工费用分配表、领料单、发票和单据等原始凭证，借记“船舶维护费用”科目，贷记“应付职工薪酬”“原材料”“银行存款”等相关科目。

非通航期间发生的船舶维护费用，通常由通航期间各成本计算期的运输成本负担。届时先按非通航期间船舶维护费用的全年预算数和全年计划通航期天数，确定计划分配率，然后计算通航期间各月应负担的船舶维护费用。计算公式如下：

计划分配率＝船舶维护费用全年预算数/全年计划通航期天数

通航期某月份应负担的船舶维护费用＝该月份船舶通航天数×计划分配率

(3) 集装箱固定费用的核算。设置“集装箱固定费用”账户核算发生的集装箱固定费用。届时借记“集装箱固定费用”科目，贷记“累计折旧”“银行存款”等科目。期末再按一定的标准把归集的集装箱固定费用总额在各船舶之间进行分配。

(4) 营运间接费用的核算。内河运输业务的营运间接费用也按船舶类型进行分配，其核算方法与海洋运输业务相同，在此不再重述。

例4—2

海大物流公司发生的船舶业务如下：1月份发放的工资总额中，A轮船员为127 000元，B轮船员为135 000元，后备船员为12 000元。1月31日“船舶固定费用——船舶共同费用”明细账余额为136 620元，A轮的运输量为72 000千吨海里，B轮的运输量为66 000千吨海里。公司船舶维护费用全年预算数A轮为363 000元，B轮为372 000元，全年计划通航各为300天。1月份A轮和B轮各通航了26天和27天。

(1) 分配1月份船员的工资费用，作分录如下：

借：主营业务成本——运输支出——A轮——工资费用　　127 000
　　　　　　　　　　　　　　　——B轮——工资费用　　135 000
　　船舶固定费用——船舶共同费用　　12 000
　贷：应付职工薪酬——工资　　274 000

(2) 按运输周转量分配各船应负担的船舶共同费用如下：

分配率＝136 620/(72 000＋66 000)＝0.99

A轮应负担船舶共同费用＝72 000×0.99＝71 280(元)

B轮应负担船舶共同费用＝66 000×0.99＝65 340(元)

根据分配的结果，作分录如下：

借：主营业务成本——运输支出——A 轮——船舶共同费用　　71 280

　　　　　　　　　　　　　　——B 轮——船舶共同费用　　65 340

　贷：船舶固定费用——船舶共同费用　　136 620

(3) 分别分配 A 轮和 B 轮的船舶维护费用如下：

A 轮计划分配率＝363 000/300＝1 210

A 轮应负担的船舶维护费用＝26×1 210＝31 460(元)

B 轮计划分配率＝372 000/300＝1 240

B 轮应负担的船舶维护费用＝27×1 240＝33 480(元)

根据分配的结果，作分录如下：

借：主营业务成本——运输支出——A 轮——船舶维护费用　　31 460

　　　　　　　　　　　　　　——B 轮——船舶维护费用　　33 480

　贷：船舶维护费用　　64 940

第 4 节　铁路运输业务的成本核算

一、铁路运输业务的特点

铁路运输是一种陆上运输方式，其主要特点如下：

(1) 运输能力大，速度快。铁轨能提供极光滑坚硬的媒介让火车的车轮在上面以最小的摩擦力滚动，其速度及载运能力均优于公路运输。

(2) 共同协作。铁路运输作业是由铁路线上数以万计的站、段基层单位相互协作、共同完成的。铁路运输费用绝大部分发生在这些基层单位，因而使成本核算与分析等比较复杂。

(3) 投资大，建设周期长。铁路运输需要购买火车、轨道等，前期投资较大。

二、铁路运输业务的成本核算

(一) 铁路运输业务的成本核算对象、成本计算单位和成本计算期

(1) 成本核算对象：客、货运输业务。

(2) 成本计算单位：千吨公里。

(3) 成本计算期：一般按年或季计算。

(二) 铁路运输业务的成本项目

铁路运输业务的成本项目如表 4—4 所示。

表 4—4　　铁路运输业务的成本项目

序号	成本大类	成本项目	内容
1	直接人工	工资	支付给货运生产工作人员的工资、奖金、津贴、补贴。
		福利费	按规定提取的职工福利费。
2	直接材料	材料费	营运生产过程中运输设备所消耗的材料、润料，以及运输设备养护修理所耗用的材料、备品、备件、配件、润料等费用。
		燃料费	营运生产过程中运输设备所消耗的燃料费用，以及运输设备养护修理所耗用的燃料费用。
3	其他直接费用	电力费	营运生产过程中运输设备所消耗的电力费用，以及运输设备养护修理所耗用的电力费用。
		折旧费	运输生产用固定资产的折旧费用。
4	营运间接费用	修理费	为恢复固定资产原有性能和生产能力，对固定资产进行周期性大修理的费用。
		其他费用	包括运输生产过程中支付的线路使用费、车站旅客服务费、旅客列车上的水费、电力接触网使用费、挂运客车使用费、机车等移动设备使用费或租赁费、行包专列发送服务费、车辆使用费、车辆挂运费、生产部门的差旅费、劳动保护费以及季节性或修理期间的停工损失、事故净损失等。

（三）铁路运输业务的成本核算

客运单位成本＝客运总成本/客运周转量

货运单位成本＝货运总成本/货运周转量

第 5 节　航空运输业务的成本核算

一、航空运输业务的特点

航空运输业务的特点如下：

（1）具有较快的运送速度。航空运输不受地面环境的影响，能够及时到达目的地。

（2）破损率低、安全性好。采用航空运输的货物本身价值较高，航空运输的地面操作流程比较严格，管理制度比较完善，使得货物破损率很低，安全性较好。

但是航空运输也有一些缺点，如运费较高、运量小、易受天气影响。

二、航空运输业务的成本核算

（一）航空运输业务的成本核算对象、成本计算单位和成本计算期

（1）成本核算对象：民航运输业务的成本核算一般是以每种机型为基础，归集和分配各类费用，计算每种飞机的机型成本，再进一步计算和考核每种飞机的运输周转量的单位运输成本。

（2）成本计算单位：吨公里。

（3）成本计算期：一般按月计算。

（二）航空运输业务的成本项目

航空运输业务的成本项目如表 4—5 所示。

表 4—5　　航空运输业务的成本项目

序号	成本大类	成本项目	内容
1	飞机费用	空勤人员工资及福利费	空勤人员的工资、奖金、津贴、补贴等按有关规定由成本列支的工资性费用和按工资的一定比例计提的福利费。
		燃料费	飞行中实际消耗的各种燃料费用。
		飞机、发动机折旧费	飞机、发动机按确定的折旧方法按月计提的折旧费用。
		飞机、发动机大修理费	各机型飞机定时进行大修所发生的费用。
		飞机租赁费	经营性租入飞机所支付的租赁费。
		飞机保险费	购买飞机险，战争险，旅客、货物意外险，第三者责任险等的费用。
		飞机起降服务费	机场为各航空公司飞机起降，进出旅客、货物、行李、邮件以及驻机场单位提供服务时发生的与服务直接相关的各项费用。
		旅客供应服务费	为旅客提供服务所发生的费用。
2	飞机维修费用	材料费	在飞机维修过程中消耗的各种材料费用。
		人工费	在飞机维修过程中支付的工资、福利费。
		间接维修费	在飞机维修过程中不能直接计入营运业务成本核算对象的各种间接费用。

（三）航空运输业务的成本核算

1. 飞机费用的核算

飞机费用大部分是直接费用，费用发生时可直接计入有关的机型成本。届时借记“主营业务成本”科目，贷记“燃料”“应付职工薪酬”“银行存款”“累计折旧”等科目。

2. 飞机维修费用的核算

飞机维修费用是飞机、发动机因维护检修所发生的费用及零附件的修理费用。民航运输企业发生的维修费用先通过“飞机维修费用”账户进行汇集。届时借记“飞机维修费用”科目，贷记“原材料”“应付职工薪酬”等科目。“飞机维修费用”科目下设“材料费”“人工费”“间接维修费”三个明细科目，月末再按下列方法分配到各机型成本中。

(1) 材料费根据领料凭证上所列机型直接计入各机型成本。

(2) 人工费按各机型维修实耗工时比例分配到各机型成本中。计算公式如下：

每工时人工费率＝本月人工费总额/本月各机型维修实耗工时总数

某机型应分配的人工费＝本月某机型维修实耗工时×每工时人工费率

(3) 间接维修费。可按各机型维修实耗工时比例分配到各机型成本中。计算公式如下：

$$每工时间接维修费分配率=\frac{本月间接维修费总额}{本月各机型维修实耗工时总数}$$

$$\begin{matrix}某机型应分配的\\间接维修费\end{matrix}=\begin{matrix}本月某机型\\维修实耗工时\end{matrix}\times\begin{matrix}每工时间接\\维修分配率\end{matrix}$$

航空运输业务成本的计算公式如下：

某机型单位成本＝运输总成本/运输周转量

某机型的生产飞行小时成本＝该机型的总成本/该机型的生产飞行小时

第 6 节　运输业务的收入核算

一、收入概述

收入是指企业在日常活动中形成的会导致所有者权益增加、与所有者投入资本无关的经济利益的总流入。

企业的收入有以下四个特点：

(1) 收入是企业在日常生活中产生的，不是偶发的交易。如企业的运输收入。

(2) 收入表现为资产增加或负债减少。如企业完成一次运输业务后，可能会收到银行存款、票据等，也可能会因欠托运人债务而抵债。

(3) 收入会导致企业的所有者权益增加。

(4) 收入只包括本企业经济利益的流入，且与投资者投入资本不相关。如企业代收的款项，同时增加了负债与资产，并未对所有者权益产生影响，不能作为收入计量。

运输收入是指物流企业提供货物运送等服务而取得的相关收入，包括货运收入和其他运输收入，如长短途整车、零担货运收入以及自动装卸车运输货物取得的装卸费等。

由于运输企业通过提供各种运输服务而获得营运收入，企业内外部结算工作量大，发生频繁，涉及环节多，内容复杂，使得运输业务会计结算具有特殊性。

二、运输业务的收入核算

物流企业经营公路运输业务的，运输部门完成每单运输后，将托运单转交财会部门，财会部门收到确认完成运输作业的单据（如整车货票、零担货票、行李包裹票等），据以确认收入，并填制发票，发票为一式数联，发票联转交托运人，作为其付款的依据，存根联留存备查，记账联作为记账依据，借记“应收账款”“银行存款”科目，贷记“主营业务收入”科目。

物流企业远洋运输业务航行时间长、吨位大、费用高，因此在报告期末经常会有未完成的里程，且各期期末未完成里程相差较大。为了正确核算各会计期间的收入、成本和利润，根据配比原则，应采用完工百分比法，按照劳务的完成程度确认收入及成本。计算公式如下：

本年末止本航次运输完成程度＝本航次已经发生里程/航次总里程

本航次本年确认的收入＝本航次运输总收入×本年末止本航次运输完成程度

本航次本年确认的成本＝本航次运输总成本×本年末止本航次运输完成程度

例4—3

海大物流公司远洋运输分公司育明轮在2016年12月第12航次承运上海至旧金山货物10 000吨，全程12 000海里，运输收入共4 600 000元，预计运输总成本为3 800 000元，本月已入账2 000 000元，该航次至12月31日止已航行9 000海里。

（1）利用完工百分比法确认收入。

育明轮第12航次确认的收入＝4 600 000×9 000/12 000＝3 450 000(元)

根据计算的结果，作分录如下：

借：应收账款　　3 450 000

　贷：主营业务收入——运输收入——育明轮第12航次　　3 450 000

（2）利用完工百分比法确认成本。

育明轮第12航次确定的成本＝3 800 000×9 000/12 000＝2 850 000(元)

育明轮第12航次应补列的成本＝2 850 000－2 000 000＝850 000(元)

借：主营业务成本——运输支出——育明轮第12航次　　850 000

　贷：应付账款　　850 000

次年年初应将补列成本的原分录用红字冲转，届时借记“主营业务成本——运输支出——育明轮”科目（红字），贷记“应付账款”（红字）科目。

(3) 2015 年 1 月 5 日，确认该航次本年度的运输收入。

借：应收账款 1 150 000

贷：主营业务收入——运输收入——育明轮第 12 航次 1 150 000

复习思考题

一、简答题

1. 物流企业的运输方式按照运输设备的不同主要分为哪几种?

2. 公路运输业务的特点包括哪些?

3. 公路运输业务的成本如何分类，具体的成本项目包括哪些?

4. 船舶运输的一般业务程序是怎样的?

5. 铁路运输业务的特点包括哪些?

二、单项选择题

1. 下列各项中不是公路运输特点的有（　　）。

A. 使用广泛　　B. 即时运输，针对性强

C. 前期的投资很大　　D. 程序简单，灵活性强

2. 公路运输的成本计算期一般不包括（　　）。

A. 天　　B. 月　　C. 季　　D. 年

3. 船舶运输的优点是（　　）。

A. 运量大且运输成本低

B. 运输速度较慢

C. 易受港口、水位、气候、季节等影响

D. 即时运输，针对性强

4. 在车辆事故损失的核算中，如果车辆发生事故且当年不能结案，那么年终时可按估计净损失计入运输成本，借记“主营业务成本”，贷记（　　）。

A. “银行存款”　　B. “预计负债”　　C. “应付账款”　　D. “营业外支出”

5. 铁路运输的主要特点是（　　）。

A. 载重量相对较小

B. 即时运输，针对性强

C. 运输能力大，速度快

D. 易受港口、水位、气候、季节等影响

6. 物流企业远洋运输业务航行时间长、吨位大、费用高，因此在报告期末经常会有未完成的里程，且各期期末未完成里程相差较大。为了正确核算各会计期间的收入、成本和利润，根据配比原则，应以（　　）确认运输收入。

A. 直接确认法　　B. 分期收款法

C. 待完工时一起核算　　D. 完工百分比法

7. 船舶运输不包括的形式是（　　）。

A. 沿海运输　　B. 近海运输　　C. 内河运输　　D. 公路运输

8. 船舶维护费用是（　　）的成本项目。

A. 沿海运输　B. 近海运输　C. 远洋运输　D. 内河运输

9. 行车事故损失属于（　　）。

A. 直接材料费用　B. 直接人工费用

C. 其他直接费用　D. 营业间接费用

三、多项选择题

1. 物流企业的运输方式有（　　）。

A. 公路运输　B. 船舶运输　C. 铁路运输　D. 航空运输

2. 公路运输的缺点主要有（　　）。

A. 载重量相对较小，不适宜装载重件、大件货物

B. 造成环境污染

C. 长途运输易造成货损货差事故

D. 即时运输，针对性强

3. 公路运输的燃料费耗用方法主要包括（　　）。

A. 即充即用制　B. 定额汇总制　C. 满油箱制　D. 实地盘存制

4. 关于公路运输营运间接费用的归集与分配，下列说法中正确的有（　　）。

A. 营运间接费用是运输分公司、车场和车站等部门为组织与管理运输业务过程所发生的各种间接费用

B. 燃料费、轮胎费、工资、其他人工费用、折旧费、修理费和保险费等费用在“营运间接费用”账户进行归集

C. 营运间接分配率＝该部门发生的营运间接费用/运输直接费用总额（或总营运车日）

D. 某成本核算对象应分配营运间接费用＝该成本核算对象的直接费用总额（或总营运车日）×营运间接分配率

5. 下列各项中属于船舶运输特点的是（　　）。

A. 运量大且运输成本低

B. 即时运输，针对性强

C. 运输速度较慢

D. 易受港口、水位、气候、季节等影响

6. 船舶运输包括的形式有（　　）。

A. 沿海运输　B. 近海运输　C. 内河运输　D. 远洋运输

7. 海洋运输的成本项目主要包括（　　）。

A. 船舶航行费用或航次运行费用　B. 船舶固定费用

C. 集装箱固定费用　D. 营运间接费用

8. 下列各项中属于航空运输特点的是（　　）。

A. 运费较高、运量小　B. 易受天气影响

C. 运输速度较慢　D. 即时运输，针对性强

9. 下列关于物流运输业务收入的表述中，正确的有（　　）。

A. 运输发票为一式数联，发票联转交托运人，作为其付款的依据，存根联留存备查，记账联作为记账依据，借记“应收账款”“银行存款”科目，贷记“主营业务收入”科目

B. 为了正确核算各会计期间的收入、成本和利润，根据配比原则，应采用完工百分比法，按照劳务的完成程度确认收入及成本

C. 本年末止本航次运输完成程度＝本航次已经发生里程/航次总里程

D. 本航次本年确认的收入＝本航次运输总收入×本年末止本航次运输完成程度

10. 下列关于运输的表述中，正确的有（　　）。

A. 运输是物流作业中最主要、最直观的部分，是对物的转移及输送。在生产过程中，运输与生产紧密相连，没有运输，供应链的各环节就会脱节

B. 我国国家标准《物流术语》中对运输的定义是：用设备和工具，将物品从一地点向另一地点运送的物流活动。其中包括集货、分配、搬运、中转、装入、卸下和分散等一系列操作

C. 运输成本主要与运输量及运输距离成反比，即运输的货物越重、数量越多及运输距离越长，其运输成本越小

D. 运输是实现物流合理化的关键。通过运输，将货物运送到其效用最高的地方，实现资源的优化配置，相当于通过运输增加了货物的使用价值

四、判断题

1. 物流是指用设备和工具，将物品从一地点向另一地点运送的物流活动。其中包括集货、分配、搬运、中转、装入、卸下和分散等一系列操作。（　　）

2. 运输业务是指物流企业运用各种运输工具及其设备，为客户提供货物在物流节点之间流动的服务。（　　）

3. 劳务的开始和完成分属不同的会计年度，应按完工百分比法确认收入。（　　）

4. 营运间接费用的分配标准主要有直接费用总额或营运货物千吨/公里等。（　　）

5. 辅助营运部门是为物流经营部门提供服务的，因此其发生的费用应先在“辅助营运费用——共同费用”二级明细账户中进行归集，期末再按照一定标准进行分配。（　　）

6. 船舶运输业务的成本计算单位如下：客运成本为元/千人海里，货运成本为元/千吨海里。（　　）

7. 船舶固定费用是指为保持船舶适航状态所发生的经常性的维持费用。（　　）

8. 完工百分比法是指按照劳务的完成程度确认收入和成本的方法。（　　）

9. 在资产负债表日如不能对交易的结果做出可靠估计，则不能确认劳务。（　　）

10. 航空运输的特点是具有较快的运送速度，因为它不受地面环境的影响，能够及时到达目的地。（　　）

五、业务计算题

1. 某物流运输公司分公司 2016 年 5 月份发生的各项营运间接费用合计 96 000元，该公司共发生运输直接费用 480 000 元，其中，一车队发生 260 000 元，二车队发生 220 000 元，以银行存款支付。要求：对其中的营运间接费用进行分配并作相应分录。

2. 某物流运输公司水运部门为 A 企业提供航次租船运输业务，2016 年 12 月第 12 航次承运上海至旧金山货物 12 000 吨，全程 18 000 海里，运输收入共 4 600 000元，预计发生运输总成本 2 908 000 元，本月已入账 2 000 000 元，该航次至 12 月 31 日止已航行 8 000 海里。要求：以完工百分比法计算当年应确认的运输收入以及相应的成本。

3. 联勤航运有限公司经营沿海运输业务，对燃料柴油采用实地盘存制。根据 2016 年 5 月份的柴油领料单已知，该公司三条货船 A 轮、B 轮、C 轮领用船用柴油的情况如表 4—6 所示：

表 4—6　燃料耗用汇总表

领用船舶	月初船存（升）	本月领用（升）	月底船存（升）	本月耗用（升）	单价（元/升）	金额（元）
A 轮	1 100	16 000	1 500		4	
B 轮	4 200	23 500	1 100		4	
C 轮	3 200	19 800	3 600		4	
合计	8 500	59 300	6 200			

要求：将该表空余部分补齐并作会计分录。

第 5 章

Chapter 5 物流企业运输相关业务的会计核算

物流业是物流资源产业化而形成的一种复合型或聚合型产业。对于一个完整的物流流程来说，除了基本的运输环节外，还包括仓储、装卸搬运、包装、流通加工以及配送环节。小型物流企业可能仅仅涉及其中某个业务环节，而大型综合物流公司可能会涉及所有业务环节。这些业务环节都属于物流企业的功能范畴。本书将除运输环节外的其他环节的业务统称运输相关业务。准确地对运输相关业务加以核算，对物流企业来说十分重要。

本章将分别针对仓储、装卸搬运、包装、流通加工以及配送环节的业务特点介绍其收入与成本的核算。

本章学习目标：

1. 了解各运输相关环节的概念及特点；
2. 理解各运输相关环节的成本构成；
3. 掌握各运输相关环节的成本与收入核算。

第 1 节　物流企业仓储业务的核算

一、仓储的概念及特点

仓储是指物流企业运用仓库及各种储存设备为客户提供货物储存及保管的业务。仓储是物流企业向客户提供的重要物流活动之一。在物流业务中，仓储业务承担了改变货物时间状态的重任。

仓储业务的特点：仓储的使命之一就是满足客户的需求，确保储存货物的质量；储存的对象必须是实物产品；根据货物的性质选择相应的储存方式。

二、仓储的分类

（1）按照货物的发源地，可分为储存仓储、物流中心仓储、配送中心仓储、运输转换仓储。

（2）按照经营方式，可分为保管式仓储、加工式仓储、消费式仓储。①

三、仓储业务的核算

（一）仓储业务收入的核算

仓储业务收入就是物流企业为客户提供仓储业务而获得的收入，是物流企业经营堆放、仓储业务，为客户的货物提供保管、保养等服务向客户收取一定费用而形成的收入。物流企业仓储业务的营运部门要每日编制堆存日结单，分客户反映每日货物的进仓量、出仓量及堆存量，期末依据堆存日结单汇总，编制堆存月结单。该单一式数联，留存一联，将两联堆存月结单转交财会部门，财会部门复核无误后，据以确认堆存收入。

在确认堆存收入时，借记“银行存款（应收账款）”科目，贷记“主营业务收入——堆存收入”科目。仓储业务属于现代服务业，适用“营改增”规定的增值税税率，税率为6%。

（二）仓储业务成本的核算

仓储业务的成本核算对象要根据所储存的货物堆存量的计量单位确定。如果货物堆存量以重量为计量单位，仓储业务的成本计算单位为吨/天。如果货物堆存量以面积为计量单位，仓储业务的成本计算单位为平方米/天。如果货物堆存量以体积为计量单位，仓储业务的成本计算单位为立方米/天。仓储业务的成本项目分为直接人工费用、直接材料费用、其他直接费用和营运间接费用，如表5—1所示。

表5—1　　仓储业务的成本项目

序号	成本大类	成本项目	内容
1	直接人工费用	职工薪酬费用	物流企业按规定支付给从事仓储业务的人员的工资、奖金、补贴、津贴及福利费等。
2	直接材料费用	材料费	因仓储业务耗用的各种材料费用。
3	其他直接费用	低值易耗品摊销	因仓储业务耗用的各种低值易耗品费用。
		折旧费	仓储设备计提的折旧费用。
		修理费	为保证仓储设备的正常使用发生的修理费用。
		动力及照明费	因仓储业务耗用的各种动力及照明费用。
		保险费	物流企业为仓储的货物投保向保险公司支付的费用。
		事故损失费	因仓库责任造成的货物被盗、丢失、毁损、变质等货损货差事故，在获得保险公司支付的赔偿后的净损失。
		其他费用	除以上所列项目外的仓储直接费用。
4	营运间接费用	营运间接费用	物流企业的仓储装卸部、营运部或分公司为管理和组织仓储和装卸活动而发生的管理费用和业务费用。

① 罗宇．如何做好物流会计［M］．北京：经济管理出版社，2014．

物流企业的仓储费用通过“主营业务成本——堆存支出”账户归集，根据成本核算对象设置成本明细账。

1. 直接人工费用、直接材料费用、其他直接费用的核算

仓储业务的直接人工费用、直接材料费用和其他直接费用统称仓储直接费用。仓储直接费用根据相关发票、单据、汇总表计入所属仓库的成本，借记“主营业务成本——堆存支出”科目，贷记“原材料”“应付职工薪酬”和“累计折旧”科目。

2. 营运间接费用的核算

仓储业务发生的营运间接费用通过设置“营运间接费用”来核算，计算仓储业务间接费用与装卸间接费用的比例，于每期期末填制该账户。计算公式为：

$$\text{营运间接费用分配率}=\text{营运间接费用总额}\times\left(\text{仓储直接费用}+\text{装卸直接费用}\right)$$

仓储业务应分配的营运间接费用＝仓储直接费用×营运间接费用分配率

装卸业务应分配的营运间接费用＝装卸直接费用×营运间接费用分配率

例 5—1

海大物流公司 2016 年 6 月为 A 公司提供仓储服务，负责保管 A 公司的货物，6 月份收取储存费用 50 000 元。6 月份发生的仓储直接费用为 30 000 元，其中包括 20 000 元工资、5 000 元福利费、2 500 元材料费和 2 500 元折旧费；6 月份发生的营运间接费用为 50 000 元，堆存直接费用为 20 000 元，装卸直接费用为 30 000 元。作会计分录如下：

借：应收账款——A 公司	100 000	
贷：主营业务收入——堆存收入		100 000
应交税费——应交增值税（销项税额）		6 000
借：主营业务成本——堆存支出——职工薪酬	25 000	
——材料费	2 500	
——折旧费	2 500	
——营运间接费用	20 000	
贷：应付职工薪酬		25 000
原材料		2 500
累计折旧		2 500
营运间接费用		20 000

第 2 节　物流企业装卸搬运业务的核算

一、装卸搬运的概念及特点

装卸搬运是指物流企业运用机械设备和人力为客户提供改变货物在物流

同一节点内的存在状态和空间位置的服务。在实际工作中，装卸和搬运是两个几乎同时发生的活动，物流企业通常作为一种活动进行处理，合称装卸搬运。

在装卸搬运货物的过程中，容易对货物造成破坏、耗费等，因此要重视装卸搬运的以下特点：

（1）附属与伴随性。装卸搬运在物流每一环节开始及结束时必然发生，被视为其他物流操作（如运输、储存等）不可缺少的组成部分。

（2）支持与保障性。附属与伴随性决定了装卸搬运对物流活动的支持与保障作用。在某种程度上，支持与保障性对其他物流活动还具有一定的决定作用。比如，装车不当会引发运输安全问题，装卸能力不足会引起物流活动的堵塞等。

（3）衔接性。其他物流活动在过渡时都以装卸搬运来衔接。因此，装卸搬运往往成为整个物流系统的节点，是物流各功能之间形成有机联系和紧密衔接的关键。高效的物流系统关键在于衔接顺畅，如集装箱多式联运正是运用适宜的运输载体（集装箱）和良好的装卸搬运设备（集装箱门吊、吊运机、叉车等），使一贯性运输得以实现。此外，在特定的物流系统中，装卸搬运已成为核心，如港口物流系统、车站物流系统等都是以装卸搬运为主要内容。

二、装卸搬运的分类

（1）按装卸搬运的物流设备、设施对象，可分为仓库装卸、铁路装卸、港口装卸、汽车装卸和飞机装卸等。仓库装卸配合出库、入库、维护保养等活动进行，并且以堆垛、上架、取货等操作为主。铁路装卸是对火车皮的装进或卸出，特点是一次作业就实现一车皮的装进或卸出，很少像仓库装卸那样出现整装零卸或零装整卸的情况。港口装卸既包括码头前沿的装卸，也包括后方的支持性装卸。有的港口装卸还采用小船在码头与大船之间过驳的办法，流程较为复杂，往往经过几次装卸及搬运才能最后实现船舶与陆地之间货物的过渡。汽车装卸一般一次装卸批量不大，由于汽车的灵活性可以减少或根本不需要搬运活动，因此仅利用装卸作业就可达到汽车与物流设施之间货物过渡的目的。飞机装卸对操作标准要求最高，因保障航空器的特殊性，尤其在装机时要严格按照装机单指定航位、舱限和重量准确装入，对不同目的地的货物必须用拦网隔离，货物与行李隔离，特殊货物与普通货物隔离。

（2）按装卸搬运的机械及机械作业方式，可分为吊上吊下方式、叉上叉下方式、滚上滚下方式、移上移下方式和散装散卸方式。吊上吊下方式是采用各种起重机械对货物实现垂直装卸的方式。叉上叉下方式是采用叉车对货物实现水平装卸的方式。滚上滚下方式是港口装卸的一种水平装卸方式，利用叉车或半挂车、汽车承载货物，连同车辆一起开上船，到达目的地后再从船上开下。利用叉车在船上卸货后，叉车必须离船，若利用半挂车、平车或汽车，则拖车将半挂车、平车拖拉至船上后，拖车离船，载货车连同货物一起到达目的地，再原车开下或拖车拖下。移上移下方式是两车间进行靠接，靠水平移动从一个车辆上推移到另一车辆上。散装散卸方式是对散装货物从装点到卸点中间不落地，集装卸与搬运于一体的装卸方式。

(3) 按被装物的主要运动形式，可分为垂直装卸与水平装卸。

(4) 按装卸搬运对象，可分为散装货物装卸、单件货物装卸、集装货物装卸。

(5) 按装卸搬运的作业特点，可分为连续装卸与间歇装卸。连续装卸主要是同种大批量散装或小件杂货通过连续输送机械，连续不断地进行作业，中间无停顿，货间无间隔。在装卸量大、装卸对象固定、货物对象不易形成大包装的情况下，适宜采取这一方式。间歇装卸有较强的机动性，装卸点可在较大范围内变动，主要适用于货流不固定的各种货物，尤其适用于包装货物、大件货物，散粒货物也可采取此种方式。

三、装卸搬运业务的核算

(一) 装卸搬运业务收入的核算

装卸搬运业务的大部分收入来源于托运人支付的装卸搬运费，或者出租装卸机械的租金。按照实际收入或应收金额，借记“银行存款”“外币存款”“应收账款”及“应收票据”等相关科目，贷记“主营业务收入——装卸收入”科目。由于其他原因导致装卸搬运发生延误所支付的费用，应当列入“管理费用”科目，不能从装卸收入中扣除。装卸搬运业务属于现代服务业，适用“营改增”规定的增值税税率，税率为6%。

期末做账务处理时，将本科目余额转入“本年利润”，同时借记本科目，贷记“本年利润”科目。

(二) 装卸搬运业务成本的核算

装卸搬运业务的成本主要包括人工费用、折旧费、维修费、能源消耗费以及其他相关费用等。其主要成本项目如表5—2所示。

表5—2 装卸搬运业务的成本项目

序号	成本大类	成本项目	内容
1	直接人工费用	职工薪酬	物流企业按照规定支付给从事装卸搬运业务的人员的工资、奖金、津贴、补贴及福利费等。
2	直接材料费用	材料费	因装卸搬运业务消耗的各种材料费用。
		燃料、动力及照明费	因装卸搬运业务发生的燃料、动力及照明费用，如耗用的柴油费用。
		轮胎费	装卸搬运机械领用的外胎、内胎、垫带费用及外胎翻新费和零星修补费。

续前表

序号	成本大类	成本项目	内容
3	其他直接费用	折旧费	按规定计提的装卸搬运设备折旧费用。
		保养修理费	为保证装卸搬运设备的正常运行，对其进行保养修理所发生的费用。
		保险费	物流企业为装卸搬运的货物投保而向保险公司支付的费用。
		事故损失费	物流企业在装卸搬运中因工作失误而造成的货损、机损或人员伤亡等事故，在获得保险公司支付的赔偿后的净损失。
		其他费用	除以上所列项目外的装卸直接费用，如低值易耗品摊销等。
4	营运间接费用	营运间接费用	物流企业的装卸部或分公司为组织与管理装卸业务而发生的管理费用和业务费用。

物流企业的装卸搬运费通过“主营业务成本——装卸支出”账户核算，分别计算各个项目的成本如下。

1. 直接人工费用的核算

直接人工费用的核算主要依据工资计算表的有关数据，直接记录各装卸成本，借记“主营业务成本——装卸支出”科目，贷记“应付职工薪酬”科目。

2. 直接材料费用的核算

（1）材料、燃料、动力及照明费。物流企业先汇总领料单位，编制燃料耗用汇总表，并填制成本项目，其中耗用的电力可以根据供电单位的收费凭证直接计入装卸成本。

（2）轮胎费。装卸搬运的轮胎费采用一次摊销法或月平均摊销的方法计算。

3. 其他直接费用的核算

其他直接费用的核算根据相关的发票、单据或报表等单据记账，借记“主营业务成本——装卸支出”科目，贷记“低值易耗品”“库存现金”等科目。

4. 营运间接费用的核算

在装卸搬运过程中，物流企业首先将营运过程中消耗的间接费用归集，再按相应的公式进行计算。

例 5—2

海大物流公司装卸搬运部分为 A 装卸队和 B 装卸队，2016 年 6 月份为甲公司提供装卸搬运服务，装卸搬运费 43 000 元，款项尚未收到，增值税税率为 6%。6 月份装卸搬运部的工资合计为 50 000 元，其中 A 装卸队工资为 30 000 元，B 装卸队工资为 20 000 元；6 月份耗用燃料 3 000 元，其中 A 装卸队耗用 2 000元，B 装卸队耗用 1 000 元；6 月份领取了 5 000 元的轮胎，A 装卸队为 3 000 元，B 装卸队为 2 000 元；6 月份共发生 4 000 元的营运间接费用，A，B 装卸队当月分别装卸 50 000 吨和 30 000 吨。

海大物流公司 6 月为甲公司提供装卸搬运服务收到装卸搬运费，作会计分录如下：

借：应收账款——B公司 45 580

　　贷：主营业务收入——装卸收入 43 000

　　　　应交税费——应交增值税（销项税额） 2 580

海大物流公司6月发生的装卸搬运成本的会计分录如下：

营运间接费用分配率＝4 000/(50 000＋30 000)＝0.05

A装卸队的营运间接费用＝50 000×0.05＝2 500(元)

B装卸队的营运间接费用＝30 000×0.05＝1 500(元)

借：主营业务成本——装卸支出——A装卸队——工资 30 000

　　——B装卸队——工资 20 000

　　——A装卸队——燃料费 2 000

　　——B装卸队——燃料费 1 000

　　——A装卸队——轮胎 3 000

　　——B装卸队——轮胎 2 000

　　——A装卸队——营运间接费用 2 500

　　——B装卸队——营运间接费用 1 500

　　贷：应付职工薪酬 50 000

　　　　原材料——燃料 3 000

　　　　　　——轮胎 5 000

　　　　营运间接费用 4 000

第3节　物流企业包装业务的核算

一、包装的含义及地位

在物流企业中，商品包装是物流的起点，指在流通过程中为保护产品、方便运输、促进销售，按一定技术方法采用的容器、材料及辅助物等的总称，也指包装物及包装操作的总称。

包装在物流企业中占据重要位置，对装卸搬运过程的影响很大，对储存保管的影响很大（保管商品时要注意商品包装的承受量），对商品运输的影响也很大。

二、包装的分类

为了方便研究、使用商品包装，可从不同角度给包装分类。

1. 按包装功能分类

(1) 工业包装。工业包装又称运输包装，旨在强化运输、保护商品、便于储运，是货物流通环节中必须实施的一种外部包装。

（2）商业包装。商业包装又称零售包装或消费包装，旨在适应零售业的需要，将商品进行包装。商业包装具有标志、便利、促销等功能。

2. 按包装层次分类

（1）内包装。是直接接触商品并随商品进入零售网点和消费者或用户见面的包装，旨在保护商品、宣传商品、美化商品，便于选购、携带。

（2）外包装。可方便运输、装卸搬运及检核。又分为单件包装和集合包装。

三、包装业务的核算

（一）包装业务收入的核算

物流企业向托运人收取的货物包装费用或将包装物出售给托运人所得是包装收入的来源。获取包装收入后，借记“银行存款”“外币存款”“应收账款”“应收票据”等科目，贷记“主营业务收入——包装收入”科目。

（二）包装业务成本的核算

物流企业包装业务的成本项目包括包装人工费用、包装材料费用、包装机械费用、包装技术费用、包装辅助费用及营运间接费用，如表5—3所示。

表5—3　包装业务的成本项目

序号	成本大类	成本项目	内容
1	直接人工费用	包装人工费用	对工人或专业作业人员发放的计时工资、计件工资、奖金、津贴和补贴等各项费用。
2	直接材料费用	包装材料费用	各类物品在包装过程中耗费在材料上的费用。
3	其他直接费用	包装机械费用	使用包装机械（或工具）发生的购置费用、日常维护保养费和折旧费等。
		包装技术费用	为了达到最佳的包装效果所采用缓冲包装、防潮包装、防霉包装等技术的设计、应用支出的费用。
		包装辅助费用	如包装标记和包装标志的印刷费、拴挂物费用等。
4	营运间接费用	营运间接费用	物流企业的营运部或分公司为组织和管理包装业务而发生的管理费用和业务费用。

1. 直接材料费用、直接人工费用及其他直接费用的核算

包装业务的直接人工费用、直接材料费用及其他直接费用统称直接包装成本。直接包装成本核算时借记“主营业务成本——包装支出”科目，贷记“包装物”“原材料”“库存现金”“应付职工薪酬”“累计折旧”等相关科目。

2. 营运间接费用的核算

物流企业发生的包装业务营运间接费用，先在“营运间接费用”账户中归集，然后按照包装业务直接费用总和等标准分配到包装成本中。

例 5—3

海大物流公司 12 月份支付了 500 元的营运间接费用，此次包装过程中的直接费用总和为 4 000 元，其中甲队为 3 000 元，乙队为 1 000 元，则分配如下：

营运间接费用的分配率＝500/4 000＝0.125

甲队的营运间接费用＝3 000×0.125＝375(元)

乙队的营运间接费用＝1 000×0.125＝125(元)

例 5—4

海大物流公司 2016 年 6 月份对 C 公司的商品进行包装，C 公司支付了 13 600 元的包装费用，C 公司还向该物流公司购买了一批包装物，不含税价格为 4 910 元。海大物流公司 6 月份为了完成包装任务，一次性领用 300 只包装箱，每只箱单价为 20 元，共计 6 000 元；领用 2 500 元包装材料，支付 500 元工资，其他直接费用为 300 元，折旧费用为 400 元。

海大物流公司为 C 公司提供包装服务，赚取了包装收入，发生了包装费用，作会计分录如下：

借：应收账款——C 公司	13 600	
库存现金	5 744.7	
主营业务税金及附加	408	
贷：主营业务收入——包装收入——包装		13 600
——包装物出售		4 910
应交税费——应交增值税（销项税额）		834.7
——应交营业税		408
借：主营业务成本——包装支出	9 700	
贷：包装物		6 000
原材料		2 500
应付职工薪酬		500
库存现金		300
累计折旧		400

第 4 节　物流企业流通加工业务的核算

一、流通加工的概念

流通加工是物品从生产地到消费地的过程中，根据需要进行包装、分割、计量、分拣、刷标志、拴标签、组装等简单作业的总称。

二、流通加工成本的构成

流通加工成本是指在商品从生产者到消费者的流动过程中，为了促进销售、保证商品质量、实现物流的高效率而使商品发生形状和性质的变化所产生的成本。其构成如下：

（1）直接材料费用。包括直接消耗的材料、辅助材料、包装材料及燃料和动力等费用。

（2）直接人工费用。包括直接从事加工生产的工人的工资总额和职工福利费等。

（3）制造费用。包括管理人员的工资及福利费、折旧费、修理费、水电费等各项间接费用。

三、流通加工业务的核算

（一）流通加工业务收入的核算

流通加工业务可以为物流企业带来收入，物流企业应按有关规定确认流通加工收入的实现。本期已实现的流通加工收入，按实际收到或应收的金额，借记“银行存款”“应收账款”等科目，贷记“主营业务收入——流通加工收入”“应交税费——应交增值税（销项税额）”科目。

（二）流通加工业务成本的核算

物流企业月末应编制流通加工成本计算表，以反映配送总成本和单位成本。流通加工业务的成本费用的分配可以采用约当产量法，计算公式为：

在产品约当产量＝在产品数量×完工率(完工程度)

某项费用分配率＝该项费用总额/(完工产品产量＋在产品约当产量)

在产品该项费用＝在产品约当产量×该项费用分配率

完工产品该项费用＝完工产品数量×该项费用分配率

届时借记“主营业务成本——流通加工成本”科目，贷记“原材料”“应付职工薪酬”“制造费用”科目。

例 5—5

海大物流公司 2016 年 6 月份对 D 公司的产品进行流通加工，其工艺为单步骤流水线加工，原材料一次性投入。该公司 6 月份产品完工 400 件，月末在产品 50 件，在产品完工程度为 50%，加工收入为 30 000 元。月初在产品材料费 10 000元，人工费 9 450 元，制造费用 4 050 元。本月发生的材料费 50 000 元，人工费 34 200 元，制造费用 15 300 元。该企业采用品种法核算流通加工成本，采用约当产量法分配完工产品和月末在产品加工成本。

海大物流公司为 D 公司提供流通加工工艺业务，约当产量法下的流通加工成本的计算如表 5—4 所示：

表 5—4

成本项目	月初在产品 ①	本月费用 ②	成本费用合计 ③=①+②	分配单位 ④	分配率 ⑤=③/④	完工产品加工成本 ⑥=⑤×400	月末在产品加工成本 ⑦=⑤×(④−400)
材料费	10 000	50 000	60 000	450	133.33	53 333.33	6 666.67
人工费	9 450	34 200	43 650	425	102.71	41 084	2 566
制造费用	4 050	15 300	19 350	425	45.53	18 212	1 138
合计	23 500	99 500	123 000			112 629.33	10 370.67

作会计分录如下：

借：应收账款——D公司　　35 100
　贷：主营业务收入——流通加工收入　　30 000
　　　应交税费——应交增值税（销项税额）　　5 100

借：主营业务成本——流通加工成本——在产品　　10 370.67
　　　　　　　　　　　　　　　　——完工产品　　112 629.33
　贷：原材料——在产品　　6 666.67
　　　　　　——完工产品　　53 333.33
　　　应付职工薪酬——在产品　　2 566
　　　　　　　　　——完工产品　　41 084
　　　制造费用——在产品　　1 138
　　　　　　　——完工产品　　18 212

第 5 节　物流企业配送环节的核算

一、配送的概念

物流企业的配送指在经济合理区域范围内，根据用户要求对物品进行挑选、加工、包装、分割、组配等作业，并按时送达指定地点的物流活动。

配送是一种新的送货制度。与传统的送货方式不同，配送连接送货、分货、配货等多项活动，且要求整个过程现代化，无论在规模、效率还是速度、质量上都超过传统送货制度。

二、配送的分类与流程

（一）配送的分类

（1）按配送种类及数量，可分为少品种、大批量配送，多品种、少批量配送，配套成套配送。

（2）按配送时间及数量，可分为定时配送，定量配送，定时、定量配送，定时、定路线配送，即时配送。

(3) 按实施配送的节点，可分为中心配送、生产企业配送、仓库配送、商店配送。①

(二) 配送的流程

物流企业的配送流程一般包括：备货、储存、分拣及配货、配装、配送运输、送达服务、配送加工。

1. 备货

指筹集货源、订货或购货、集货、进货及有关的质量检查、结算、交接等。

2. 储存

储存是按一定时期的配送经营要求形成的对配送资源的保证。常见的一种储存形态是暂存，指在具体执行日配送时，按分拣配货要求，在理货场地所做的少量储存准备。

3. 分拣及配货

分拣及配货是完善送货、支持送货的准备性工作，是不同配送企业在送货时进行竞争和提高自身经济效益的必然延伸。

4. 配装

在单个用户的配送数量不能达到车辆的有效载运负荷时，就存在如何集中不同用户的配送货物，进行搭配装载以充分利用运能、运力的问题，需要通过配装来解决。

5. 配送运输

配送运输是较短距离、较小规模、频率较高的运输形式，一般使用汽车作为运输工具。

6. 送达服务

配好的货物运达用户还不算配送工作的完结，这是因为货物送达和用户接货之间可能出现不协调，导致配送前功尽弃。

7. 配送加工

配送加工是流通加工的一种，但它有不同于一般流通加工的特点。

三、配送业务的核算

(一) 配送业务收入的核算

配送活动收取的费用是配送收入的来源，在确认配送收入时，借记“银行存款（或应收账款）”等科目，贷记“主营业务收入——配送收入——分拣配货收入”“主营业务收入——配送收入——流通加工收入”“主营业务收入——配送收入——配装收入”“主营业务收入——配送收入——集货收入”“应交税费——应交增值税（销项税额）（税率为 6%）”。

① 严玉康，沈涛. 物流企业会计 [M]. 上海：立信会计出版社，2005.

（二）配送业务成本的核算

物流企业配送业务的成本分为保管费用、分拣费用、配装费用、运输费用及流通加工费用，如表5—5所示。

表5—5 配送业务的成本项目

序号	成本大类	成本项目	内容
1	保管费用	保管直接费用	配送保管环节发生的可直接计入保管成本的各种费用之和。
		保管间接费用	物流企业的营运部或分公司为组织和管理配送保管业务而发生的管理费用和业务费用。
2	分拣费用	分拣人工费用	从事分拣工作的作业人员及有关人员的工资、奖金、补贴等费用总和。
		分拣设备费用	分拣设备的维修保养费及折旧费等。
3	配装费用	配装材料费	物流企业在配装过程中耗费的材料费，如木材、纸、自然纤维和合成纤维、塑料等费用。
		配装人工费	从事配装工作的作业人员及有关人员的工资、奖金、补助等费用总和。
		配装辅助费	除上述费用外，还可能发生的一些辅助性费用，如包装标记、标志的印刷费及栓挂物费用等。
4	运输费用	车辆费用	物流企业从事配送运输生产而发生的各项费用，包括驾驶员及助手的工资、福利费、燃料费、轮胎费、修理费、折旧费、车船使用税等。
		营运间接费用	物流企业的营运部或分公司为组织和管理配送运输业务而发生的管理费用和业务费用。
5	流通加工费用	流通加工材料费	物流企业在配送的流通加工过程中耗费的材料费用。
		流通加工人工费	物流企业在配送的流通加工中作业人员及有关人员的工资、奖金、补贴等费用总和。
		流通加工设备费	物流企业在配送的流通加工中使用的设备的维修保养费及折旧费等。

1. 保管费用的核算

发生保管费用时，根据成本项目借记“主营业务成本——配送支出——保管费用”科目，贷记“原材料”“应付职工薪酬”等科目。

2. 分拣费用的核算

(1) 分拣人工费用的核算。根据分拣人工费用的工资结算表等相关资料，借记“主营业务成本——配送支出——分拣费用”科目，贷记“应付职工薪酬”科目。

(2) 分拣设备费用的核算。分拣设备费用分为维修保养费和折旧费，维修保养费借记“主营业务成本——配送支出——分拣费用”科目，贷记“原材料”“应付职工薪酬”等科目，折旧费借记“主营业务成本——配送支出——分拣费用”科目，贷记“累计折旧”科目。

3. 配装费用的核算

配装费用包括人工费、材料费、辅助费等。

(1) 人工费的核算。根据人工费用的工资结算表等相关资料，借记“主营业务成本——配送支出——配装费用”科目，贷记“应付职工薪酬”科目。

(2) 材料费的核算。直接材料费根据领料凭证，汇总编制耗用材料汇总表来确定，借记“主营业务成本——配送支出——配装费用”科目，贷记“原材料”科目。

(3) 辅助费的核算。根据相关资料借记“主营业务成本——配送支出——配装费用”科目，贷记相关科目。

运输费用和流通加工费用的核算详见相关章节。

例 5—6

海大物流公司 2016 年 6 月份为 E 公司提供配送服务，E 公司支付了 40 000 元配送费（不含税），其中分拣配货 10 000 元，流通加工 12 000 元，配装 8 000 元，集货 10 000 元；6 月份配送业务发生的保管费用为 5 000 元，其中原材料 1 500元，职工工资 2 500 元，其他直接保管物资费用 1 000 元，6 月份发生了 5 000元配装费用，其中原材料费用 2 000 元，职工工资 2 000 元，低值易耗品 500 元，其他费用 500 元。

海大物流公司为 E 公司提供配送服务，收取了配装收入，发生了保管费用以及配装费用，作会计分录如下：

借：应收账款——E 公司	42 400	
贷：主营业务收入——配送收入——分拣配货收入		10 000
——流通加工收入		12 000
——配装收入		8 000
——集货收入		10 000
应交税费——应交增值税（销项税额）		2 400
借：主营业务成本——配送支出——保管费用	5 000	
——配装费用	5 000	
贷：原材料		3 500
应付职工薪酬		4 500
库存现金		1 500
低值易耗品		500

复习思考题

一、简答题

1. 简述仓储业务的分类及其标准。
2. 物流企业的装卸搬运业务有何特点？
3. 如何定义包装及其地位？

4. 简述流通加工业务的概念。

5. 配送的流程是怎样的?

二、单项选择题

1. 销售人员往往依靠（　　）来确保库存成品做到随要随发。

A. 销售部门　　B. 仓储部门　　C. 技术部门　　D. 财会部门

2. 良好的储存策略可以减少（　　）间的距离、缩短作业时间，甚至能够充分利用储存空间。

A. 财会部门　　B. 业务部门　　C. 销售部门　　D. 技术部门

3. 物流企业的仓储费用通过（　　）账户归集。

A. “主营业务成本——堆存支出”　　B. “其他业务成本”

C. “管理费用”　　D. “销售费用”

4. 物流企业运用机械设备和人力为客户提供改变货物在物流同一节点内的存在状态和空间位置的服务，称为（　　）。

A. 仓储　　B. 其他业务　　C. 装卸搬运　　D. 流通加工

5. 装卸搬运常常附着在货物流通过程中，成为其他环节的一部分，这是装卸搬运业务的（　　）特点。

A. 衔接性　　B. 支持与保障性

C. 复杂性与延展性　　D. 附属与伴随性

6. 保管商品时，要注意商品包装的（　　），这对商品运输有很大的影响。

A. 材料　　B. 承受量　　C. 容器　　D. 辅助物

7. 物品从生产地到消费地的过程中，根据需要进行包装、分割、计量、分拣、刷标志、拴标签、组装等简单作业总称为（　　）。

A. 配送　　B. 流通加工　　C. 仓储　　D. 运输

8. 配送中心属于（　　）。

A. 运输节点　　B. 存储节点　　C. 物流节点　　D. 搬运节点

9. （　　）不属于配送中心的主要功能。

A. 储存功能　　B. 分拣功能　　C. 配送功能　　D. 计划功能

10. 配送按照（　　）可分为少品种、大批量配送，多品种、少批量配送，配套成套配送。

A. 配送种类及数量　　B. 配送时间及数量

C. 实施配送的节点　　D. 配送的过程

三、多项选择题

1. 按货物的发源地划分，仓储业务包括（　　）。

A. 储存仓储　　B. 物流中心仓储

C. 配送中心仓储　　D. 运输转换仓储

2. 物流企业运输相关业务具体包括（　　）以及配送环节业务。

A. 仓储　　B. 装卸搬运　　C. 包装　　D. 流通加工

3. 在搬运装卸货物的过程中，容易对货物造成破坏、耗费，因此要重视装卸搬运的（　　）特点。

A. 附属与伴随性　　B. 支持与保障性

C. 均衡性与波动性　　D. 复杂性与延展性

4. 装卸搬运活动的成本项目包括（　　）。

A. 直接人工费用　　B. 直接材料费用

C. 其他人工费用　　D. 营运间接费用

5. 按包装功能可将包装分为（　　）。

A. 工业包装　　B. 商业包装　　C. 内包装　　D. 外包装

6. 按包装层次可将包装分为（　　）。

A. 工业包装　　B. 商业包装　　C. 内包装　　D. 外包装

7. 物流企业计算流通加工成本时，应借记“主营业务成本——流通加工成本”科目，贷记（　　）科目。

A. “原材料”　　B. “应付职工薪酬”

C. “制造费用”　　D. “其他费用”

8. 按配送时间及数量可将配送分为（　　）以及即时配送。

A. 定时配送　　B. 定量配送

C. 定时、定量配送　　D. 定时、定路线配送

9. 按实施配送的节点可将配送分为（　　）。

A. 中心配送　　B. 生产企业配送

C. 仓库配送　　D. 商店配送

10. 物流企业的配送流程一般包括备货、储存、分拣及配货以及（　　）。

A. 配装　　B. 配送运输　　C. 送达服务　　D. 配送加工

四、判断题

1. 入库是仓储作业的开始。（　　）

2. 按经营方式可将仓储分为储存仓储、物流中心仓储、配送中心仓储、运输转换仓储。（　　）

3. 仓储信息化是企业物流信息化的基础。（　　）

4. 装卸和搬运是两个几乎同时发生的活动，物流企业通常将之作为一种活动进行处理，合称为装卸搬运。（　　）

5. 期末做账务处理时，将装卸搬运收入余额转入“本年利润”，同时借记本科目，贷记“本年利润”科目。（　　）

6. 物流企业对托运人收取的货物包装费用是包装收入的唯一来源。（　　）

7. 商品包装是物流的起点，在物流企业中占据重要位置。（　　）

8. 流通加工是物流中最具特殊意义的物流形式。（　　）

9. 配送中心就是物流中心。（　　）

10. 配送就是送货。（　　）

五、业务计算题

1. 海大物流公司是一家物流企业，同时开展一些仓储业务，拥有一个普通仓库、一个冷藏库和一个露天货场。该公司 2015 年 12 月份发生的费用如下：仓

储作业人员工资合计 110 000 元，其中，普通仓库仓储作业人员工资36 000元，冷藏库仓储作业人员工资 40 000 元，露天货场仓储作业人员工资34 000元。要求：分配本月仓储作业人员工资。

2. 海大物流公司本月发生的货物装卸人员的工资为 2 000 元，本月应负担装卸设备的折旧费为 5 000 元。要求：计算装卸搬运费用并作分录。

第 6 章 Chapter 6 物流企业财务报表分析

财务报表分析的基本过程是：将具有一般性特征的会计信息进行透视与剖析、分解与重构，形成满足未来某个具体应用所需的信息，进而强化会计信息的决策相关性与信息使用的准确性。从财务报表分析方法体系的发展趋势看，当前我国会计准则体系不断与国际会计准则趋同，资产负债表观在会计准则中得到体现和深化，企业资产和负债的变化及有关计量基础的选择将对当期损益产生直接的影响。在这种情况下，财务报表分析将更加关注企业资产和负债的质量及价值变化，强调对资产和负债的规模、结构、质量与企业利润的规模、结构、质量以及现金流量的规模、结构、质量之间辩证关系的深入分析。①

通过对财务会计报表进行分析，能够获得企业的偿债能力、营运能力、盈利能力和发展能力的相关信息；结合附注和其他说明，能够判断企业资产质量、资本结构质量、利润质量和现金流量质量的状况。立足于这些分析，能够让管理层作出的决策更接地气。

本章学习目标：

1. 了解财务报表分析的目的、思路，通过案例公司财务指标和财务数据的分析，对案例公司财务状况、经营成果和现金流量情况有基本的了解；

2. 掌握财务报表分析方法，并能熟练运用各种方法对物流企业报表进行分析；

3. 通过物流企业财务报表的分析了解公司的经营情况，并基于对现状的分析作出有价值的财务预测。

第 1 节　物流企业资产负债表分析

资本是企业产生、生存和发展的原动力，企业的资本运动是通过资本筹集、

---

① 张新民，粟立钟. 财务报表分析：理论内涵与学科定位［J］. 财会研究，2015（1）.

资本运用和资本收益分配等一系列资本活动来实现的。筹资活动是企业根据生产经营对资本的需求，通过各种筹资渠道，采用适当筹资方式取得经营所需资本的行为。筹资活动是企业生产和发展的基本条件，是资本运用的起点。企业的资本来源，一是所有者提供的永久性资本，二是债权人提供的信贷资本，从而形成对一个企业所拥有资产的两种不同要求权。资本运用是企业资本活动的中心环节，它不仅对资本筹集提出要求，而且对资本收益分配产生影响。资本收益分配既是企业前期资本活动的终点，也是下期资本活动的起点，它作为资本运动的结果而出现，是对资本活动成果的分配。企业的所有资本活动及结果，必然会直接通过资产负债表全面、系统、综合地反映出来。

一、物流企业资产负债表分析的意义

物流企业资产负债表分析的意义在于，了解企业会计对财务状况的反映程度，以及所提供会计信息的质量，据此对企业资产和权益的变动情况以及企业财务状况做出恰当的评价。具体体现在以下方面：

1. 揭示资产负债表及相关项目的内涵

资产负债表上的数据是企业经营活动的直接结果，但这种结果是企业会计依据某种具体会计处理方法进行会计处理后得到的。

2. 了解企业财务状况的变动情况

在企业经营过程中，企业资产规模和各项资产会不断发生变动，资金来源也会发生相应的变动，资产负债表静态地反映变动后的结果。

3. 评价企业会计对企业经营状况的反映程度

资产负债表是否充分反映了企业的经营状况，其真实性如何，资产负债表本身并不能说明。企业管理者出于某种需要，既可能客观全面地通过资产负债表反映企业的经营状况，也可能隐瞒企业经营中的某些重大事项。

4. 评价企业的会计政策

企业的会计核算必须在企业会计准则指导下进行，但企业会计在会计政策和会计处理方法的选择上有相当的灵活性，如选择折旧政策、存货计提方法等。不同的会计政策和会计处理方法体现在资产负债表上的结果往往不同，某种会计处理的背后总是代表着企业的会计政策和会计目的。

5. 修正资产负债表数据

资产负债表是进行财务分析的重要基础资料，即使企业不是出于某种目的进行调整，资产负债表数据的变化也不完全是受企业经营影响的结果。会计政策变革、会计估计及变更等企业经营以外的因素对资产负债表数据也有相当大的影响，通过资产负债表分析，要揭示资产负债表数据所反映的财务状况和真实财务状况的差异，通过差异调整，修正资产负债表数据，尽可能消除会计信息失真，为进一步利用资产负债表进行财务分析奠定资料基础，以保证财务分析结论的可靠性。

本章以海大物流公司为例详细介绍物流企业财务报表分析的具体内容。海大物流是一家现代综合物流企业，其 2012 年和 2013 年资产负债表、利润表及现金流量表如表 6—1、表 6—2 和表 6—3 所示。

表 6—1　海大物流公司资产负债表　单位：元

资产	2013 年期末	2012 年期末	负债和所有者权益	2013 年期末	2012 年期末
流动资产：			流动负债：		
货币资金	609 786 934.79	698 465 562.20	短期借款	616 924 327.04	387 278 205.33
交易性金融资产			交易性金融负债		
应收票据	20 457 034.34	8 248 614.45	应付票据	118 344 112.00	208 230 000.00
应收账款	1 150 540 315.96	1 096 853 524.19	应付账款	606 986 315.10	637 725 833.68
预付账款	633 784 234.22	452 845 063.87	预收账款	153 367 615.69	190 196 716.70
应收股利			应付职工薪酬	39 299 913.30	38 695 723.35
应收利息			应交税费	27 414 775.42	11 718 656.71
其他应收款	83 974 895.80	88 505 709.56	应付利息	1 076 391.31	916 465.79
存货	59 373 888.17	66 877 431.04	应付股利	22 212 949.80	483 634.60
一年内到期的非流动资产			其他应付款	36 842 593.61	26 378 118.73
其他流动资产	19 509 411.22	19 685 154.51	一年内到期的非流动负债		
流动资产合计	2 577 426 714.50	2 431 481 059.82	其他流动负债		
非流动资产：			流动负债合计	1 622 468 993.27	1 501 623 354.89
可供出售金融资产			非流动负债：		
持有至到期投资			长期借款		
长期应收款			应付债券		
长期股权投资			长期应付款		
投资性房地产			专项应付款		
固定资产	107 757 422.18	108 982 532.31	预计负债		
工程物资			递延所得税负债	2 745 202.59	2 773 747.51
在建工程	93 394 929.98	68 262 723.78	其他非流动负债		
固定资产清理			非流动负债合计	2 745 202.59	2 773 747.51
生产性生物资产			负债合计	1 625 214 195.86	1 504 397 102.40
油气资产			所有者权益（或股东权益）：		
无形资产	118 987 474.62	121 294 001.69	实收资本（股本）	400 000 000.00	400 000 000.00
开发支出			资本公积	638 222 658.40	634 389 358.40
商誉			减：库存股		
长期待摊费用	9 353 464.34	6 872 397.44	盈余公积	19 024 150.36	15 166 378.80
递延所得税资产	8 863 773.20	8 470 528.71	未分配利润	271 561 751.26	226 104 149.14
其他非流动资产			外币报表折算差额	—38 241 809.38	—34 696 735.33

续前表

资产	2013 年期末	2012 年期末	负债和所有者权益	2013 年期末	2012 年期末
非流动资产合计	338 357 064.32	313 882 183.93	归属于母公司所有者权益合计	1 290 566 750.64	1 240 963 151.01
			少数股东权益	2 832.32	2 990.34
			所有者权益合计	1 290 569 582.96	1 240 966 141.35
资产总计	2 915 783 778.82	2 745 363 243.75	负债和所有者权益总计	2 915 783 778.82	2 745 363 243.75

表 6—2 海大物流公司利润表 单位：元

项目	2013 年 1—12 月	2012 年 1—12 月
一、营业总收入	8 533 354 432.84	7 486 015 294.21
二、营业总成本	8 427 755 180.13	7 391 522 316.98
其中：营业成本	8 065 936 602.75	7 048 040 544.13
营业税金及附加	7 202 966.21	13 486 748.20
销售费用	222 548 632.72	203 746 026.35
管理费用	113 440 961.60	103 660 753.62
财务费用	17 455 239.87	21 092 145.31
资产减值损失	1 170 776.98	1 496 099.37
加：公允价值变动收益（损失以“—”号填列）		
投资收益（损失以“—”号填列）		
其中：对联营企业和合营企业的投资收益		
三、营业利润（亏损以“—”号填列）	105 599 252.71	94 492 977.23
加：营业外收入	7 208 850.18	8 968 385.49
减：营业外支出	1 016 448.27	551 870.92
其中：非流动资产处置损失	788 623.93	248 848.03
四、利润总额（亏损总额以“—”号填列）	111 791 654.62	102 909 491.80
减：所得税费用	30 476 349.24	26 721 347.23
五、净利润（净亏损以“—”号填列）	81 315 305.38	76 188 144.57
归属于母公司所有者的净利润	81 315 373.68	76 188 220.30
*少数股东损益	—68.3	—75.73
六、每股收益：		
基本每股收益	0.2	0.21
稀释每股收益	0.2	0.21
七、其他综合收益	—3 545 163.77	1 290 664.37
八、综合收益总额	77 770 141.61	77 478 808.94
归属于母公司所有者的综合收益总额	77 770 299.63	77 479 036.37
†归属于少数股东的综合收益总额	—158.02	—227.43

*少数股东损益：指公司合并报表的子公司其他非控股股东享有的损益。

†归属于少数股东的综合收益总额：指公司合并报表中少数股东损益与少数股东按持股比例享有的其他综合收益之和。

表 6—3 海大物流公司现金流量表 单位：元

项目	2013 年 1—12 月	2012 年 1—12 月
一、经营活动产生的现金流量：		
销售商品、提供劳务收到的现金	8 440 331 100.90	8 440 331 100.90
收到的税费返还	1 445 106.47	2 949 306.10
收到其他与经营活动有关的现金	124 627 807.81	30 178 600.45
经营活动现金流入小计	8 566 404 015.18	7 043 510 475.54
购买商品、接受劳务支付的现金	8 273 705 736.88	6 738 640 198.59
支付给职工以及为职工支付的现金	236 796 225.83	209 363 961.98
支付的各项税费	80 076 811.82	75 710 654.29
支付其他与经营活动有关的现金	200 450 991.62	191 921 977.38
经营活动现金流出小计	8 791 029 766.15	7 215 636 792.24
经营活动产生的现金流量净额	－224 625 750.97	－172 126 316.70
二、投资活动产生的现金流量：		
收回投资收到的现金		
取得投资收益收到的现金		
处置固定资产、无形资产和其他长期资产收回的现金净额	527 185.77	1 497 600.93
处置子公司及其他营业单位收到的现金净额		
收到其他与投资活动有关的现金	5 000 000.00	14 000 000.00
投资活动现金流入小计	5 527 185.77	15 497 600.93
购建固定资产、无形资产和其他长期资产支付的现金	48 973 469.88	69 721 530.44
投资支付的现金		
取得子公司及其他营业单位支付的现金净额		
支付其他与投资活动有关的现金		
投资活动现金流出小计	48 973 469.88	69 721 530.44
投资活动产生的现金流量净额	－43 446 284.11	－54 223 929.51
三、筹资活动产生的现金流量：		
吸收投资收到的现金		629 489 200.00
其中：子公司吸收少数股东投资收到的现金		
取得借款收到的现金	1 112 820 989.20	1 055 026 038.35
发行债券收到的现金		
收到其他与筹资活动有关的现金		
筹资活动现金流入小计	1 112 820 989.20	1 689 438 905.56
偿还债务支付的现金	883 174 867.49	1 134 319 610.54
分配股利、利润或偿付利息支付的现金	29 538 257.17	55 365 423.56
其中：子公司支付给少数股东的股利、利润		
支付其他与筹资活动有关的现金		9 858 912.56
筹资活动现金流出小计	912 713 124.66	1 199 543 946.66
筹资活动产生的现金流量净额	200 107 864.54	489 894 958.90
四、汇率变动对现金及现金等价物的影响	－4 679 696.69	－406 488.31
五、现金及现金等价物净增加额	－72 643 867.23	263 138 224.38
加：期初现金及现金等价物余额	630 382 170.72	367 243 946.34
六、期末现金及现金等价物余额	557 738 303.49	630 382 170.72

二、物流企业偿债能力分析

偿债能力是指物流企业偿还各种债务的能力。根据债务偿还期的长短，偿债能力分为短期偿债能力和长期偿债能力。通过偿债能力分析可以了解物流企业的财务状况，揭示物流企业的财务风险，预测物流企业的筹资前景，为未来的理财活动提供参考。

（一）短期偿债能力指标

短期偿债能力是指企业偿还流动负债的能力。流动负债是指1年内或超过1年的一个营业周期内需要偿还的债务，这部分负债对企业财务风险影响较大，如果不能及时偿还，企业将面临破产整顿的风险。评价企业短期偿债能力的指标主要有流动比率、速动比率和现金比率。

1. 流动比率

流动比率是企业流动资产与流动负债的比率。计算公式为：

$$流动比率=\frac{流动资产}{流动负债}$$

流动资产主要包括现金、短期投资、应收账款、预付账款、存货、待摊费用和1年内到期的长期投资，一般利用资产负债表中的期末流动资产总额；流动负债主要包括短期借款、应付账款、预收账款、应交款项、1年内到期的长期债务等，一般可直接利用资产负债表中的期末流动负债总额。

例6—1

根据表6—1的资料计算2013年海大物流公司的流动比率。

$$流动比率=\frac{2\ 577\ 426\ 714.50}{1\ 622\ 468\ 993.27}=1.59$$

流动比率是衡量企业偿债能力的一个重要财务指标，这个指标越高，说明企业的偿债能力越强，流动负债清偿保障程度越大。但流动比率并非越高越好，过高的流动比率可能使滞留在流动资产上的资金过多，降低资金的适用效率和效果，影响企业的效益。

根据经验，流动比率一般在2∶1左右比较合适。在实际工作中，应根据不同行业的特点，结合企业流动资产结构及各项流动资产的实际变现能力等对流动比率进行分析。

2. 速动比率

从前面的介绍可以看出，流动比率在评价企业短期偿债能力时存在一定的缺陷，没有考虑到流动资产的结构。即使流动比率较高，但若流动资产的流动性较差，企业的短期偿债能力也会较弱。在流动资产中，存货、预付费用、待摊费用的流动性较差，变现能力相对短期有价证券、应收票据、应收账款等较差，因此将流动资产扣除存货、预付费用、待摊费用等项目后的余额称为速动资产。速动资产主要包括货币资金、短期投资、应收票据、应收账款等。

速动比率是速动资产与速动负债的比率，也称酸性测试比率。计算公式为：

$$速动比率=\frac{速动资产}{流动负债}$$

$$\begin{aligned}速动资产&=现金+银行存款+应收票据+应收账款+交易性金融资产\\&=流动资产-存货-预付账款\end{aligned}$$

例6—2

根据表6—1的资料计算2013年海大物流公司的速动比率。

$$速动比率=\frac{2\,577\,426\,714.50-59\,373\,888.17-633\,784\,234.22}{1\,622\,468\,993.27}=1.16$$

用速动比率计算速动资产与流动负债之间的比率，弥补了流动比率的不足，可以更好地判断企业的短期偿债能力。

通常认为速动比率为1∶1是比较合适的。实务中，需要结合行业的特点，考虑应收账款的质量（如账龄）等因素加以分析。

3. 现金比率

现金比率是企业现金类资产与流动负债的比率。现金类资产包括企业所拥有的货币资金和持有的易于变现的有价证券。计算公式为：

$$现金比率=\frac{货币资金+短期有价证券}{流动负债}$$

其中，短期有价证券是企业用短期投资来进行资金调度的一种手段，当企业有闲置的货币资金时，可以投资于价值变动风险很小的有价证券，以提高资金的盈利水平。一旦企业需要现金，能够通过这些有价证券及时变现予以补充。

例6—3

根据表6—1的资料计算2013年海大物流公司的现金比率。

$$现金比率=\frac{609\,786\,934.79+0}{1\,622\,468\,993.27}=0.38$$

现金比率反映企业的直接支付能力。作为流动性最强的资产，现金是偿还债务的最终手段。根据风险报酬原则，现金是盈利能力最弱的资产，但合理持有一定的现金，不仅可以避免债务危机，而且能够提高企业的盈利能力。

（二）长期偿债能力指标

长期偿债能力是指企业偿还长期债务的能力，企业的长期债务主要包括长期借款、应付长期债券、长期应付款等。衡量企业长期偿债能力的指标主要有资产负债率、股东权益比率与权益乘数、产权比率、已获利息倍数等。

1. 资产负债率

资产负债率是负债总额与资产总额的比率，也称负债比率或举债经营比率。

资产负债率反映在企业总资产中有多大比例是通过举债来筹措的，也可以衡量企业在清算时对债权人的保障程度。计算公式为：

$$资产负债率=\frac{负债总额}{资产总额}$$

例 6—4

根据表 6—1 的资料计算 2013 年海大物流公司的资产负债率。

$$资产负债率=\frac{1\ 625\ 214\ 195.86}{2\ 915\ 783\ 778.82}\times100\%=55.74\%$$

资产负债率指标越高，反映出企业利用财务杠杆的比例越高，企业财务风险越大。根据资本结构理论，由于债务人享有到期还本付息的权利，故债务的成本相对较低。合理利用一定的债务，能够提高企业的盈利能力。

2. 股东权益比率与权益乘数

股东权益比率是股东权益总额与资产总额的比率，该比率反映企业资产中多少是所有者投入的。计算公式为：

$$股东权益比率=\frac{股东权益总额}{资产总额}\times100\%$$

例 6—5

根据表 6—1 的资料计算 2013 年海大物流公司的股东权益比率。

$$股东权益比率=\frac{1\ 290\ 569\ 582\ 96}{2\ 915\ 783\ 778.82}\times100\%=44.26\%$$

股东权益比率的倒数为权益乘数，它指资产总额是股东权益总额的多少倍。权益乘数越大，说明股东投入的资本在资产中所占比重越小。计算公式为：

$$权益乘数=\frac{资产总额}{股东权益总额}$$

股东权益比率与负债比率之和等于 1。因此，这两个比率从不同的侧面反映企业财务状况，股东权益比率越高，则负债比率越低，企业财务风险越小，偿还债务的能力越强。

3. 产权比率

产权比率是负债总额与股东权益总额的比率，也称债务股权比率，是衡量长期偿债能力的指标。计算公式为：

$$产权比率=\frac{负债总额}{股东权益总额}\times100\%$$

例 6—6

根据表 6—1 的资料计算 2013 年海大物流公司的产权比率。

$$产权比率=\frac{1\ 625\ 214\ 195.86}{1\ 290\ 569\ 582.96}\times100\%=125.93\%$$

该指标能够反映企业的资本结构的相对关系，揭示企业的财务风险以及股东权益对债务的保障程度。该比率越高，表明企业长期财务状况越差，对债权人的保障程度越低。

4. 已获利息倍数

已获利息倍数是指企业经营业务收益与利息费用的比率，用来衡量偿付借款利息的能力，也叫利息保障倍数。计算公式为：

$$已获利息倍数=\frac{息税前利润}{利息费用}$$

息税前利润（earnings before interest and tax，EBIT）是指利润表中未扣除利息费用和所得税之前的利润。利息费用是指本期发生的全部应付利息，既包括财务费用中的利息费用，也包括计入资产成本的资本化的利息。

例6—7

根据表6—2中的税前营业利润和财务费用，计算2013年海大物流公司的已获利息倍数。

$$已获利息倍数=\frac{105\ 599\ 252.71+17\ 455\ 239.87}{17\ 455\ 239.87}=7.05$$

已获利息倍数反映企业经营收益为所需支付的债务利息的多少倍，表明企业偿付债务利息的能力及对利息的保障程度。

三、物流企业营运能力分析

营运能力反映物流企业营运资产的效率和效益。通过营运能力分析可以评价物流企业资产的流动性和物流企业管理资产的水平。主要的分析指标如下。

（一）存货周转率

在物流企业的流动资产中，存货所占比重较大。存货的流动性会直接影响企业的流动比率，因此，物流企业要特别重视对存货流动性的分析。存货的流动性可以用存货的周转速度指标（即存货周转率和存货周转天数）来反映。存货周转率也称存货利用率，是企业一定时期的销售成本与平均存货的比率。计算公式为：

$$存货周转率=\frac{销售成本}{平均存货}$$

式中　平均存货=(期初存货余额+期末存货余额)/2

存货周转状况也可以用存货周转天数来表示。计算公式为：

$$存货周转天数=\frac{本期天数}{存货周转率}$$

存货周转天数表示存货周转一次所需天数，天数越短说明存货的周转速度越快。

例 6—8

根据表 6—1、表 6—2 的资料计算 2013 年海大物流公司的存货周转率。

$$存货周转率=\frac{8\ 065\ 936\ 602.75}{(59\ 373\ 888.17+66\ 877\ 431.04)/2}=127.78$$

一般来说，存货周转率高，说明存货周转速度快，存货的占用水平低，存货的管理成本将会降低。但是，过高的存货周转率可能使企业面临存货短缺，使得缺货成本上升。存货管理水平的高低，取决于在存货管理成本和短缺成本之间找到最佳平衡点。

（二）应收账款周转率

应收账款在物流企业流动资产中所占比重较大，及时收回应收账款可以增强企业的短期偿债能力。反映应收账款周转速度的指标是应收账款周转率和应收账款周转天数。应收账款周转率是企业在一定时期内赊销收入净额与应收账款平均余额的比率，表明年度内应收账款转为现金的平均次数，反映企业应收账款的周转速度。计算公式为：

$$应收账款周转率=\frac{赊销收入净额}{应收账款平均余额}$$

式中　应收账款平均余额=(期初应收账款+期末应收账款)/2

赊销收入净额是指销售收入扣除销售退回、折扣、折让后的净额。应收账款的周转速度也可以用应收账款平均收现期表示，应收账款平均收现期表示应收账款周转一次所需的天数。计算公式为：

应收账款周转天数=360/应收账款周转率

应收账款平均收现期越短，说明企业应收账款周转速度越快。

例 6—9

根据表 6—1、表 6—2 的资料计算 2013 年海大物流公司的应收账款周转率。

$$应收账款周转率=\frac{8\ 533\ 354\ 432.84}{(1\ 096\ 853\ 524.19+1\ 150\ 540\ 315.96)/2}=7.59$$

一般来说，应收账款周转率越高，平均收现期越短，说明应收账款的收回速度越快。随着商业信用的广泛应用，应收账款在流动资产中所占比重越来越大，物流企业更是如此，因此要加强对应收账款的管理。

（三）流动资产周转率

流动资产周转率是销售收入与流动资产平均余额的比率，它反映流动资产的利用效率。计算公式为：

$$流动资产周转率=\frac{销售收入}{流动资产平均余额}$$

式中　流动资产平均余额=(期初流动资产+期末流动资产)/2

例 6—10

根据表 6—1、表 6—2 的资料计算 2013 年海大物流公司的流动资产周转率。

$$流动资产周转率=\frac{8\,533\,354\,432.84}{(2\,431\,481\,059.82+2\,577\,426\,714.5)/2}=3.41$$

流动资产周转率表明一个会计年度企业流动资产周转的次数，反映流动资产的周转速度。流动资产周转率高，说明流动资产周转快，可以节约流动资金，提高资金的利用效率。

(四) 固定资产周转率

固定资产周转率也称固定资产利用率，是企业销售收入与固定资产平均净值的比率。计算公式为：

$$固定资产周转率=\frac{销售收入}{固定资产平均余额}$$

式中　固定资产平均余额=(期初固定资产+期末固定资产)/2

例 6—11

根据表 6—1、表 6—2 的资料计算 2013 年海大物流公司的固定资产周转率。

$$固定资产周转率=\frac{8\,533\,354\,432.84}{(108\,982\,532.31+107\,757\,422.18)/2}=78.74$$

固定资产周转率主要是指固定资产的利用效率，物流企业固定资产主要由房屋建筑物、运输设备和办公设备组成。该指标越高，表明固定资产的利用效率越高。

(五) 总资产周转率

总资产周转率也称总资产利用率，是企业销售收入与资产平均余额的比率。计算公式为：

$$总资产周转率=\frac{销售收入}{资产平均余额}$$

式中　资产平均余额=(期初资产总额+期末资产总额)/2

例 6—12

根据表 6—1、表 6—2 的资料计算 2013 年海大物流公司的总资产周转率。

$$总资产周转率=\frac{8\,533\,354\,432.84}{(2\,745\,363\,243.75+2\,915\,783\,778.82)/2}=3.01$$

四、物流企业盈利能力分析

企业是以盈利为目的的经济组织，盈利是企业生存和发展的物质基础。盈利能力分析是企业财务分析的重要组成部分，也是评价企业经营绩效的重要依据。

评价物流企业盈利能力的指标有资产报酬率、股东权益报酬率等。

（一）资产报酬率

资产报酬率也称资产收益率、资产利润率，是指企业在一定时期内的净利润与平均资产总额的比率，是反映企业资产综合利用效果的指标。该指标越高，表明资产利用效果越好，企业的获利能力越强。计算公式为：

$$资产报酬率=\frac{净利润}{平均资产总额}\times100\%$$

式中　平均资产总额＝(期初资产总额＋期末资产总额)/2

例 6—13

根据表 6—1、表 6—2 的资料计算 2013 年海大物流公司的资产报酬率。

$$资产报酬率=\frac{81\ 315\ 305.38}{(2\ 745\ 363\ 243.75+2\ 915\ 783\ 778.82)/2}\times100\%=3\%$$

（二）股东权益报酬率

股东权益报酬率也称净资产收益率，是净利润与股东权益平均总额的比率。计算公式为：

$$股东权益报酬率=\frac{净利润}{股东权益平均总额}\times100\%$$

式中　股东权益平均总额＝(期初股东权益＋期末股东权益)/2

例 6—14

根据表 6—1、表 6—2 的资料计算 2013 年海大物流公司的股东权益报酬率。

$$股东权益报酬率=\frac{81\ 315\ 305.38}{(1\ 240\ 966\ 141.35+1\ 290\ 569\ 582.96)/2}\times100\%=6\%$$

五、物流企业资产、负债和股东权益结构的分析与评价

（一）物流企业资产结构的分析与评价

企业资产结构的分析与评价主要关注以下几个方面。

1. 经营资产与非经营资产的比例关系

企业所占有的资产是企业进行经营活动的物质基础，但并不是所有的资产都用于企业自身经营，其中有些资产被其他企业所用，如一些债权性资产和投资类

资产；有些资产已转化为今后的费用，如待摊费用、长期待摊费用、开发支出和递延所得税资产等。这些资产尽管是企业的资产，但已无助于企业的经营。如果这些非经营资产所占比重过大，企业的经营能力就会远远小于企业总资产所表现出的经营能力。当企业资产规模增长时，从表面上看，似乎是企业经营能力增强了，但如果仅仅是非经营资产比重增大，经营资产比重反而下降，就不能真正提高企业的经营能力。

例 6—15

根据表 6—1 的资料整理编制海大物流公司经营资产与非经营资产结构分析表，见表 6—4。

表 6—4　　海大物流公司经营资产与非经营资产结构分析表

项目	金额（元）		结构（%）		
	2013 年	2012 年	2013 年	2012 年	差异
经营资产：					
货币资金	609 786 934.79	698 465 562.20	20.91	25.44	−4.53
预付账款	633 784 234.22	452 845 063.87	21.74	16.49	5.24
存货	59 373 888.17	66 877 431.04	2.04	2.44	−0.40
固定资产	107 757 422.18	108 982 532.31	3.70	3.97	−0.27
无形资产	118 987 474.62	121 294 001.69	4.08	4.42	−0.34
在建工程	93 394 929.98	68 262 723.78	3.20	2.49	0.72
经营资产合计	1 623 084 883.96	1 516 727 314.89	55.67	55.25	0.42
非经营资产：					
应收票据	20 457 034.34	8 248 614.45	0.70	0.30	0.40
应收账款	1 150 540 315.96	1 096 853 524.19	39.46	39.95	−0.49
其他应收款	83 974 895.80	88 505 709.56	2.88	3.22	−0.34
长期待摊费用	9 353 464.34	6 872 397.44	0.32	0.25	0.07
递延所得税资产	8 863 773.20	8 470 528.71	0.30	0.31	0.00
其他非经营资产	19 509 411.22	19 685 154.51	0.67	0.72	−0.05
非经营资产合计	1 292 698 894.86	1 228 635 928.86	44.33	44.75	−0.42
资产总计	2 915 783 778.80	2 745 363 243.80	100.00	100.00	0.00

从表 6—4 可以看出，经营资产占比略高于非经营资产，并且经营资产的增长速度快于非经营资产，表明公司的经营能力有所增强。

2. 流动资产的内部结构

流动资产的内部结构是指组成流动资产的各个项目占流动资产总额的比重。分析流动资产结构，可以了解流动资产的分布情况、配置情况、资产的流动性及支付能力。

例 6—16

根据表 6—1 的资料编制海大物流公司流动资产结构分析表，见表 6—5。

表 6—5 海大物流公司流动资产结构分析表

项目	金额（元）		结构（%）		
	2013 年	2012 年	2013 年	2012 年	差异
货币资金	609 786 934.79	698 465 562.20	23.66	28.73	－5.07
应收票据	20 457 034.34	8 248 614.45	0.79	0.34	0.45
应收账款	1 150 540 315.96	1 096 853 524.19	44.64	45.11	－0.47
预付账款	633 784 234.22	452 845 063.87	24.59	18.62	5.97
其他应收款	83 974 895.80	88 505 709.56	3.26	3.64	－0.38
存货	59 373 888.17	66 877 431.04	2.30	2.75	－0.45
其他流动资产	19 509 411.22	19 685 154.51	0.76	0.81	－0.05
合计	2 577 426 714.50	2 431 481 059.82	100.00	100.00	0.00

从表 6—5 可以看出，货币资金占比下降较为明显，公司的即期支付能力有所下降；预付账款和应收账款在流动资产中占比较大，并且预付账款增长较多，表明公司在与客户和供应商谈判时，可能处于相对弱势的地位。这种分析存在一定的局限，仅对前后两期的数据进行对比，只能说明流动资产结构的变动情况，不能说明变动是否合理。比如本例中，货币资金占比下降 5.07%，预付账款占比上升 5.97%，只能说明公司的即期支付能力增强，但不能说明这种变化是使流动资产结构更加趋于合理还是变得更不合理。为此，公司应首先选择一个标准，然后将流动资产结构的变动情况与选定的标准进行比较，以反映流动资产变动的合理性。一般来说，以同行业的平均水平或财务计划中选定的目标为标准比较合适。同行业的平均水平是该产业目前已达到的平均水平，具有代表性，应当认为是合理的。企业财务计划中确定的目标是根据整体经营目标并结合企业的具体情况制定的，因此也可以作为评价标准。

（二）物流企业负债结构的分析与评价

1. 负债结构分析应考虑的因素

负债是指过去的交易、事项形成的现时义务，履行该义务预期会导致经济利益流出企业。根据债务的偿还期限，负债可以分为流动负债和非流动负债，需要在一年内偿还的债务称为流动负债，其余的则称为非流动负债。

负债结构是因企业采用不同负债筹资方式而形成的，是负债筹资的结果，所以，负债结构分析必须考虑其他相关因素。

（1）负债结构与负债规模。负债结构反映的是各种负债在全部负债中的组成情况，虽然与负债规模相关，却不能说明负债规模的大小。负债结构变化既可能是负债规模变化引起的，也可能是负债各项目变化引起的。分析时，只有联系负债规模，才能真正揭示负债结构变动的原因和趋势。

（2）负债结构与负债成本。企业举债，需要按期还本付息，这是企业使用他人资金必须付出的代价，通常称为资本成本。企业在筹集资金时总是希望付出最小的代价，对资本成本的权衡会影响企业筹资方式的选择，进而对负债结构产生影响。反过来，负债结构的变化也会对负债成本产生影响。这是因为，不同负债筹资方式所取得的资金，其资本成本是不一样的，任何企业都很难只用一种负债筹资方式来获取资金，当企业采用多种负债筹资方式时，其负债成本的高低除了与各种负债筹资方式的资本成本相关外，还取决于企业的负债结构。

（3）负债结构与债务偿还期限。这是负债结构分析要考虑的一个极其重要的因素。负债是必须偿还的，而且要按期偿付，企业在举债时就应当根据债务的偿还期限来安排负债结构。企业负债结构是否合理的一个重要标志就是使债务的偿还期与企业现金流入的时间相吻合，债务的偿还金额与现金流入量相适应。如果企业能够根据现金流入的时间与流入量妥善安排举债的时间、偿还的时间和债务金额，使各种长短期债务相配合，各种长短期债务的偿还时间分布合理，企业就能及时偿付各种到期债务，维护自身信誉。否则，如果债务结构不合理，各种债务偿还期相对集中，就可能偿付困难，现金周转紧张，影响企业的形象，也会增大企业今后举债的难度。

（4）负债结构与财务风险。企业的财务风险源于企业采用的负债经营方式。不同类型的负债，其风险是不同的，在安排企业负债结构时必须加以考虑。任何企业，只要采取负债经营方式，就不可能完全规避风险，但可以通过合理安排负债结构来降低风险。一般来说，短期负债的风险要高于长期负债，这是因为：1）企业使用长期负债筹资，在既定的负债期内，利率不会发生变动，其利息费用是固定的。如果在相同期限内使用短期负债来衔接，一方面会产生难以保证及时取得资金的风险，另一方面可能因利率调整而使利息费用发生变动，尤其是在通货膨胀条件下，可能因当前的短期借款利率超过以往的长期借款利率而使企业利息费用增加。2）长期负债的偿还期较长，使企业有充裕的时间为偿还债务积累资金，虽有风险，但相对较小。如果企业以多期的短期负债相衔接来满足长期资金的需要，可能因频繁的债务周转而发生无法偿还的情况，从而陷入财务困境，甚至导致企业破产。

（5）负债结构与经济环境。企业生产经营所处的经济环境也是影响企业负债结构的因素之一，其中，资本市场的资金供求情况尤为重要。当国家紧缩银根时，企业取得短期借款可能比较困难，其长期债务的占比就会大；反之，企业较容易取得贷款时，其流动负债的占比就会小。在这种情况下，经济环境对企业负债结构的影响是主要方面，企业自身的努力也会发挥一定的作用。

（6）负债结构与筹资政策。企业负债结构的安排和变动受到许多主客观因素的影响和制约，企业筹资政策可以说是一个纯粹的主观因素。企业根据自身的经营实际和资产配置情况制定的筹资政策，直接决定企业的负债结构。从这个意义上讲，负债结构分析也是筹资政策分析。

2. 物流企业负债结构的分析评价

基于负债的不同分类方式可以形成不同的负债结构，因此，对负债结构的分析可从以下几个方面入手。

（1）负债期限结构的分析评价。负债按期限长短分为流动负债和长期负债，负债的期限结构可以用流动负债比率和长期负债比率来表示。

例 6—17

根据表 6—1 的资料，经整理后编制海大物流公司负债期限结构分析表，见表 6—6。

表 6—6 海大物流公司负债期限结构分析表

项目	金额（元）		结构（%）		
	2013 年	2012 年	2013 年	2012 年	差异
流动负债	1 622 468 993.27	1 501 623 354.89	99.83	99.82	0.02
非流动负债	2 745 202.59	2 773 747.51	0.17	0.18	—0.02
其中：递延所得税负债	2 745 202.59	2 773 747.51	0.17	0.18	—0.02
负债合计	1 625 214 195.86	1 504 397 102.40	100.00	100.00	0.00

负债期限结构更能说明企业的负债筹资政策。由表 6—6 可以看出，海大物流公司的负债结构中除了部分递延所得税负债外，都是流动负债。虽然短期债务融资的资本成本较低，但会增加企业的偿债压力，使企业承担巨大的财务风险。

（2）负债方式结构的分析评价。负债按其取得方式的不同可以分为银行信用、商业信用、应交款项、内部结算款项、外部结算款项、债券、应付股利和其他负债等。

例 6—18

根据表 6—1 的资料，将负债按来源和方式汇总整理后，编制海大物流公司负债方式结构表，见表 6—7。

表 6—7 海大物流公司负债方式结构表

项目	金额（元）		结构（%）		
	2013 年	2012 年	2013 年	2012 年	变动情况
银行信用	616 924 327.04	387 278 205.33	37.96	25.74	12.22
商业信用	725 330 427.10	845 955 833.68	44.63	56.23	—11.60
应交款项	30 159 978.01	14 492 404.22	1.86	0.96	0.89
内部结算款项	39 299 913.30	38 695 723.35	2.42	2.57	—0.15
外部结算款项	153 367 615.69	190 196 716.70	9.44	12.64	—3.21
应付股利	22 212 949.80	483 634.60	1.37	0.03	1.33
其他负债	37 918 984.92	27 294 584.52	2.33	1.81	0.52
负债合计	1 625 214 195.86	1 504 397 102.40	100.00	100.00	0.00

表 6—7 说明，银行信用和商业信用是该公司负债资金的最主要来源。由于银行借贷资金的风险要高于其他负债方式所筹资金的风险，公司要警惕银行信用占比上升带来的风险。商业信用的占比略有下降，但仍维持较高水平，可能对公司信誉产生影响，负债方式结构的这种变化还将对该公司的负债成本产生影响。

（3）负债成本结构的分析评价。各种负债由于来源渠道和取得方式不同，成本有较大差异。有些负债（如应付账款）基本属于无成本负债，有些负债（如短期借款）则属于低成本负债，还有些负债（如长期借款、应付债券等）

则属于高成本负债。根据对各种负债成本的划分进行归类整理，就会形成负债成本结构。

例 6—19

根据表 6—1 的资料，经整理后编制海大物流公司负债成本结构分析表，见表 6—8。

表 6—8　负债成本结构分析表

项目	金额（元）		结构（%）		
	2013 年	2012 年	2013 年	2012 年	变动情况
无成本负债	1 008 289 868.82	1 117 118 897.07	62.04	74.26	−12.22
低成本负债	616 924 327.04	387 278 205.33	37.96	25.74	12.22
高成本负债					
负债合计	1 625 214 195.86	1 504 397 102.40	100.00	100.00	0.00

从表 6—8 可以看出，虽然公司当期增加短期借款使得低成本负债金额有较大比例增加，但在全部负债中，无成本负债的占比高达 62.04%。由此可见，合理利用无成本负债，是降低企业负债资金成本的重要途径之一。

（三）物流企业股东权益结构的分析与评价

1. 股东权益结构分析应考虑的因素

股东权益是指所有者在企业资产中享有的经济利益，其金额为资产减去负债后的余额。股东权益是由企业投资者投资和企业生产经营所得净收益的积累形成的，具体包括四部分：1）投资人直接投资所形成的投入资本；2）资本公积；3）从生产经营所得净收益中提取的盈余公积，包括法定盈余金和任意盈余金；4）保留的未分配利润的积累。

股东权益结构是因企业采用产权融资方式而形成的，是产权融资的结果。对股东权益结构进行分析，必须考虑以下因素。

（1）股东权益结构与股东权益总量。股东权益结构变动既可能是股东权益总量变动引起的，也可能是股东权益内部各项目变动引起的，两者的变化可分为三种情况：1）总量变动，结构变动。例如，当各具体项目发生不同程度变动时，其总量会因此变动，但由于各项目变动幅度不同，其结构会随之变动。2）总量不变，结构变动。这是股东权益内部各项目之间相互转化造成的。例如，以资本公积转增资本。3）总量变动，结构不变。当股东权益内部各项目按相同比例呈同方向变动时，会出现这种情况。实务中第三种情况几乎不存在，而第一种、第二种情况普遍存在。

（2）股东权益结构与利润分配政策。股东权益虽然由四个部分组成，实质上却可以分为两类：投资人投资和生产经营活动形成的积累。一般来说，投资人投资不会经常变动，因此，由企业生产经营获得的利润积累而形成的股东权益的数量，会直接影响股东权益结构，而这完全取决于企业的生产经营业绩和利润分配政策。如果企业奉行高利润分配政策，就会把大部分利润分配给投资者，留存收益的数额较少，股东权益结构变动就不太明显，生产经营活动形成的股东权益所占比重就较小；反之，占比就较大。

（3）股东权益结构与企业控制权。企业的控制权掌握在投资人手里，特别是投资比例较大的投资人。如果企业吸收投资人追加投资来扩大企业规模，就会增加权益中投入资本的比重，使股东权益结构发生变化，同时也会分散企业的控制权。如果投资人不想让自己对企业的控制权被分散，就会在企业需要资金时采取负债筹资方式，这样，在其他条件不变时，既不会引起企业股东权益结构发生变动，也不会分散企业控制权。

（4）股东权益结构与股东权益资本成本。股东权益结构影响权益资本成本的一个基本前提是，股东权益各项目的资本成本不同。事实上，在股东权益各项目中，只有投资人投入的资本才会发生实际的资本支出，其余各项目是无实际筹资成本的资金来源，其资本成本只不过是机会成本，即它们无须像投入资本那样分配企业的利润。在实务中，即使把这种成本考虑进去，因为筹措这类资金既不花费时间，也无须支付筹资费用，所以这类资金的成本要低于投入资本的资本成本。基于此类资金的这一特点，在股东权益中，这类资金的占比越大，股东权益资本成本就越低。

（5）股东权益结构与经济环境。企业筹资渠道有多条，筹资方式也有多种，企业可以根据需要作出选择。企业对筹资渠道和筹资方式的选择，不仅取决于企业的主观意愿，而且受外界经济环境的影响。例如，当资金市场比较宽松时，企业可能更愿意通过举债来筹集资金，这样既可以降低整个企业的资本成本，又可以获得财务利益，而当资金市场比较紧张时，企业会利用产权筹资方式来筹措资金，更注意企业自身的积累，从而影响股东权益结构。

2. 股东权益结构的分析评价

进行股东权益结构变动情况分析，可依据资产负债表提供的资料，采用垂直分析法。

例 6—20

根据表 6—1 的资料编制海大物流公司股东权益结构变动情况分析表，见表 6—9。

表 6—9　　海大物流公司股东权益结构变动情况分析表

项目	金额（元）		结构（%）		
	2013 年	2012 年	2013 年	2012 年	差异
股本	400 000 000.00	400 000 000.00	30.99	32.23	−1.24
资本公积	638 222 658.40	634 389 358.40	49.45	51.12	−1.67
投入资本合计	1 038 222 658.40	1 034 389 358.40	80.45	83.35	−2.91
盈余公积	19 024 150.36	15 166 378.80	1.47	1.22	0.25
未分配利润	271 561 751.26	226 104 149.14	21.04	18.22	2.82
外币报表折算差额	−38 241 809.38	−34 696 735.33	−2.96	−2.80	−0.17
归属于母公司所有者权益合计	1 290 566 750.64	1 240 963 151.01	100.00	100.00	0.00

从表6—9可以看出，如果从静态方面分析，投入资本仍然是该公司股东权益的最主要来源。从动态方面分析，虽然投入资本有所增加，但因为本年度留存收益的增幅大，使投入资本的比重下降了2.91%，内部形成的权益资金的比重相应上升了2.91%，说明该企业股东权益结构的变化主要是生产经营引起的。

第2节　物流企业利润表分析

2013年，物流企业物流业务利润额比上年增长9.3%，收入利润率为7.9%。从不同行业看，受铁路货物平均运价上调影响，铁路运输企业物流业务利润比上年增长23.1%，收入利润率为11.3%；道路运输企业和水上运输企业物流业务利润则分别比上年增长3.6%和2.1%，收入利润率仅为5.1%和1.2%。

2013年，全社会物流总额达197.8万亿元。其中，工业品物流总额为181.5万亿元，进口货物物流总额为12.1万亿元，农产品物流总额为3.1万亿元，再生能源物流总额为0.78万亿元，单位与居民物品物流总额为0.27万亿元。

2013年，全社会物流总费用为10.2万亿元，占GDP的18.0%。其中，运输费用为5.4万亿元，占比52.94%；保管费用为3.5万亿元，占比34.31%；管理费用为1.3万亿元，占比12.75%。

2013年，全国物流业增加值为3.9万亿元，占GDP的6.8%，占服务业增加值的14.8%。其中，交通运输物流业的增加值为2.8万亿元，仓储物流业的增加值为0.3万亿元，贸易物流业的增加值为0.7万亿元，邮政物流业的增加值为0.1万亿元。①

一、物流企业利润表分析的意义

企业利润通常是指企业在一定会计期间收入减去费用后的净额以及直接计入当期的利得和损失等，亦称财务成果或经营成果。在商品经济条件下，企业追求的根本目标是企业价值最大化或股东权益最大化。而无论是企业价值最大化，还是股东权益最大化，其基础都是企业利润。利润已成为现代企业经营与发展的直接目标。企业的各项工作最终都与利润的多少相关。利润分析的意义可归纳为以下三个方面。

1. 可正确评价企业各方面的经营业绩

由于利润受各环节和各方面的影响，因此，通过不同环节的利润分析，可准确说明各环节的业绩。比如主营业务利润的分析，不仅可以说明主营业务利润受哪些因素影响以及影响程度，而且可以说明是主观影响还是客观影响，是有利影

① 中国物流与采购联合会、中国物流信息中心：《全国重点企业物流统计调查报告》，国家发改委、国家统计局和中国物流与采购联合会《2013年全国物流运行情况通报》。

响还是不利影响等，这对于准确评价各部门和各环节的业绩是十分必要的。

2. 可及时准确地发现企业经营管理中存在的问题

通过利润分析不仅能看到成绩，而且能发现企业各环节存在的问题或不足，为改进企业经营管理工作指明方向。这有利于促进企业全面改善经营管理，使利润不断增长。

3. 可为投资者、债权人的投资与信贷决策提供正确信息

由于企业产权关系及管理体制的变动，企业的利润越来越受关注。企业的经营者是这样，投资者、债权人也是如此，他们通过对企业利润的分析，预测企业的经营潜力和发展前景，从而做出正确的投资与信贷决策。另外，利润分析对于国家宏观管理者研究企业对国家的贡献也有重要意义。

二、物流企业利润的预测分析

对物流企业来说，其当期可能发生的利润必须在本会计期间之前做出预测。企业所预测的利润在经过适当调整后可以作为本期的目标利润。企业的各项业务活动要以实现目标利润为核心。

利润预测是指企业在营业收入预测的基础上，进一步预测企业未来一定时期的利润水平。利润预测的方法有：本量利分析法、相关比例预测法和经营杠杆预测法等。

（一）本量利分析法

本量利分析法中的本、量、利是指成本、业务量和利润。该方法主要根据成本、业务量和利润三者之间的变化关系，分析某一因素的变化对其他因素的影响。将本量利分析法应用于利润预测，主要是通过各种影响利润变化的因素来推断利润数额。

1. 本量利分析法的基本公式

利润＝主营业务收入－变动成本－固定成本

当预知主营业务收入、变动成本和固定成本时，就可以根据该公式预测目标利润。

2. 保本、保利业务量的确定

根据上述公式，稍加变形得：

利润＝主营业务收入－变动成本－固定成本
　　＝(单位业务量营业收入－单位变动成本)×业务量－固定成本

当企业保本（即利润为零）时，保本业务量的计算公式为：

$$保本业务量=\frac{固定成本}{单位业务量营业收入-单位变动成本}$$

当企业保利（即保证实现目标利润）时，保利业务量的计算公式为：

$$保利业务量=\frac{固定成本+目标利润}{单位业务量营业收入-单位变动成本}$$

（二）相关比例预测法

在相关比例预测法中，需要通过如下步骤来实现对目标利润的预测。

1．选定利润率标准

在使用相关比例预测法预测目标利润时，首先要选定一个适合本企业的利润率，例如资本利润率、产值利润率等；其次，要确定这个利润率的合适数额，例如行业平均数额、企业历史最高水平数额、企业前一个会计期的实际数额等。

2．计算目标利润基准数

在选定利润率的基础上，根据利润率对应的分母预测值来预测目标利润基准数。这里的分母预测值是指计算利润时作为分母的指标的预测数额。例如，资本利润率的分母是资金平均占用额，则其分母预测值为资金平均占有额的预测值。资金平均占用额通常采用资金的期初占用额加期末占用额的一半来表示。

常用的公式有：

目标利润基准数＝预期主营业务利润率×预计主营业务收入

或　＝预期产值利润率×预计总产值

＝预期资金利润率×预计资金平均占用额

＝预期资本利润率×预计资本金

3．修正目标利润基准数，确定目标利润值

在前一步中确定的目标利润基准数，并不完全适合企业本期的实际情况，因此需要根据本期的情况进行适当的调整。

4．确定最终目标利润并分解落实

确定好的目标利润需要各部门来配合实施，根据目标利润对各相关部门提出要求，共同实现目标利润。

例 6—21

（1）某物流企业流动资金平均占用额 200 万元，固定资产平均占用额 1 000 万元，全部行业的资金利润率为 5%，预测其利润并按该利润预测值的 90%予以调整作为目标利润。

预测利润＝(200＋1 000)×5%＝60(万元)

目标利润＝60×90%＝54(万元)

（2）某公司 2005 年主营业务利润为 200 万元，计划主营业务收入增长 5%，预测 2006 年主营业务利润。

2006 年主营业务利润预测值＝200×(1＋5%)＝210(万元)

(三) 经营杠杆预测法

经营杠杆系数的计算公式为:

经营杠杆系数=利润变动率/业务量变动率

或　　　　=基期边际贡献/基期利润

通过对上述公式的变形,在预知业务量变动率(基期边际贡献)以及企业选定的经营杠杆系数的情况下,就可以预测利润。

例6—22

某物流公司的经营杠杆系数为1.25,该公司去年实现的利润为20万元。今年预计业务将增加25%。该物流公司今年的利润预计为多少?

利润变动率=业务量变动率×经营杠杆系数=25%×1.25=31.25%

今年利润预测值=20×(1+31.25%)=26.25(万元)

三、物流企业利润表分析

物流企业的利润取决于收入和费用、直接计入当期利润的利得及损失金额的计量。

(一) 收入分析

企业收入分析不仅要研究其总量,而且应分析其结构及变动情况,以了解企业的经营方向和会计政策选择。收入构成分析可从主营业务收入与其他业务收入、现销收入与赊销收入的结构着手。

(1) 主营业务收入与其他业务收入分析。企业收入包括主营业务收入和其他业务收入。通过对主营业务收入与其他业务收入的构成情况进行分析,可以了解与判断企业的经营方针、方向及效果,进而分析预测企业的持续发展能力。如果一个企业的主营业务收入比例较低或不断下降,其发展能力和前景显然是值得怀疑的。

(2) 现销收入与赊销收入分析。从授予客户商业信用角度可将收入分为现销收入与赊销收入。物流企业的信用政策受企业竞争战略、会计政策选择等多个因素影响。通过对企业信用政策的分析,可以了解企业销售情况及战略选择,分析判断其合理性。

(二) 成本费用分析

物流企业成本费用主要包括物流服务直接成本、销售费用、管理费用及财务费用等。从各项财务成果的分析可以看出,成本费用对财务成果有着十分重要的影响,降低成本费用是增加财务成果的关键或重要途径。因此,进行财务成果分析,应在揭示财务成果完成情况的基础上,进一步对影响财务成果的基本要素——成本费用进行分析,以找出影响成本升降的原因,为降低成本费用、促进财务成果的增长指明方向。

例 6—23

海大物流公司成本费用构成分析如表 6—10 所示。

表 6—10　　海大物流公司成本费用构成及变动表

项目	2013 年 1—12 月		2012 年 1—12 月
	金额（元）	增长率	金额（元）
营业收入	8 533 354 432.84	13.99%	7 486 015 294.21
营业成本	8 065 936 602.75	14.44%	7 048 040 544.13
销售费用	222 548 632.72	9.23%	203 746 026.35
管理费用	113 440 961.60	9.43%	103 660 753.62
财务费用	17 455 239.87	−17.24%	21 092 145.31
毛利率	5.48%		5.85%
销售费用率	2.61%		2.72%
管理费用占收入比重	1.33%		1.38%
财务费用占收入比重	0.20%		0.28%

从表 6—10 可以看出，海大物流公司 2013 年度较 2012 年度毛利率有所下降，主要是因为 2013 年度营业成本的增长速度快于收入的增长速度。与 2012 年度相比，2013 年度的销售费用、管理费用和财务费用占收入的比重有所下降，并保持较低水平，表明公司的经营效率较高。

（三）财务费用分析

根据海大物流公司的会计附表中有关财务费用的资料，可以进一步分析财务费用。

例 6—24

海大物流公司编制的财务费用分析表见表 6—11。

表 6—11　　海大物流公司财务费用分析表　　单位：元

项目	2013 年 1—12 月	2012 年 1—12 月	增减额
利息支出	19 442 182.69	26 967 642.52	−7 525 459.83
减：利息收入	9 061 753.34	9 217 002.92	−155 249.58
汇兑损益	4 000 740.00	575 357.85	3 425 382.15
银行手续费	2 957 165.02	2 661 474.80	295 690.22
其他	116 905.50	104 673.06	12 232.44
合计	17 455 239.87	21 092 145.31	−3 636 905.44

从表 6—11 可以看出，海大物流公司财务费用本年比上一年有较大幅度下降，主要是利息支出引起的。2013 年利息支出与 2012 年相比减少了 7 525 459.83元，这是财务费用减少的主要原因。

（四）营业外收支变动分析

根据海大物流公司的会计附表资料，进一步对营业外收支进行分析。

1. 营业外收入分析

从利润表主表分析可以看出，海大物流公司本年营业外收入变动较大。从会计报表附注中可以找到营业外收入变动的资料，据此编制营业外收入分析表。

例 6—25

海大物流公司营业外收入见表 6—12。

表 6—12　　海大物流公司营业外收入分析表　　单位：元

项目	2013 年 1—12 月	2012 年 1—12 月	增减额
非流动资产处置利得合计	527 185.77	403 244.84	123 940.93
其中：固定资产处置利得	527 185.77	403 244.84	123 940.93
政府补助	6 497 723.79	6 665 633.24	−167 909.45
其他	183 940.62	1 899 507.41	−1 715 566.79
合计	7 208 850.18	8 968 385.49	−1 759 535.31

从表 6—12 可以看出，海大物流公司 2013 年营业外收入减少，主要是“营业外收入——其他”大幅下降所致。对于该科目需要进一步分析所包含的具体内容，例如，如果是出售废品等所致，并且该事项发生次数较多、金额较大，就需要加强成本控制。

2. 营业外支出分析

从利润表主表分析可以看出，海大物流公司本年营业外支出变动较大。从会计报表附注中可以找到营业外支出变动的资料，据此编制营业外支出分析表。

例 6—26

海大物流公司营业外支出见表 6—13。

表 6—13　　海大物流公司营业外支出分析表　　单位：元

项目	2013 年	2012 年	增减额
非流动资产处置损失合计	788 623.93	248 848.03	539 775.9
其中：固定资产处置损失	788 623.93	248 848.03	539 775.9
其他	227 824.34	303 022.89	−75 198.6
合计	1 016 448.27	551 870.92	464 577.4

从表 6—13 可以看出，海大物流公司 2013 年营业外支出增加，主要是 2013 年处置固定资产损失所致。企业应结合固定资产使用情况以及报废清理的具体处理过程，分析该项目增加的合理性。

四、物流企业利润指标分析

（一）销售利润率分析

销售利润率包括营业收入利润率、营业收入毛利率和销售净利润率。

1. 营业收入利润率

营业收入利润率是营业利润与营业收入的比率，该指标评价企业通过销售获取营业利润的能力。计算公式为：

$$营业收入利润率=\frac{营业利润}{营业收入}\times 100\%$$

例 6—27

根据表 6—2 的资料计算 2013 年海大物流公司的营业收入利润率。

$$营业收入利润率=\frac{105\ 599\ 252.71}{8\ 533\ 354\ 432.84}\times 100\%=1.24\%$$

2. 营业收入毛利率

营业收入毛利率也称销售毛利率，是营业收入与营业成本的差额同营业收入的比率。计算公式为：

$$营业收入毛利率=\frac{营业收入-营业成本}{营业收入}\times 100\%$$

例 6—28

根据表 6—2 的资料计算 2013 年海大物流公司的营业收入毛利率。

$$营业收入毛利率=\frac{8\ 533\ 354\ 432.84-8\ 065\ 936\ 602.75}{8\ 533\ 354\ 432.84}\times 100\%=5.48\%$$

3. 销售净利润率

销售净利润率是净利润与营业收入的比率，该指标评价企业通过销售获取净利润的能力。销售净利润率越大，说明企业通过销售获取净利润的能力越强。

$$销售净利润率=\frac{净利润}{营业收入}\times 100\%$$

例 6—29

根据表 6—2 的资料计算 2013 年海大物流公司的销售净利润率。

$$销售净利润率=\frac{81\ 315\ 305.38}{8\ 533\ 354\ 432.84}\times 100\%=0.95\%$$

（二）成本利润率分析

成本利润率包括营业成本利润率、营业费用利润率和全部成本费用利润率。

1. 营业成本利润率

营业成本利润率是营业利润与营业成本的比率。计算公式为：

$$营业成本利润率=\frac{营业利润}{营业成本}\times 100\%$$

例 6—30

根据表 6—2 的资料计算 2013 年海大物流公司的营业成本利润率。

$$营业成本利润率=\frac{105\,599\,252.71}{8\,065\,936\,602.75}\times 100\%=1.31\%$$

2. 营业费用利润率

营业费用利润率是营业利润与营业费用总额的比率。营业费用总额包括营业成本、营业税金及附加、期间费用和资产减值损失。期间费用包括销售费用、管理费用和财务费用等。计算公式为：

$$营业费用利润率=\frac{营业利润}{营业费用总额}\times 100\%$$

例 6—31

根据表 6—2 的资料计算 2013 年海大物流公司的营业费用利润率。

$$营业费用利润率=\frac{105\,599\,252.71}{8\,427\,755\,180.13}\times 100\%=1.25\%$$

3. 全部成本费用利润率

全部成本费用利润率可分为全部成本费用总利润率和全部成本费用净利润率两种形式。

(1) 全部成本费用总利润率的计算公式为：

$$全部成本费用总利润率=\frac{利润总额}{营业费用+营业外支出}100\%$$

(2) 全部成本费用净利润率的计算公式为：

$$全部成本费用净利润率=\frac{净利润}{营业费用+营业外支出}\times 100\%$$

例 6—32

根据表 6—2 的资料计算 2013 年海大物流公司的全部成本费用总利润率。

$$全部成本费用总利润率=\frac{111\,791\,654.62}{8\,427\,755\,180.13+1\,016\,448.27}\times 100\%=1.33\%$$

五、物流企业利润结构质量分析

利润结构是指构成利润的各组成要素相互之间的比例关系或在利润总额中所占的比重。不同的利润项目对企业的获利能力有着极不相同的作用，利润项目的不同比重（即不同的利润结构）也会对企业的获利能力产生不同的影响。高质量的利润结构，意味着企业将保持较高的行业竞争地位、较强的竞争实力、较扎实的资产支持、较强的现金获取能力以及较光明的市场发展前景，这些都将为企业未来的发展奠定良好的基础。因此，对物流企业利润结构进行深入分析并评价其质量，是管理者判断企业的利润质量并进一步做出相关决策的关键环节。对物流企业的利润结构应从以下几个方面展开质量分析。

1. 利润结构的内在质量分析

企业利润结构的内在质量分析，就是对利润自身结构的协调性进行分析与评价。在对各项费用开支的合理性、核心利润与投资收益是否存在互补性等基本问题做出初步判断之后，还需要就以下几个方面展开质量分析：

（1）企业自身经营活动的盈利能力。可以通过毛利率、核心利润率等指标来加以分析和评价。需要注意的是，由于利润表中与核心利润相关的主要项目（如营业成本、销售费用、管理费用和财务费用等）通常与企业所采用的会计准则、会计估计以及盈余管理方法密切相关，通过计算简单的比率和进行规模比较仅能做出初步的方向性判断，尚不足以对经营活动的盈利质量做出客观评价。

（2）企业资产管理质量。可以通过考察“资产减值损失”项目的规模大小来加以分析和评价。虽然在经营活动中资产出现减值是很正常的现象，但高水平的企业管理者会适时增加优良资产，适时处置或者出售不良资产，并在整个过程中充分获取利润，使企业资产保值和增值。经常出现大规模的资产减值损失的企业，可能在债权管理、存货管理、固定资产管理和投资管理等方面存在管理疏漏和重大决策失误。

例6—33

查阅海大物流公司2013年和2012年的年报发现，该公司“资产减值损失——坏账损失”科目的金额分别为1 170 776.98元和1 496 099.37元，本期较上期减少325 322.39元，而同期应收账款却比上期增加53 686 791.77元，表明公司应收账款的管理质量有所提高。

（3）利润结构的波动性。可以通过考察“公允价值变动损益”项目的规模大小来初步分析与判断。由于公允价值变动损益属于未实现的资产持有损益，并不会为企业带来相应的现金流入或流出，因此尽管交易性金融资产等项目采用公允价值计量模式后会大大提高会计信息的相关性，但同时也将导致企业当期业绩更大程度地受到市价波动的影响，增加其未来发展的不确定性。如果此项变动引起的损益在净利润中所占的比重过大，则在一定程度上说明企业的主体经营活动的盈利能力较差，未来利润结构的波动性将会很大。

（4）利润结构的持续性。可以通过直接比较营业利润与营业外收支净额的相对规模来初步分析和评价。“营业利润”项目可视为企业从事正常经营活动和投资活动所带来的财务结果，一般应具有较强的持续性；而营业外收支净额多数是由诸如非流动资产处置损益以及补贴收入等一些偶尔发生的非正常损益项目引起的，通常情况下难以持久。因此，可通过考察营业外收支净额在利润总额中所占比重，来初步判断利润结构的持续性。

（5）企业利润的实现质量。可以通过将包括资产减值损失和公允价值变动损益在内的未实现损益与利润表中的已实现损益进行比较来考察。如上所述，由于未实现损益并不能带来相应的现金流量，如果企业利润结构中未实现损益所占比重过大，势必会影响企业的现金获取能力，造成大量的资产泡沫和利润泡沫，并在一定程度上影响企业利润的质量。

2. 利润结构的资产增值质量分析

物流企业利润结构的资产质量分析，就是对利润结构与资产结构的匹配性进行分析与评价。

资产负债表观要求关注资产的真实价值，只有在真实价值的前提下，净资产的增加才能表明企业财富的真实增加，它更加强调企业资产的质量，而不是只看重企业实现利润的多少。利润应该是建立在资产真实价值基础上的资产利用效果的最终体现，更加体现企业资产在价值转移、处置以及持有过程中的增值质量。因而，利润质量与对应的资产质量密切相关，资产增值将成为企业投资人、经营管理者以及其他利益相关者共同热心探求的目标，这是企业持续发展的必然要求。通过分析利润结构与资产结构的匹配性，可以考察物流企业经营资产与投资资产的相对增值质量，作为预测企业可持续发展潜力的重要依据。

(1) 经营资产的增值质量分析。可以通过计算经营资产报酬率来进行分析和评价。除了一般性地比较企业年度间、企业间的经营资产增值能力外，还应注意的是：由于经营资产种类繁多，不同经营资产的利润贡献方式可能有较大差异。例如，企业在从事一般经营活动的同时兼营投资性房地产业务，投资性房地产业务的租金收入与普通产品销售收入对利润的贡献方式就显然不同。因此，应特别关注经营资产的结构性差异对企业利润贡献造成的不同影响。

(2) 投资资产的增值质量分析。可以通过计算投资资产报酬率来进行分析和评价。除了一般性地比较企业年度间、企业间的投资资产增值能力外，还应注意的是：由于投资资产涉及交易性金融资产和非流动性资产中诸多形态的投资资产，不同形态的投资资产的投资收益在确认和计量方法上存在较大差异，因此，应特别关注不同投资资产对利润的影响的差异。

3. 利润结构的现金获取质量分析

物流企业利润结构的现金获取质量分析，就是对利润结构与对应的现金流量结构的趋同性进行分析和评价。

(1) 核心利润的现金获取质量分析。由于未实现的资产持有损益并不会给企业带来真正的现金流量，因此分析中必须将其予以剔除，只需考虑核心利润的现金获取质量。在将“核心利润”进一步调整为“同口径的核心利润”之后，与经营活动产生的现金净流量进行比较，便可以揭示企业核心利润获取现金的能力。同口径核心利润的计算公式为：

$$\begin{matrix}\text{同口径}\\\text{核心利润}\end{matrix}=\begin{matrix}\text{核心}\\\text{利润}\end{matrix}+\begin{matrix}\text{固定资产}\\\text{折旧}\end{matrix}+\begin{matrix}\text{其他长期}\\\text{资产摊销额}\end{matrix}+\begin{matrix}\text{财务}\\\text{费用}\end{matrix}-\begin{matrix}\text{所得税}\\\text{费用}\end{matrix}$$

式中

$$\begin{matrix}\text{核心}\\\text{利润}\end{matrix}=\begin{matrix}\text{营业}\\\text{收入}\end{matrix}-\begin{matrix}\text{营业}\\\text{成本}\end{matrix}-\begin{matrix}\text{营业税金}\\\text{及附加}\end{matrix}-\begin{matrix}\text{销售}\\\text{费用}\end{matrix}-\begin{matrix}\text{管理}\\\text{费用}\end{matrix}-\begin{matrix}\text{财务}\\\text{费用}\end{matrix}$$

(2) 投资收益的现金获取质量分析。由于在广义投资收益中诸如交易性金融资产等项目的公允价值变动损益属于未实现损益，肯定不会带来相应的现金流量，因此在分析中应将其剔除。同样，投资资产减值损失也与现金流量无关，因此不用考虑其现金流量问题。这就是说，在分析投资收益产生现金流量的能力时，只需要考虑利润表中的“投资收益”项目。而在年度内有投资转让的情况下，由于投资收益中所包含的金融资产处置收益和长期股权投资转让收益最终一般都会带来现金流入，因此，只需重点考察按成本法和权益法确认的投资收益以及利息收益带来现金流入量的能力。具体做法是将扣除金融资产处置收益和长期股权投资转让收益后的投资收益与相应的现金回款金额进行比较。相应的现金回款金额的计算公式为：

$$\text{相应的现金回款金额}=\text{取得投资收益收到的现金}+(\text{年末“应收股利”}+\text{年末“应收利息”})-(\text{年初“应收股利”}+\text{年初“应收利息”})$$

第 3 节　物流企业现金流量表分析

一、物流企业现金流量表分析概述

现金流量表是以收付实现制为基础编制的，反映企业一定会计期间内现金及现金等价物流入和流出信息的动态报表。现金流量表中的现金是一个广义的概念，包括现金和现金等价物。现金等价物是指企业持有的期限短、流动性强、易于转换为已知金额现金、价值变动风险很小的投资。现金等价物通常包括三个月内到期的短期债券投资。

根据企业经济活动的性质，现金流量通常分为经营活动现金流量、投资活动现金流量和筹资活动现金流量。根据现金的流程，现金流量可分为现金流入量、现金流出量和现金流量净额。

现金流量表反映了企业一定时期内创造的现金数额，揭示了一定时期内现金流动的现状。现金被喻为企业的血液。只有现金循环周转顺畅，企业才能焕发勃勃生机。现金流量表分析的意义体现在以下三个方面：

1. 动态了解企业现金变动情况和变动原因

资产负债表中的货币资金项目反映了一定时期内现金变动的结果，即静态的现金存量，但无法揭示企业现金增减变动过程。只有对现金流量表进行分析，才能从动态上说明现金的变动情况，并揭示现金变动的原因。

2. 判断企业获取现金的能力

现金余额是企业现金流动的结果，并不表明现金流量的大小。通过对现金流量表进行分析，能够对企业获取现金的能力做出判断。

3. 评价企业盈利的质量

利润是按权责发生制计算的，用于反映当期的财务成果。利润并不代表真正实现的收益，账面上的利润满足不了企业的资金需要，因此，盈利企业仍然有可能发生财务危机，高质量盈利必须有相应的现金流入做保证。这就是人们更重视现金流量的原因之一。

二、物流企业经营活动现金流量分析

经营活动产生现金流量是企业自身的造血功能，如果企业无法持续产生充足的经营现金流量，需要不断地筹资来填补资金缺口，必然会遭遇资金链断裂的厄运。经营活动的现金流量包括以下内容。

（1）销售商品、提供劳务收到的现金。该项目反映企业本期销售商品、提供劳务收到的现金，以及前期销售商品、提供劳务本期收到的现金（包括销售收入和应向购买者收取的增值税销项税额）和本期预收的款项，减去本期销售本期退回的商品和前期销售本期退回的商品支付的现金。

此项目是企业现金流入的主要来源，通常具有数额大、占比大的特点。将其与利润表中的营业收入对比，可以判断企业销售收现情况。较高的收现率表明企业产品定位正确，适销对路，并已形成卖方市场，经营环境良好。

（2）收到的税费返还。该项目反映企业收到返还的增值税、营业税、所得税、消费税、关税和教育费附加等各种税费。返还增值税记“补贴收入”；返还消费税、营业税、教育费附加等，冲减“主营业务税金及附加”；返还所得税，冲减“所得税”。可结合相关项目信息对该项目进行分析。此项目通常数额不大，对经营活动现金流入量的影响也不大。

例 6—34

海大物流公司 2013 年收到税费返还金额为 1 445 106.47 元，占经营活动现金流入量的比重为 0.02%。

（3）收到其他与经营活动有关的现金。该项目反映企业收到的捐款收入、罚款收入、经营租赁收到的租金、流动资产损失中由个人赔偿的现金收入等其他与经营活动有关的现金流入金额，金额较大的应当单独列示。此项目具有不稳定性，数额不应过大。

例 6—35

海大物流公司 2013 年收到的其他与经营活动有关的现金为 124 627 807.81 元。2013 年年报资料显示，主要包括收到的履约保证金 110 513 443.47 元、利息收入 9 061 747.02 元和政府收入 5 052 617.32 元。

（4）购买商品、接受劳务支付的现金。该项目反映企业本期购买商品、接受劳务实际支付的现金（包括增值税进项税额），以及本期支付前期购买商品、接受劳务的未付款项和本期预付款项。本期发生的购货退回收到的现金应从本项目中扣除。

此项目应是现金流出的主要方向，通常具有数额大、占比大的特点。将其与利润表中的营业成本对比，可以判断企业购买商品付现率的情况，了解企业资金的紧张程度或企业的信用情况，从而更加清楚地认识企业的财务状况。

例 6—36

海大物流公司 2013 年为购买商品、接受劳务支付现金 8 273 705 736.88 元，占现金流出总量的比重为 94.12%。

（5）支付给职工以及为职工支付的现金。该项目反映企业本期实际支付给职工的工资、奖金、各种津贴和补贴等职工薪酬，但是应由在建工程、无形资产负担的职工薪酬在“购建固定资产、无形资产和其他长期资产支付的现金”项目反映，支付给离退休人员的职工薪酬在“支付其他与经营活动有关的现金”项目反映。这些项目也是企业现金流出的主要方向，金额波动不大。

例 6—37

海大物流公司 2013 年支付给职工以及为职工支付的现金为 236 796 225.83 元，占现金流出总量的比重为 2.69%。

（6）支付的各项税费。该项目反映企业本期发生并支付的、本期支付以前发生的以及本期预交的教育费附加、矿产资源补偿费、印花税、房产税、土地增值税、车船使用税、预交的营业税等税费，计入固定资产价值、实际支付的耕地占用税、本期退回的增值税和所得税等税费除外。此项目会随着企业销售规模的变化而变动。

例 6—38

海大物流公司 2013 年支付的各项税费金额为 80 076 811.82 元，占现金流出总量的比重为 0.91%。

（7）支付其他与经营活动有关的现金。该项目反映企业支付的罚款支出、差旅费、业务招待费、保险费、经营租赁支付的现金等其他与经营活动有关的现金流出，金额较大的应当单独列示。

例 6—39

海大物流公司 2013 年支付的其他与经营活动有关的现金为 200 450 991.62 元，占现金流出总量的比重为 2.28%。根据年报附注，主要包括支付的履约保证金 94 478 683.29 元，管理费用 32 495 086.21 元，营业费用 70 071 473.95 元。

三、物流企业投资活动现金流量分析

（1）收回投资所收到的现金。反映企业出售、转让或到期收回除现金等价物以外的交易性金融资产、长期股权投资而收到的现金，以及收回长期债权投资资本金而收到的现金，但长期债权投资收回的利息除外。此项目不能绝对地追求大数额。投资扩张是企业未来创造利润的增长点，压缩投资可能意味着企业规避投资风险、改变投资战略或存在资金紧张的问题。该项目可结合资产负债表各投资性资产金额的减少进行分析。

（2）取得投资收益收到的现金。该项目反映企业因股权性投资而分得的现金股利，从子公司、联营企业或合营企业分回利润而收到的现金，以及因债权性投资而取得的现金利息收入，但股票股利除外。此项目存在发生额，说明企业进入投资回收期。将该项目金额与利润表中的投资收益项目进行对比分析，可以考察投资收益的收现状况，与资产负债表中的投资资产金额进行对比分析，可以考察投资资产的现金回报情况。

（3）处置固定资产、无形资产和其他长期资产收回的现金净额。该项目反映企业出售、报废固定资产、无形资产和其他长期资产所取得的现金（包括因资产毁损而收到的保险赔偿收入），减去为处置这些资产而支付的有关费用后的净额，但现金净额为负数的除外。此项目一般金额不大，如果数额较大，表明产业和产品结构将有所调整，或者说明企业未来的生产能力将受到严重的影响，已经陷入深度的债务危机，靠出售设备来维持经营。

例 6—40

海大物流公司 2013 年由于处置固定资产、无形资产和其他长期资产收回的现金净额为 527 185.77 元，占现金流入总额的比重为 0.01%。

（4）处置子公司及其他经营单位收到的现金净额。该项目反映企业处置子公司及其他经营单位所获得的现金减去相关处置费用的净额。

（5）购买固定资产、无形资产和其他长期资产支付的现金。该项目反映企业购买和建造固定资产、取得无形资产和其他长期资产所支付的现金及增值税税款、支付的应由在建工程和无形资产负担的职工薪酬现金支出，但为购建固定资产而发生的借款利息资本化部分、融资租入固定资产而发生的借款利息资本化部分、融资租入固定资产所支付的租赁费除外。此项目表明企业扩大再生产能力的强弱，从而揭示企业未来的经营方向和获利能力，以及未来经营方式和经营战略的发展变化。

例 6—41

海大物流公司 2013 年由于购建固定资产、无形资产和其他长期资产支付的现金为 48 973 469.88 元，占现金流出总量的比重为 0.5%。

（6）投资支付的现金。该项目反映企业取得的除现金等价物以外的权益性投资和债权性投资所支付的现金以及支付的佣金、手续费等附加费用。此项目表明企业参与资本市场运作、实施股权及债权投资的能力的强弱，分析投资的方向与企业的战略目标是否一致。

（7）取得子公司及其他营业单位支付的现金净额。该项目反映企业购买子公司及其他营业单位的出价中以现金支付的部分，减去子公司或其他营业单位持有的现金和现金等价物的净额。

（8）收到其他与投资活动有关的现金、支付其他与投资活动有关的现金。反映企业除上述（1）至（7）项外收到或支付的其他与投资活动有关的现金流入或流出，金额较大的应当单独列示。

四、物流企业筹资活动现金流量分析

（1）吸收投资收到的现金。该项目反映企业以发行股票、债券等方式筹集资金实际收到的款项，减去直接支付给金融企业的佣金、手续费、宣传费、咨询费、印刷费等发行费用后的净额。此项目表明企业通过资本市场筹资的能力的强弱。

（2）取得借款收到的现金。该项目反映企业举借各种短期、长期借款收到的现金。此项目数额的大小，表明企业通过银行筹集资金的能力的强弱，在一定程度上代表了企业商业信用的高低。

例6—42

海大物流公司2013年取得借款收到的现金为1 112 820 989.20元，占现金流入总量的比重为11.49%，表明借款是公司当年所采取的主要筹资方式。

（3）偿还债务支付的现金。该项目反映企业以现金偿还债务的本金，有助于分析企业资金周转是否达到良性循环状态。

例6—43

海大物流公司偿还债务支付的现金为883 174 867.49元，占现金流出总量的比重为9.06%。

（4）分配股利、利润或偿付利息支付的现金。该项目反映企业实际支付的现金股利、支付给其他投资单位的利润或用现金支付的借款利息、债券利息。利润的分配情况可以反映企业现金的充裕程度。

例6—44

海大物流公司2013年分配股利、利润或偿付利息支付的现金为29 538 257.17元，占现金流出总量的比重为0.3%。

（5）收到其他与筹资活动有关的现金、支付其他与筹资活动有关的现金。反映企业除上述（1）至（4）项外，收到或支付其他与筹资活动相关的现金，包括以发行股票、债券等方式募集资金而由企业直接支付的审计和咨询等费用、为购建固定资产而发生的借款利息资本化部分、融资租入固定资产所支付的租赁费、以分期付款方式购建固定资产后各期支付的现金等。一般数额较小，如果数额较大，应注意分析其合理性。

五、汇率变动对现金的影响分析

汇率变动对现金的影响反映在以下两项的差额上：

（1）企业外币现金流量及境外子公司的现金流量折算为记账本位币时，所采用的现金流量发生日的即期汇率或按照系统合理的方法确定的、与现金流量发生日即期汇率近似的汇率折算的金额。

（2）“现金及现金等价物净增加额”项目中外币现金净增加额按期末汇率折算的金额。

如果此项目数额较大，需要借助会计报表附注的相关内容分析原因及其合理性。

例 6—45

海大物流公司 2013 年期末持有外币 147 829 083.26 元，汇率变动对现金及现金等价物的影响金额为－4 679 696.69 元。

六、现金及现金等价物分析

（1）“现金及现金等价物净增加额”项目金额等于“经营活动产生的现金流量净额”“投资活动产生的现金流量净额”和“筹资活动产生的现金流量净额”三者的代数和，再调整外币现金资产汇率变动的影响金额。

例 6—46

海大物流公司 2013 年经营活动、投资活动和筹资活动产生的现金流量净额分别为－224 625 750.97 元、－43 446 284.11 元和 200 107 864.54 元，汇率变动的影响金额为－4 679 696.69 元，当年“现金及现金等价物净增加额”为－72 643 867.23 元。

（2）“年初现金及现金等价物余额”项目可结合资产负债表中“货币资金”项目的期初余额分析。

例 6—47

海大物流公司 2013 年年初货币资金余额为 698 465 562.20 元，其中包含承兑汇票保证金、履约保证金和诉讼冻结等所有权受到限制的资产 68 282 302.82元，不存在现金等价物，所以“年初现金及现金等价物余额”为 630 382 170.72 元。

七、物流企业现金获取能力分析

相对于权责发生制确认原则下的企业利润获取能力而言，对以收付实现制作为确认原则编制的现金流量表的分析显得更加重要。一些企业获利能力很强，现金流却很差，需要不断筹资来维持正常的生产经营，在这种情况下企业的资本成本相对较高，影响到企业的获利能力以及发展能力。

要分析现金获取能力，可通过比较各期的经营活动、投资活动和筹资活动的现金流量净额增减变动情况，对企业各项活动进行分析评价。

例 6—48

下面以海大物流公司为例进行分析，见表 6—14。

表 6—14　海大物流公司现金获取能力分析　单位：元

财务指标	2013 年 1—12 月	2012 年 1—12 月
经营活动产生的现金流量净额	−224 625 750.97	−172 126 316.70
投资活动产生的现金流量净额	−43 446 284.11	−54 223 929.51
筹资活动产生的现金流量净额	200 107 864.54	489 894 958.90
现金及现金等价物净增加额	−72 643 867.23	263 138 224.38
经营活动产生的每股现金流量净额	−0.56	−0.43

从表 6—14 可以发现，海大物流公司经营活动和投资活动的现金流量均为负数，且金额较大。结合资产负债表分析可以看出，经营活动现金流量较差，主要原因是应收款项金额较大，且有较大幅度增长，公司应加大应收款项的催收力度。必要时，可以修改和完善公司的信用政策。

对现金流量表的分析应与资产负债表和利润表的分析相结合。通过分析发现，海大物流公司 2014 年新增了较多的短期借款以补充现金流，这也是当期筹资活动的现金净额为正的主要原因。如果经营活动的现金流量状况较好，公司就可以减少这笔筹资支出，从而降低利息支出，减轻偿债压力。对这部分现金流的分析也要与公司的信用政策结合起来，如果实施这种政策能够使公司销售额增长带来的收益大于为补充现金流而付出的成本，公司应实施较为宽松的信用政策。

复习思考题

一、简答题

1. 简述物流企业资产负债表分析的作用。
2. 简述物流企业利润表分析的内容和作用。
3. 简述物流企业现金流量表分析的内涵和编制基础。
4. 查找两家物流上市公司的年报数据，试就财务分析做比较。

二、单项选择题

1. 营业成本利润率是指（　　）。

A. 产品营业利润与产品营业成本之比

B. 利润总额与营业成本费用之比

C. 净利润与产品营业成本之比

D. 营业利润与营业成本之比

2. 某物流企业当年实现运输收入 5 000 万元，运输成本为 2 000 万元，运输利润为 1 000 万元，则下列选项中不正确的是（　　）。

A. 运输收入毛利率为 60%　　B. 运输收入利润率为 20%

C. 运输成本利润率为 50%　　D. 净利率一定小于 20%

3. 质量变动之所以会影响到经营利润，是因为（　　）。

A. 各等级品价格不同　　B. 各等级品单位利润不同

C. 各等级品单位成本不同　　D. 各等级品利润率不同

4. 甲公司的生产经营存在季节性，每年的6月到10月是生产经营旺季，11月到次年5月是生产经营淡季。如果使用应收账款年初余额和年末余额的平均数计算应收账款周转次数，计算结果会（　　）。

A. 高估应收账款周转速度　　B. 低估应收账款周转速度

C. 正确反映应收账款周转速度　　D. 无法判断对应收账款周转速度的影响

5. 若流动比率小于1，则下列结论中成立的是（　　）。

A. 速动比率大于1　　B. 营运资本小于零

C. 资产负债率大于1　　D. 短期偿债能力绝对有保障

6. 现金流量比率是反映企业短期偿债能力的一个财务指标。在计算年度现金流量比率时，通常使用流动负债的（　　）。

A. 年初余额　　B. 年初余额和年末余额的平均数

C. 年末余额　　D. 各月末余额的平均数

7. 假设业务发生前速动比率大于1，偿还应付账款若干，将会（　　）。

A. 增大流动比率，不影响速动比率

B. 增大速动比率，不影响流动比率

C. 增大流动比率，也增大速动比率

D. 减小流动比率，也减小速动比率

8. 运用资产负债表可计算的比率有（　　）。

A. 应收账款周转率　　B. 总资产报酬率

C. 利息保证倍数　　D. 现金比率

9. 下列选项中，不在“销售商品、提供劳务收到的现金”项目中反映的是（　　）。

A. 应收账款的收回　　B. 预收销货款

C. 向购买方收取的增值税销项税额　　D. 本期的销货退回

10. 下列选项中不影响经营活动现金流的因素是（　　）。

A. 收到以前期间的销售回款　　B. 支付滞纳金

C. 支付对希望工程的捐款　　D. 支付离退休人员工资

三、多项选择题

1. 反映物流企业盈利能力的指标有（　　）。

A. 营业收入利润率　　B. 净资产收益率

C. 利息保障倍数　　D. 成本利润率

E. 销售净利润

2. 下列选项中影响企业利润的因素是（　　）。

A. 未分配利润　　B. 收入

C. 成本　　D. 利得

E. 损失

3. 利润表分析应包括的内容有（　　）。

A. 收入分析　　B. 成本费用分析

C. 利润额的增减变动分析　　D. 营业利润分析

E. 利润结构变动分析

4. 应收账款周转率越高越好，因为它表明（　　）。

A. 收款迅速　　B. 坏账损失减少

C. 资产流动性高　　D. 营业收入增加

E. 利润增加

5. 下列关于营运能力比率的说法中，不正确的有（　　）。

A. 应收账款周转天数不是越少越好

B. 在评估存货管理的业绩时，存货周转率的计算应使用“销售收入”

C. 存货和应收账款的周转状况对流动资产周转具有绝对影响

D. 计算存货周转率时，可选用销售收入或销售成本作为周转额

E. 总资产周转次数等于各项资产周转次数之和

6. 某企业目前的流动比率为 1.2，如果新增一笔应收运费，将会导致（　　）。

A. 流动比率提高　　B. 流动比率降低

C. 流动比率不变　　D. 速动比率降低

E. 速动比率不变

7. 下列选项中反映短期偿债能力的指标有（　　）。

A. 流动比率　　B. 速动比率

C. 现金流量比率　　D. 资产负债率

E. 利息保障倍数

8. 下列关于长期偿债能力比率的计算公式中，不正确的有（　　）。

A. 长期资本负债率＝负债总额/长期资本×100%

B. 利息保障倍数＝息税前利润/利息费用

C. 现金流量债务比＝经营活动现金流量金额/利息费用×100%

D. 产权比率＝负债总额/股东权益

E. 现金流量利息保障倍数＝经营活动现金流量总额/负债总额

9. 下列各项中属于物流企业经营活动产生的现金流量的有（　　）。

A. 提供包装劳务收到的现金　　B. 分配股利支出的现金

C. 提供运输劳务收到的现金　　D. 出售运输车辆收到的现金

E. 缴纳罚款支出的现金

10. 下列有关现金流量表的论述中，错误的是（　　）。

A. 分次购买运输车辆的现金支付应列入投资活动中“购建固定资产、无形资产和其他长期资产所支付的现金”项目

B. 在偿付专门借款利息时，对于其中的资本化部分应列支于投资活动中“购建固定资产、无形资产和其他长期资产所支付的现金”项目

C. 融资租入运输船舶的租赁费支付应列支于筹资活动中“支付的其他与筹资活动有关的现金”项目

D. 甲公司将账面价值 100 万元的短期投资以 120 万元的价格出售，由此产生的投资收益 20 万元应列入投资活动中“取得投资收益所收到的现金”项目

E. 补充资料中的“固定资产折旧”调整项应仅指计入当期损益的部分，不包括计入营运间接费用的部分

四、判断题

1. 如果本期总资产比上期有较大幅度增加，表明企业本期经营卓有成效。（　）

2. 公司长期借款增加通常表明其在资本市场上的信誉良好。（　）

3. 影响营业成本利润率的因素与影响营业收入利润率的因素是相同的。（　）

4. 营业利润是企业营业收入与营业成本费用及税金之间的差额；它既包括销售利润，又包括其他业务利润，并在二者之和的基础上减去管理费用与财务费用。（　）

5. 企业成本总额的增加不一定意味着营业利润的下降和当期企业管理水平的下降。（　）

6. 息税前利润是指没有扣除利息和所得税的利润，即等于利润总额和利息支出之和。（　）

7. 财务费用项目引起的现金流量属于筹资活动现金流量。（　）

8. 现金流量表的编制基础与资产负债表和利润表的编制基础一致。（　）

9. 固定资产折旧的增加不会影响到期的现金流量。（　）

10. 营业活动现金流量净额大于零说明企业盈利。（　）

五、业务计算题

1. A物流公司2012年度、2013年度有关经营成果的资料见表6—15。

表6—15 **利润表** 单位：万元

项目	2013年度	2012年度
一、营业收入	368 321.00	134 568.00
减：营业成本	156 989.00	67 986.00
营业税金及附加	75 588.00	28 450.00
销售费用	3 002.00	2 040.00
管理费用	9 980.00	4 700.00
财务费用	8 620.00	4 654.00
资产减值损失	2 080.00	1 009.00
加：公允价值变动收益（损失以“—”号填列）	5 365.00	2 257.00
投资收益（损失以“—”号填列）		
二、营业利润	117 427.00	27 986.00
加：营业外收入	37 987.00	22 032.00
减：营业外支出	6 211.00	4 522.00
三、利润总额	149 203.00	45 496.00
减：所得税费用	49 237.00	15 014.00
四、净利润	99 966.00	30 482.00

要求：

（1）根据上述资料，计算 2012 年度、2013 年度两个年度的收入利润率指标，分析其变动情况。

（2）根据上述资料，计算 2012 年度、2013 年度两个年度的成本利润率指标，分析其变动情况。

2. 流动资产周转速度指标的资料见表 6—16。

表 6—16　　流动资产周转速度指标资料　　单位：万元

项目	本年	上年
营业收入	31 420.00	
营业成本	21 994.00	
流动资产合计	13 846.00	13 250.00
其中：存货	6 148.00	6 312.00
应收账款	3 216.00	3 548.00

要求：

（1）计算流动资产周转速度指标。

（2）计算存货周转速度指标。

（3）计算应收账款周转速度指标。

3. 某物流企业年末资产负债表简表见表 6—17。

表 6—17　　资产负债表　　单位：元

资产	年末数	权益	年末数
货币资金	25 000.00	应付账款	
应收账款净额		应交税费	25 000.00
存货		非流动负债	
固定资产净值	294 000.00	实收资本	300 000.00
		未分配利润	
合计	432 000.00	合计	

已知：（1）年末流动比率为 1.5；（2）年末资产负债率为 50%；（3）本期存货周转次数为 4.5 次；（4）本期营业成本为 315 000 元；（5）期末存货等于期初存货。

要求：根据上述资料，计算并填列资产负债表空项。

六、案例分析

A 公司是一家在新三板挂牌的物流公司，有 10 多年的发展历史，主要为快速消费品行业提供零售物流、港口运输、合同物流和供应链服务。受经济增速下滑等因素的影响，公司近几年业绩下降幅度较大，为此公司在业务、组织结构以及 IT 等方面进行了战略升级。

A 公司有关财务数据以及历史财务指标如表 6—18、表 6—19 和表 6—20 所示：

表 6—18　　利润表　　单位：千元

项目	金额
一、营业总收入	874 400.29
二、营业总成本	736 480.65
其中：营业成本	—
营业税金及附加	1 331.47
销售费用	19 135.44
管理费用	113 876.09
财务费用	11 753.41
资产减值损失	2 255.83
加：投资收益（损失以“－”号填列）	263.45
三、营业利润（亏损以“－”号填列）	－10 169.15
加：营业外收入	11 989.67
减：营业外支出	1 103.85
四、利润总额（亏损总额以“－”号填列）	716.67
减：所得税费用	－67.21
五、净利润（净亏损以“－”号填列）	783.88

表 6—19　　资产负债表　　单位：元

资产	年末数	年初数	负债及所有者权益	年末数	年初数
流动资产：			流动负债：		
货币资金	97 344.09	72 011.39	短期借款	139 652.85	185 925.00
应收票据	2 628.16	4 500.00	应付票据	18 949.70	12 500.00
应收账款	238 898.49	151 939.72	应付账款	90 527.01	62 565.08
预付账款	59 249.23	30 900.44	预收账款	8 028.43	7 484.07
其他应收款	34 780.55	30 314.39	应付职工薪酬	8 617.78	9 466.31
存货	294.23	2 894.52	应交税费	17 689.94	11 243.29
其他流动资产	3 856.90	5 520.46	应付利息	743.93	743.93
			其他应付款	22 446.40	16 273.95
			一年内到期的非流动负债	750.00	2 500.00
流动资产合计	437 051.64	298 080.92	流动负债合计	307 406.02	308 701.63
非流动资产：			非流动负债：		
可供出售金融资产	500.00	200.00	长期借款	22 849.75	17 686.00
长期股权投资	12 561.67	12 048.22	应付债券	29 386.67	29 186.67
固定资产	57 464.52	73 847.26	递延收益	4 386.02	—
在建工程	49 212.62	127.23	非流动负债合计	56 622.44	46 872.67
无形资产	92 892.90	95 042.98	负债合计	364 028.46	355 574.29

续前表

资产	年末数	年初数	负债及所有者权益	年末数	年初数
开发支出	902.89	—	所有者权益（或股东权益）：		
商誉	155.93	155.93	股本	127 640.00	51 690.00
长期待摊费用	5 247.44	8 249.32	资本公积	125 225.82	15 680.82
递延所得税资产	4 108.89	2 528.00	其他综合收益	−961.41	−1 277.92
其他非流动资产	25 798.60	300.00	专项储备	1 876.28	1 876.28
非流动资产合计	248 845.44	192 498.93	未分配利润	24 927.28	23 138.86
			所有者权益总计	321 868.62	135 005.56
资产总计	685 897.08	490 579.85	负债和所有者权益总计	685 897.08	490 579.85

表 6—20　　A 公司历史财务指标

财务指标	年份			行业平均值
	2013	2014	2015	
销售毛利率	13.52%	17.53%		13.63%
资产负债率	66.05%	72.48%		42.76%
流动比率	1.24	0.97		6.20
应收账款周转率	5.76	5.00		9.74
存货周转率	432.27	245.12		43.08

要求：

（1）计算 2015 年 A 公司各财务比率（见表 6—20）。

（2）通过横向和纵向对比分析 A 公司总体财务状况，对公司经营能力、负债状况、流动性、偿债能力和盈利能力分别进行分析。

第7章 Chapter 7 物流企业绩效评价

企业绩效评价的基本特征是以企业法人作为具体评价对象，重点评价企业的盈利能力、资产质量、债务风险和经营增长等方面，以能准确反映上述内容的各项定量和定性指标作为主要评价依据，并将各项指标与同行业和同规模的平均水平对比，以得到对企业公正、客观的评价结果。

本章将从物流企业的经营活动分析与评价、项目投资分析与评价、平衡计分卡的应用以及价值评估四个方面介绍物流企业绩效评价的相关内容。在介绍具有普适性评价指标的基础上，通过对内部经营活动的分析与评估介绍具有物流企业特点的评价指标。

本章学习目标：

1. 了解物流行业经营活动的分析和评价指标；
2. 掌握项目投资的分析过程、项目选择方案的制定和选取；
3. 掌握投资决策不确定性的分析方法；
4. 了解平衡计分卡及其应用；
5. 掌握企业价值评估的基本方法。

第1节 物流企业内部经营活动分析与评价

一、物流企业设备利用效果分析与评价

分析物流企业设备的利用情况，关键是考察物流企业的仓库以及各主要机械设备的利用情况，使物流企业比较充分地利用现有技术设备，不断开发物流企业的经营潜力，用既定的技术设备最大限度地完成物流活动。

（一）仓库利用情况分析

仓库利用情况分析主要考察仓库面积、容积、地面载荷等的利用程度。仓库利用程度越高，企业的经济效益越好；反之，仓库利用程度越低，企业的经济效益越差。具体考核指标如下。

1. 仓库面积利用率

仓库面积利用率是企业库房、货棚、料场等占地面积之和与仓库占地总面积

的百分比。仓库占地总面积是保管场所的保管面积与保管场所的非保管面积之和。仓库面积利用率的计算公式为：

$$仓库面积利用率=\frac{\sum 库房、货棚、料场占地面积}{仓库占地总面积}$$

对于各库房、货棚、料场面积利用率的考核，可以选用以下公式：

$$\begin{matrix}库房(货棚、料场)\\面积利用率\end{matrix}=\frac{库房(货棚、料场)内储存物资的面积}{库房(货棚、料场)占地面积}\times 100\%$$

库房面积利用率的高低是评判仓储保管能力的标志，一般来说，库房面积利用率越高越好。

2. 仓库容积利用率

仓库容积利用率是物流企业在一定时期内仓库平均库存量与库容总量的百分比。可用以下公式计算：

$$仓库容积利用率=\frac{仓库平均库存量}{库容总量}\times 100\%$$

仓库容积利用率越高，说明仓库容积的利用程度越高；反之，仓库容积利用率越低，说明仓库容积的利用程度越低。

3. 库房高度利用率

库房高度利用率是物流企业在一定时期内各类货物平均垛高与库房可利用高度的百分比。计算公式如下：

$$库房高度利用率=\frac{各类货物平均垛高}{库房可利用高度}\times 100\%$$

库房高度利用率高，说明库房的高度得到充分利用；反之，库房高度利用率低，说明库房的高度利用不够充分。

4. 地面载荷利用率

地面载荷利用率是物流企业在一定时期内储存各类货物平均堆载量与仓库、场地等地面建筑承载量的百分比。

$$地面载荷利用率=\frac{各类货物平均堆载量}{地面建筑承载量}\times 100\%$$

地面载荷利用率高，说明地面建筑承载能力得到充分利用；反之，地面载荷利用率低，说明地面建筑承载能力利用不够充分。

（二）设备生产率完成情况分析

设备生产率就是单位时间内设备的生产能力，通常以每台设备在一定的时间内能够提供的服务量来表示。生产能力一般包括设计能力、查定能力和计划能力。决定设备生产能力的因素有直接参加生产的工作时间和单位时间的服务量。直接参加生产的工作时间称为时间利用因素，单位时间的服务量称为能力利用因素。设备生产率的计算公式为：

设备生产率＝设备作业小时数×每小时服务量

生产设备的生产能力则取决于设备台数和设备生产率。

多品种经营的企业，其某种设备可以提供多种服务，经营能力可以用标准劳务计算，也可以换算成代表性劳务计算。

由于各个企业经营合同不同，经营组织也不一样，设备种类繁多，计算单位各异，因此，必须密切结合生产技术的不同特点，进行设备利用效果的分析。

生产设备利用效果的分析，除比较实际使用设备数与计划使用设备数，分析生产设备数量的利用情况外，一般还可以从以下两个方面进行分析。

1. 设备工作时间利用情况分析

设备在时间上的利用情况，一般通过实际作业台时数与日历台时数、制度台时数、计划作业台时数的比较获得。

计划作业台时数是指在一定工作制度下，设备台数和每台工作时间的乘积。影响设备开动时间的因素及其计算公式为：

制度时间＝日历时间－计划外时间

计划作业时间＝制度时间－计划停工时间

实际作业时间＝计划作业时间－计划外停工时间

计划外时间的变动，受到节日、假日、不开工的工作班数、工作班之间暂停时间等影响；计划停工时间的变动，受到计划修理时间、其他原因规定的停工时间等影响；计划外停工时间的变动，受到预先规定的停水、停电、停气、缺少图纸、缺少工具、缺少生产任务以及临时故障等影响。

全年计划作业台时数的计算公式为：

$$\text{全年计划作业台时数}=\text{日历台时数}\times\frac{\text{制度台时数}}{\text{日历台时数}}\times\frac{\text{计划作业台时数}}{\text{制度台时数}}$$

$$=\text{日历台时数}\times\text{日历台时利用率}\times\text{制度台时利用率}$$

影响日历台时利用率变动的因素主要有开工班次等。影响制度台时利用率变动的因素主要有设备检修台时、停工台时等。

例 7—1

海大物流公司运输部门有车辆 20 辆，某年车辆利用情况的统计资料见表 7—1。

表 7—1　海大物流公司运输部门车辆利用统计情况

20××年 12 月 31 日

项目	计划数	实际数	说明
设备台数	20	20	计划日历台时数：20 辆×365 日×24 时＝175 200(台时)
日历台时数	175 200	146 880	实际日历台时数：20 辆×306 日×3 班×8 时＝146 880(台时)
制度台时数	146 880	110 160	实际制度台时数：20 辆×306 日×2.25 班×8 时＝110 160(台时)
作业台时数	139 536	99 144	计划作业台时数：146 880×(1－5%)＝139 536(台时)

上述资料表明：该运输部门计划全年作业台时数为139 536台时，而实际上只达到99 144台时。

$$计划作业台时数=175\ 200\times\frac{146\ 880}{175\ 200}\times\frac{139\ 536}{146\ 880}$$
$$=175\ 200\times0.838\ 35\times0.95=139\ 536(台时)$$
$$实际作业台时数=175\ 200\times\frac{110\ 160}{175\ 200}\times\frac{99\ 144}{110\ 160}$$
$$=175\ 200\times0.628\ 76\times0.90=99\ 144(台时)$$

企业在实际经营过程中可以把上述计划台时数和实际台时数分别计算出来，通过比较分析，查明产生偏差的原因，进一步采取措施加以解决。

2. 设备生产率指标分析

单台设备一小时的产量反映设备生产能力利用情况。单位时间的产量越高，说明设备生产能力利用情况越好。反映设备生产能力的台时产量指标也称生产效率。

设备生产效率指标表明设备在单位时间内的利用效果。计算公式为：

$$计划单位台时生产率=\frac{设备完成定额台时}{计划作业台时数}$$
$$实际单位台时生产率=\frac{设备实际完成台时}{实际作业台时数}$$

实际台时生产率比计划台时生产率有所提高，说明设备生产能力的利用取得了较好的成绩。

影响设备台时生产率的主要因素如下：

（1）废品台时的影响。因废品工时和修复废品的工时属于无效工时，所以在经营过程中应尽可能减少乃至消灭废品，使单位台时生产率得到提高。

（2）辅助时间以及准备和结束时间的影响。因装卸零件、更换工具、设备空转、加工中检验等辅助时间，以及调整设备等准备和结束时间，都不是直接作用于劳动对象的时间，如果能尽量缩短这些时间，就可以在同样的作业时间内生产出更多的产品。

（3）单位产品加工时间的影响。提高生产工人的技术水平和熟练程度，进行技术革新，可以缩短产品加工时间，在同样的工作时间内完成更多的定额台时产量，提高单位台时生产率。

（三）设备经济效益指标分析

反映生产设备管理水平和经济效益的主要指标包括设备完好率、设备综合利用率、设备有效利用率、设备事故率等。

1. 设备完好率

设备完好率是反映设备技术状态的主要指标，指企业一定时期内设备的完好台数与设备总台数的百分比。设备完好率高，说明企业的设备经常保持完好状态的程度高，可以随时准备参加作业；反之，设备完好率低，说明设备经常保持完好状态、随时准备参加作业的程度低。计算公式为：

$$设备完好率=\frac{设备完好台数}{全部设备台数}\times 100\%$$

生产设备完好的标准主要有三项：（1）设备性能良好；（2）设备运转正常；（3）原材料、燃料、油料消耗正常。但不同的物流企业对于不同类别的生产设备还规定了其他具体标准，所以衡量设备是否完好，应以是否全部达到这些标准为依据。

2. 设备综合利用率

设备综合利用率是反映生产设备在时间和能力两方面利用情况的指标。计算公式为：

$$\begin{aligned}设备综合利用率&=\frac{设备实际产量}{设备可能产量}\times 100\%\\&=\frac{设备单位时间实际产量}{设备单位时间可能产量}\times\frac{设备实际作业时间}{设备可能利用时间}\\&=设备能力利用率\times 设备利用系数\end{aligned}$$

设备综合利用率包括设备能力利用率和设备利用系数。

设备能力利用率是企业设备单位时间实际产量与设备单位时间可能产量之比，也是企业设备一定时期内的实际载荷量与额定载荷量的百分比。设备能力利用率高，说明设备的工作能力利用充分；反之，设备能力利用率低，说明设备的工作能力利用不够充分。计算公式为：

$$设备能力利用率=\frac{实际载荷量}{额定载荷量}\times 100\%$$

设备利用系数即设备时间利用率，是设备实际作业时间与设备可能利用时间之比。实际作业时间分别按班、日、年实际作业时间计算；设备可能利用时间分别按 8 小时、24 小时、365 天扣除不作业天数计算。计算公式为：

$$设备利用系数=\frac{设备实际作业时间}{设备可能利用时间}\times 100\%$$

$$班设备利用系数=\frac{一班内实际作业时间}{8\ 小时}\times 100\%$$

$$日设备利用系数=\frac{一日内实际作业时间}{24\ 小时}\times 100\%$$

$$年设备利用系数=\frac{一年内实际作业天数}{365\ 天}\times 100\%$$

3. 设备有效利用率

设备有效利用率反映生产设备在时间方面的利用情况。计算公式为：

$$设备有效利用率=\frac{设备实际作业时间}{设备实际作业时间+设备停工时间}\times 100\%$$

设备停工时间包括设备故障停工时间、设备实际维修时间、设备维修准备时间等。设备维修准备时间包括故障判断时间，以及确定设备维修方法、准备设备维修备件和材料等所需的时间。

将设备综合利用率、设备有效利用率指标与计划指标对比，与上期、历史先进水平对比，与同类型企业同类设备的先进指标对比，可以揭示设备管理和维修中存在的问题，在找出差异的基础上，进一步查明影响设备利用的因素，拟定提高物质技术设备利用效果的措施，挖掘提高物质技术设备利用效果的潜力。

4. 设备事故率

设备事故率是从故障方面反映设备技术状态的指标。计算公式为：

$$设备故障率=\frac{事故停机时间}{生产运转时间}\times 100\%$$

设备事故率低，说明设备技术状态好，企业的设备经常保持完好状态的程度高，可以随时准备参加作业；反之，设备事故率高，说明设备经常保持完好状态，随时准备参加作业的程度低。

5. 设备利税率和设备产值维修费

设备利税率和设备产值维修费是分析和考核设备经济效益的指标。计算公式为：

$$设备利税率=\frac{交纳的销售税金+实现的利润总额}{设备原值}\times 100\%$$

$$设备产值维修费=\frac{维修费用}{总产值}$$

$$单位服务量维修费用=\frac{维修费用}{服务总量}$$

将上述三项设备经济效益指标与计划指标对比，与上期、历史先进水平对比，与同类型企业同类设备的先进指标对比，可以了解设备的经济效益，分析设备技术劣化和停机造成的经济损失，防止设备管理中出现过剩维修和维修欠账。

二、物流企业服务质量分析与评价

（一）物流服务质量

物流服务业具有运输、仓储等一系列职能，它与一般制造业和服务业有所不同，主要是为生产、销售提供物流辅助服务，所以物流服务就是物流业为他人的物流需要提供的一切物流活动。物流服务以客户的委托为基础，按照客户的要求，在合适的时间、准确的地点，以优质的质量、正确的数量、合理的价格将货物送到客户手中。物流服务质量的好坏直接关系到物流企业的整体绩效，它是物流企业管理最为核心的问题之一。

物流质量是供应链上迎合客户要求的一个重要环节，表明物流企业所提供的服务特性满足客户要求的程度。物流质量一般包括三个方面：物流服务质量、物流工作质量和物流工程质量。其中，物流工作质量和物流工程质量是物流服务质量的基础与保证，物流服务质量是物流质量的最终体现。物流服务质量是决定物流活动效率和物流服务水平的关键因素。物流服务质量一般包括仓储服务质量、运输服务质量、配送服务质量等。

物流服务质量通常分为物流技术质量和物流功能质量。物流技术质量是物流服务的最终结果，包括订单的正确性、货物的完好程度、运输的及时性等。物流功能质量是指物流服务的过程，包括人员沟通质量、方便性等。物流技术质量是物流企业中客观存在的，而物流功能质量是客户主观感知的。物流技术质量在物流服务质量中占有很重要的位置，因为客户会非常关心物流服务的最终结果。物流功能质量在物流服务中也同样重要，客户在接受物流技术服务的过程中，如果发生了不愉快的事情，给客户留下不好的印象，即使物流服务的结果是好的，客户对物流服务质量的总体评价也不会太满意。

（二）物流服务质量评价体系

由于服务质量与实物产品质量不同，对于物流服务质量的评价，通常采用以下评价指标：从顾客角度出发度量的指标、从企业角度出发度量的指标以及同时从客户与企业两个角度出发度量的指标。很显然，单独用一个指标很难对物流服务质量作出客观准确的评价，必须同时设定多个指标。这些指标被用来描述或反映物流服务质量这个共同的对象时，就形成了物流服务质量评价体系。物流服务质量评价体系是一组能够描述和衡量物流服务质量主要特征的指标集合体。这些指标经过量化后能够清晰直观地反映物流服务质量的水平。

（三）影响物流服务质量的相关因素分析

1. 质量因素

影响质量的因素称为质量因素。影响质量的五大因素为：人（man）、机（machine）、料（material）、法（method）、环（environment），即4M1E。

（1）人——人的思想素质、责任心、质量观、业务能力、技术水平等均直接影响质量。

（2）机——所采用的机械设备应在生产上适用、性能可靠、使用安全、操作和维修方便。合理地使用机械设备、正确地操作是保证质量的主要环节。

（3）料——材料、零部件、构配件的质量要符合有关标准和设计的要求，要加强检查、验收，严把质量关。

（4）法——工艺流程、技术方案、检测手段、操作方法均应符合标准、规范、规程要求，并有利于质量控制。

（5）环——影响项目质量的环境因素很多，有技术环境、劳动环境和自然环境等。除此以外，测量、计算机软件、辅助材料、水电等公用设施也会对质量产生影响。

2. 影响物流服务质量的主要因素

物流服务质量是物流服务管理的核心，物流服务质量的好坏直接关系到物流企业的整体绩效。良好的物流质量是在整个物流过程中形成的，需要依靠物流公司整体的改进，涉及质量管理的各个环节。要想做到事前控制物流质量，预防物流造成的不良品，必须对影响物流质量的诸因素进行有效控制。在物流过程中，这些因素可以归纳为六个方面（见表 7—2）。

表 7—2　　影响物流服务质量的主要因素

主要因素	内容
人的因素	包括人的知识结构、能力结构、管理思想、技术熟练程度、素质与修养、责任心、归属感等
体制因素	包括企业战略、发展规划、领导方式与能力、组织结构、工作制度等
设备因素	包括物流设备的技术水平、设备的生产能力、适应能力、维修及保养状况及设备配套能力等
工艺方法因素	包括物流流程设计、设备组合及配置、工艺操作等
计量与测试因素	包括计量、测试、检查手段及方法等
环境因素	包括物流设施规模、水平、湿度、温度、粉尘、照明、噪声、卫生条件等

这六个因素在物流企业对外提供服务的过程中会对服务质量产生影响。物流企业可以通过制度设计、建设投资、人员培训等创造条件，全面监控物流过程，来提高物流服务质量，满足客户的要求。

三、物流企业主要物流经济活动绩效分析与评价

（一）拣货作业

拣货作业是物流中心最复杂的一项作业，要想提高其效率、效益，必须对人员、设备、策略、时间、成本和质量进行分析。

1. 拣货人员的工作效率

拣货人员的专业化水平直接影响拣货效率和准确性。物流中心的拣货小组大致分为两部分：一部分为拣货计划负责人，另一部分为作业人员。这两部分人员的作业见表 7—3。

表 7—3　　海大物流中心拣货人员分工

人员类型	作业内容
拣货计划负责人	每月拣货出库计划的制定
	每日拣货计划的制定，包括自动仓库、托盘架、直列堆积、箱型流动架及回转货架等的使用计划制定
	作业时间表的制定
	订单作业、作业人员的管理
	作业批数计划
	作业人员计划
	成本管理

续前表

人员类型	作业内容
作业人员	垛堆机的操作
	自动仓库拣货出库作业
	自动仓库的操作
	托盘货架直列堆积的操作
	从箱型流动货架及回转货架的出库零星拣取
	出库实绩的掌握和报告
	盘点存货作业的准备
	每日盘点
	拣货相关设备故障的检查及向保养人员报告
	安全管理
	流通加工所需的拣货

当作业流程确定后，配置拣货人员及管理作业时间是很重要的。下面介绍评价人员效率的指标。

（1）每人平均拣货能力。物流中心作业性质不同，对拣取能力的评估方式也不尽相同。主要包括每人时拣取品项数和每人时拣取次数两种，计算公式分别为：

$$每人时拣取品项数=\frac{拣货单笔数}{拣货人数\times每日拣货时数\times工作天数}$$

$$每人时拣取次数=\frac{拣货单位累积总件数}{拣货人数\times每日拣货时数\times工作天数}$$

（2）拣取能力。拣取能力的计算公式为：

$$拣取能力=\frac{订单数量}{日目标拣取订单数\times工作天数}$$

（3）拣货责任品项数。拣货责任品项数的计算公式为：

$$拣货责任品项数=\frac{总品项数}{分区拣取区域数}$$

该指标值大，表示每位拣货员负责的品项数多，必然影响拣货效率。为提高效率，必须减少品项数。

（4）拣取品项移动距离。拣取品项移动距离的计算公式为：

$$拣取品项移动距离=\frac{拣货行走距离}{订单总笔数}$$

该指标用来研究拣货规划是否符合动作效率，并可检查拣货区布置是否合理。指标太高，表示拣货人员在拣货中耗费太多时间和体力，影响整体效率。

2. 拣货设备使用效率

拣货设备的好坏直接影响拣货效率及效益。可用以下指标来反映拣货设备使用效率：

$$拣货装备率=\frac{拣货设备成本}{拣货人数}$$

$$拣货设备投入与产出=\frac{发货品金额数}{拣货设备成本}$$

$$每人时拣货金额数=\frac{发货品金额数}{拣货人数\times每日拣货时间\times工作天数}$$

利用这三个指标可以评估拣货设备投资的合理化程度和效率。拣货装备率表示设备投资程度。拣货设备投入与产出表示已投设备的拣货效率。

3. 拣货策略指标

制定拣货方案对拣货效率的影响很大。评价拣货策略的指标如下：

$$每批量包含订单数=\frac{订单数量}{拣货分批次数}$$

$$每批量包含品项数=\frac{订单总笔数}{拣货分批次数}$$

$$每批量处理次数=\frac{订单箱数}{拣货分批次数}$$

$$每批量拣取体积数=\frac{发货品体积}{拣货分批次数}$$

$$批量拣取时间=拣货人数\times每日拣货时间\times工作天数$$

4. 拣货成本核算

拣货是物流配送中心的一项极其重要的工作，耗费成本大。其成本组成如下：

(1) 人工成本。指直接或间接拣选工时成本。

(2) 拣货设备计提的折旧。指储存、搬运和计算机信息处理等设备的折旧费。

(3) 信息处理成本、耗费等费用。

成本评价指标如下：

$$每订单投入拣货成本=\frac{拣货投入成本}{订单数量}$$

$$每订单笔数投入拣货成本=\frac{拣货投入成本}{订单总笔数}$$

$$每拣货单位投入拣货成本=\frac{拣货投入成本}{拣货单位累积总件数}$$

$$单位体积投入拣货成本=\frac{拣货投入成本}{发货品体积数}$$

5. 拣货质量

评价拣货质量水平的主要指标是拣货错误率。计算公式为：

$$拣货错误率=\frac{拣取错误笔数}{订单总笔数}$$

（二）配送作业

配送绩效评价是指运用数理统计和运筹学的方法，采用特定的指标体系，对照统一的评价标准和一定的程序，通过定性、定量分析，对配送在一定时间内的经营效益和经营者的业绩作出客观、公正和准确的综合判断。

1. 配送绩效评价要素

根据配送作业流程的分类，配送绩效评价包括设施空间利用率、人员利用率、设备利用率、商品订单效率、作业规划管理能力、时间效率、成本效率和质量水平八个要素。

（1）设施空间利用率。设施空间利用率用于衡量整个配送企业空间设施利用率的高低。设施是指除人员、设备以外的一切硬件，包括办公室、休息室、仓储区、拣货区、收货区和出货区等区域空间的安排，以及一些消防设施等周边硬件。要提高设施空间利用率，就要提高单位土地面积的使用效率，同时还要考虑货架、仓储区的储存量，以及每天理货场地的配货周转次数。

（2）人员利用率。人员利用率衡量每个人员是否尽到自己最大的能力。人员作业效率的考核分析是每个企业经营评估的重要指标。人员利用率评价主要从以下三个方面着手。

1）人员编制。这要求人员的配备达到最合理的程度，其中包括作息时间的安排。通常从作业需要性、工作量、人员流动性、加班合理性四个方面来评价人员编制的合理化程度。

2）人员效率。人员效率管理的目的是提高人员工作效率，使每个作业人员在作业期间内能发挥最大的生产效率。

3）员工待遇。建立合理的员工待遇标准和规范的奖惩制度，有利于充分调动员工工作积极性。

（3）设备利用率。设备利用率用于衡量资产设备是否发挥最大能力。由于各种作业有一定的实践性，且设备利用率不容易计算，因而通常提高设备单位时间内的处理量来提高设备利用率。

（4）商品订单效率。商品订单效率用于衡量商品销售贡献是否达到预定目标，主要包括补货效率、订单处理效率和库存合理化程度。

（5）作业规划管理能力。作业规划管理能力用于衡量目前管理层所做的决策规划是否合理。

（6）时间效率。时间效率用于衡量每个作业是否把握最佳时间。时间是衡量效率最直接的因素，通过它最容易看出整体作业能力，如某段时间搬运了多少商品、平均每天配送了多少家门店的订货等，从而很容易了解配送企业整体营运水平。评价时间效率主要需要了解单位时间内收入、产出量、作业单元数等情况。

（7）成本效率。成本效率用于衡量配送各项作业的成本费用是否合理。

（8）质量水平。质量水平用于衡量配货中心服务质量是否达到客户满意的水平。除了关注商品本身的优劣外，还要关注各项物流配送作业中特殊的质量指标，如耗损、缺货、维修、退货、延迟交货、事故和误差率等。

2. 配送绩效评价指标体系

配送活动设计的作业环节多，绩效评价指标体系较为复杂，此外，不同的评价方法下指标体系也有所不同。例如，对于作业分类评价法，指标体系根据作业来分类；对于综合评价法，指标体系则按整体来分类。物流配送管理人员应重点熟悉对应作业分类评价法的指标体系。

(1) 进出货作业。在进出货作业方面，主要考虑进出货作业人员的工作量安排是否合理，进出货装卸设备利用率如何，站台停车位利用率如何，供应商进货时间控制如何，客户要求交货的时间集中控制度如何。相关的效率评价指标主要包括站台使用率、站台高峰率、每人每小时处理进货量、每人每小时处理出货量、进货时间率、出货时间率和每台进出货设备每天装卸量，计算公式分别为：

$$站台使用率=\frac{进出货车次装卸停留总时间}{站台泊位\times 工作天数\times 每天工作时间}$$

$$站台高峰率=\frac{高峰车次}{站台泊位数}$$

$$\begin{matrix}每人每小时\\处理进货量\end{matrix}=\frac{进货量}{进货人数\times 每日进货时间\times 工作天数}$$

$$\begin{matrix}每人每小时\\处理出货量\end{matrix}=\frac{出货量}{出货人数\times 每日出货时间\times 工作天数}$$

$$进货时间率=\frac{每日进货时间}{每日工作时间}$$

$$出货时间率=\frac{每日出货时间}{每日工作时间}$$

$$每台进出货设备每天装卸量=\frac{进货量+出货量}{装卸设备数\times 工作天数}$$

(2) 储存作业。储存作业的评价指标包括单位面积保管量、平均每品项所占储位数、库存周转率、库存管理费率以及呆废货品率，计算公式分别为：

$$单位面积保管量=\frac{平均库存量}{可用保管面积}$$

$$平均每品项所占储位数=\frac{货架储位数}{总品项数}$$

$$库存周转率=\frac{营业成本}{平均库存金额}$$

$$库存管理费率=\frac{库存管理费用}{库存费用总额}$$

$$呆废货品率=\frac{呆废货品成本}{平均库存金额}$$

库存管理费用包括仓库租金、仓库管理费用（出入库验收和盘点等人力费、警卫费、仓库照明费、温控温调费、设施设备器具的维修费）、保险费、损耗费（变质、破坏、盘亏等费用）、货品淘汰费用和资金费用。

（3）盘点作业。盘点作业的评价指标包括盘点数量误差率、盘点品项误差率、批量每件盘差商品的金额，计算公式分别为：

$$盘点数量误差率=\frac{盘点误差量}{盘点总量}$$

$$盘点品项误差率=\frac{盘点误差品项数}{盘点实施品项数}$$

$$批量每件盘差商品的金额=\frac{盘点误差金额}{盘点误差量}$$

（4）订单处理作业。订单处理作业的评价指标包括日均受理订单数、每订单平均订货数量、日均商品单价、订单货件延误率、紧急订单响应率、缺货率和短缺率，计算公式分别为：

$$日均受理订单数=\frac{订单总量}{工作天数}$$

$$每订单平均订货数量=\frac{出货量}{订单数量}$$

$$日均商品单价=\frac{营业额}{订单数量}$$

$$订单货件延误率=\frac{延迟交货量}{出货量}$$

$$紧急订单响应率=\frac{未超过12小时的出货订单}{订单数量}$$

$$缺货率=\frac{接单缺货率}{出货量}$$

$$短缺率=\frac{出货短缺率}{出货量}$$

（5）配送作业。配送作业的评价指标包括人均配送量、平均每辆车的配送量、空驶率、平均每车次配送吨公里数、外车比率、配送成本比率、每车次配送成本和配送延迟率，计算公式分别为：

$$人均配送量=\frac{出货量}{配送人数}$$

$$平均每辆车的配送量=\frac{配送总件数}{自车数量+外车数量}$$

$$空驶率=\frac{空车行驶时间}{配送总距离}$$

$$平均每车次配送吨公里数=\frac{配送总距离\times配送总重量}{配送总车次}$$

$$外车比率=\frac{外车数量}{自车数量+外车数量}$$

$$配送成本比率=\frac{自车配送成本+外车配送成本}{配车总费用}$$

$$每车次配送成本=\frac{自车配送成本+外车配送成本}{配送总车次}$$

$$配送延迟率=\frac{配送延迟车次}{配送总车次}$$

第 2 节　物流企业项目投资分析与评价

一、物流企业项目投资分析与评价概述

项目投资是一种长期投资行为。这种投资行为直接与某个特定新建或者更新改造项目相关联。任何企业都期望通过项目投资在未来获利。企业项目投资分析与评价的最终目标是把资本投放到高收益、低风险的项目上，以取得最大的经济效益。因此，物流企业项目投资分析与评价是企业绩效评价的重要内容之一。

（一）企业投资的意义与种类

1. 企业投资的意义

（1）企业投资是实现企业经营目标的基本前提。企业经营的目的是不断提高企业的价值，为此就要采取各种措施增加利润。企业要想获得利润，就必须进行投资，在投资中获得收益。

（2）企业投资是发展生产的必要手段。当今社会，企业无论是维持简单再生产，还是实现扩大再生产，都必须进行一定的投资。一方面，要及时对所使用的机器设备进行更新，对产品和生产工艺进行改革，不断提高员工的科学技术水平等；另一方面，必须新建、扩建工厂，增添机器设备，增加员工人数，提高员工素质等。企业通过一系列投资活动创造增强实力、广开财源的条件，就能赢得生存发展的机会。

（3）企业投资是降低风险的重要方法。企业把资金投向生产经营的关键环节或薄弱环节，可以使企业平衡生产能力，形成更大的综合生产力。企业如果把资金投向多个行业，实行多元化经营模式，则能增强企业销售和盈余的稳定性。企业拥有更广的收入来源，有利于降低财务和经营风险。

2. 企业投资的种类

（1）按投资的方向，可把投资分为对内投资和对外投资。

对内投资是把资金投在企业内部，购置各种生产经营用资产的投资。

对外投资是指企业以现金、实物、无形资产等方式或者以购买股票、债券等有价证券的方式对其他单位的投资。

项目投资是一种对内投资，主要包括新建项目投资和更新改造项目投资，新建项目投资又包括单纯固定资产项目投资和完整工业项目投资。

（2）按投资与生产经营的关系，可把投资分为直接投资和间接投资。

直接投资是指把资金投放到生产经营性资产，以便获取利润的投资。在非金融性企业中，直接投资占的比重较大。

间接投资是指把资金投放于证券等金融资产，以便获取股利或利息的投资。

对内投资都是直接投资，对外投资主要是间接投资，也可以是直接投资。

(3) 按投资回收期限的长短，可把投资分为短期投资和长期投资。

短期投资又称流动资产投资，是指能够并且也准备在一年内收回的投资，主要指对现金、应收账款、存货、短期有价证券等的投资，长期证券如能随时变现亦可作为短期投资。

长期投资指一年以上才能收回的投资，主要指对厂房、机器设备等固定资产的投资，也包括无形资产和长期有价证券的投资。

(二) 企业项目投资的程序

1. 项目提出

企业在投资之前必须进行市场调查和市场分析，寻找最佳的投资项目。企业进行大规模的战略性投资时，需要由高层管理人员提出投资项目，经充分讨论才可以立项。战术性投资则可以由中层或基层管理人员提出，经主管等高层管理人员批准。

2. 项目评估

在市场经济条件下，企业的投资决策都会面临一定的风险。评价投资项目的方法是建立科学的投资决策程序，认真进行投资项目的可行性分析，形成投资项目分析报告。对项目进行全方位的科学分析，可评估项目的可行性，为项目投资决策提供科学、严谨的依据，降低项目投资的风险。投资项目分析报告是项目市场化操作和可行性判断的重要依据。

3. 项目决策

完成项目评估后，决策者要根据评价报告和自我判断分析对投资项目进行选择，做出决策——是接受项目、拒绝项目还是发回重新评估。

4. 项目执行

在这一阶段，一方面，要保证项目顺利进行就必须筹集足够的资金，尤其是对于投资金额大、周期长的项目，如果没有资金保障就容易成为“半截子”工程。另一方面，企业筹集到足够的项目资金后，应按照企业选定的投资方案进行具体实施，安排和控制项目投资的进度、质量和成本，同时不断改进方案，适应项目实施中出现的变化。

二、物流企业项目投资分析与评价指标

项目投资分析与评价指标是指用于衡量和比较投资项目的可行性，据以进行方案选择的量化标准与尺度。指标众多，分类方法各异。按其是否考虑资金的时间价值，可以分为静态指标和动态指标两大类。静态指标在计算中不考虑资金的时间价值，因此该类指标并不能真实反映项目的真实情况；动态指标在计算过程中必须充分考虑和利用资金的时间价值，通常又称折现评价指标。

由于静态指标往往无法反映投资项目的真实回报水平和收益情况，容易使得

投资项目评价失败，因此下面主要介绍投资决策中较为重要的动态指标。

1. 净现值

净现值（net present value，NPV）是指投资项目投入使用后的净现金流量，按资本成本或投资人要求的必要报酬率折算的现值，减去原始投资现值后的余额。净现值是绝对数指标，反映投资的效益。计算公式为：

$$NPV=\left[\frac{NCF_1}{(1+k)^1}+\frac{NCF_2}{(1+k)^2}+\cdots+\frac{NCF_n}{(1+k)^n}\right]-C$$
$$=\sum_{t=1}^{n}\frac{NCF_t}{(1+k)^t}-C$$

式中，NPV——净现值；

NCF_t——第 t 年的净现金流量；

k——资本成本或投资人要求的必要报酬率；

n——项目使用年限；

C——初始投资额。

NPV 还有另外一种表述方法，即 NPV 是从投资开始至项目寿命终结时所有现金流量（包括现金流出和现金流入，在采用此方法计算 NPV 时，应注意区分现金流量的符号）的现值之和。计算公式为：

$$NPV=\sum_{t=0}^{n}\frac{CFAT_t}{(1+k)^t}$$

式中，n——开始投资至项目寿命终结时的年数；

$CFAT_t$——第 t 年的现金流量；

k——资本成本或投资人要求的必要报酬率。

（1）净现值的计算过程。

第一步：计算每年的 NCF。

第二步：计算未来报酬的总现值。这一步又分为三小步。

1）将每年的 NCF 折算成现值。如果每年的 NCF 相等，则按年金法折现；如果每年的 NCF 不相等，则先对每年的 NCF 进行贴现，然后相加。

2）将终结现金流量折算成现值。

3）计算未来报酬的总现值。即每年营业现金流量和终结现金流量之和。

第三步：计算 NPV。

$$NPV=未来报酬总现值-初始投资$$

（2）净现值法的决策规则。采用净现值法的决策标准是：在单一方案中，如果投资方案的净现值大于或等于零，该方案可行；反之，则不可行。在多个互斥方案的选择决策中，净现值最大的方案最优。净现值具有广泛的适用性，从理论上讲也比其他指标更完美。

运用净现值指标进行决策的优点是考虑了资金的时间价值，能够反映各种投资方案取得报酬的大小，而且考虑了项目相关的全部现金流量；缺点是不能揭示投资方案本身可能达到的实际报酬率，而且对于不同投资规模的方案无法比较。

2. 获利指数

获利指数（profitability index，PI）又称现值指数，是指投资项目投入使用后的净现金流量，按投资成本或投资人要求的报酬率折算的现值与原投资额现值之比。获利指数是相对数指标，反映投资的效率。计算公式如下：

$$PI=\frac{\text{未来现金流入的现值}}{\text{未来现金流出的现值}}$$

用获利指数进行决策时，如果获利指数大于或等于 1，该方案可行；否则，不可行。

获利指数的优点是考虑了资金的时间价值，有利于比较投资额不同的独立投资机会的获利能力；缺点是不便于理解，且不能揭示投资方案本身所能达到的实际报酬率。

3. 内含收益率

内含报酬率（internal rate of return，IRR）又称内部收益率，是使投资项目的 NPV 等于零的贴现率。内含报酬率反映了投资项目的真实报酬。因此在采用内含报酬率法评价投资项目时，投资人所要求的必要报酬率并不会影响最终的评价结果。目前越来越多的企业使用该指标对投资项目进行评价。内含报酬率的计算公式为：

$$\frac{NCF_1}{(1+r)^1}+\frac{NCF_2}{(1+r)^2}+\cdots+\frac{NCF_n}{(1+r)^n}-C=0$$

即
$$\sum_{t=1}^{n}\frac{NCF_t}{(1+r)^t}-C=0$$

式中，NCF_t——第 t 年的净现金流量；

r——内含报酬率；

n——项目使用年限；

C——初始投资额。

（1）内含报酬率的计算过程。

1）如果每年的 NCF 相等，则按以下步骤计算。

第一步：计算年金现值系数。

$$\text{年金现值系数}=\frac{\text{初始投资额}}{\text{每年的 }NCF}$$

第二步：查年金现值系数表。在相同的期限内，找出与上述年金现值系数相邻的较大和较小的两个贴现率。

第三步：根据上述两个相邻的贴现率和已求得的年金现值系数，采用插值法计算出该投资方案的内含报酬率。

2）如果每年的 NCF 不相等，则按以下步骤计算。

第一步：先预估一个贴现率，并按此贴现率计算净现值。如果计算的净现值为正数，则表明预估的贴现率小于该项目的实际内含报酬率，应提高贴现率，再进行测算；如果计算的净现值是负数，则表明预估的贴现率大于该项目的实际内含报酬率，应降低贴现率，再进行测算。如此反复测算，找到净现值由正到负并且接近于零的两个贴现率。

第二步：根据上述两个贴现率，再使用插值法计算出方案的实际内含报酬率。

(2) 内含报酬率法的决策规则。在单一方案的决策中，如果内部收益率大于或等于企业的资本成本或投资人所要求的必要报酬率，则采纳；反之，则拒绝。内含报酬率和现值指数都是根据相对数来评价方案，但在评价方案时要注意，比率高的方案，绝对数不一定大，反之也一样。

内含报酬率法考虑了资金的时间价值，反映了投资项目的真实报酬率，概念也易于理解。但这种方法的计算过程比较复杂，而且当项目计算期内的现金净流量出现正负交替的变动趋势时，采用手工测算有可能得到多个内部收益率。

三、物流企业项目投资分析与评价指标的应用

项目投资分析与评价指标在企业项目投资决策分析中应用广泛，对分析项目投资的可行性起到极大的支持作用。固定资产更新决策就是企业在生产经营活动中经常遇到的一种项目投资决策。通过分析来判断是继续使用旧设备还是购置新设备，是最常见的项目投资决策事件。其分析过程主要分为两种情况。

(一) 新旧设备使用寿命相同的情况

固定资产更新是指用技术更先进或效率更高的新设备替换旧设备，或对原有设备进行局部改造。当新旧设备的使用寿命相同时，固定资产更新决策可以利用差额净现值（ΔNPV）进行决策。

假设有两个投资期相同的方案A和方案B，差量分析的基本步骤如下。

第一步：将两个方案的现金流量进行比较，求出增量现金流量（A的现金流量−B的现金流量）。

第二步：根据各期差额现金流量，计算使用ΔNPV。

第三步：根据ΔNPV做出判断，如果ΔNPV大于零，则选择方案A，否则选择方案B。

例7—2

海大物流公司正在考虑一个固定资产更新改造方案，该方案可以减少成本、增加收益。旧设备的原价值是20万元，变现价值是12万元。该设备预计使用年限为10年，现已使用4年，设备报废时无残值。继续使用设备可使公司每年获得营业收入40万元，每年的付现成本为30万元。若更换旧设备，新设备售价64万元，每年的营业收入可增至45万元，每年的付现成本可减至28万元。新设备使用年限和旧设备一样，预计可使用6年，残值为16万元。设备采用直线法折

旧，所得税税率为25%，资本成本为10%。用差额净现值法分析海大物流公司是否应该更换设备。

（1）计算初始投资的差额。

初始投资现金流量差额=64－12=52(万元)

（2）计算各年营业现金流量的差额，如表7—4所示。

表7—4 各年营业现金流量的差额 单位：万元

项目	新设备	旧设备	差额
销售收入（1）	45	40	5
付现成本（2）	28	30	－2
折旧额（3）	8	2	6
税前利润(4)=(1)－(2)－(3)	9	8	1
所得税(5)=(4)×25%	2.25	2	0.25
税后净利(6)=(4)－(5)	6.75	6	0.75
营业净现金流量=(3)+(6)	14.75	8	6.75

（3）计算两个方案的现金流量的差额。

终结现金流量差额=16－0=16(万元)

（4）计算差额净现值。

$$\Delta NPV = 6.75\times(P/A, 10\%, 6) + 16\times(P/F, 10\%, 6) - 52$$
$$= 6.75\times4.355\,3 + 16\times0.564\,5 - 52$$
$$= -13.57(\text{万元})$$

因为固定资产更新后 NPV 将减少13.57万元，所以不必进行更新，应该继续使用旧设备。

此外，在新旧固定资产使用年限一致的前提下，也可以直接比较两个方案的净现值，得到相同的结论。

旧设备 $NPV=8\times(P/A, 10\%, 6)-12=22.84$(万元)

新设备 $NPV=14.75\times(P/A, 10\%, 6)+16\times(P/F, 10\%, 6)=9.27$(万元)

使用新设备会使 NPV 值从原来的22.84万元下降到9.27万元，故不必进行更新，应继续使用旧设备。

（二）新旧设备使用寿命不同的情况

在大多数情况下，新设备使用寿命要比旧设备长。这时，投资项目的净现值不具有直接可比性。对于这种两个或两个以上不同寿命的投资项目，可以采用年均净现值法或最小公倍数法。

1. 年均净现值法

年均净现值（average of NPV，ANPV）是指项目使用寿命内每年的平均净现值，其计算公式为：

$$ANPV=\frac{NPV}{(P/A,i,n)}$$

式中，$ANPV$——年均净现值；

NPV——净现值；

$(P/A,i,n)$ ——折现率为 i、使用寿命为 n 的年金现值系数。

用年均净现值进行比较的方法称为年均净现值法，判断标准为年均净现值大的项目优于年均净现值小的项目。年均净现值法考虑了资金的时间价值，是一个动态的指标值。

例7—3

沿用例7—2的资料，假设新设备使用寿命大于原来预计的6年，为12年，其他条件不变。用年均净现值法进行判断。

(1) 计算新设备的年折旧额。

新设备的年折旧额=(64−16)/12=4(万元)

(2) 计算新旧设备的营业现金流量，如表7—5所示。

表7—5　**新旧设备营业现金流量计算表**　单位：万元

项目	新设备（1～12年）	旧设备（1～6年）
销售收入 (1)	45	40
付现成本 (2)	28	30
折旧额 (3)	4	2
税前利润(4)=(1)−(2)−(3)	13	8
所得税(5)=(4)×25%	3.25	2
税后净利(6)=(4)−(5)	9.75	6
营业净现金流量=(3)+(6)	13.75	8

(3) 计算新旧项目的净现值。

$$\begin{aligned}NPV_{新}&=13.75\times(P/A,10\%,12)+16\times(P/F,10\%,12)-64\\&=13.75\times6.8137+16\times0.3186-64\\&=34.786(\text{万元})\end{aligned}$$

$$\begin{aligned}NPV_{旧}&=8\times(P/A,10\%,6)-12\\&=8\times4.3553-12\\&=22.842(\text{万元})\end{aligned}$$

(4) 计算新旧项目的年均净现值。

$$ANPV_{新}=\frac{NPV_{新}}{P/A,10\%,12}=5.105(\text{万元})$$

$$ANPV_{旧}=\frac{NPV_{旧}}{P/A,10\%,6}=5.245(\text{万元})$$

从上述计算可以看出，在新旧设备的使用寿命不同的情况下，使用新设备的净现值大于继续使用旧设备的净现值，继续使用旧设备带来的年均净现值大于使用新设备的年均净现值。因此，企业应该选择继续使用旧设备，而不必更新设备。可见，在比较新旧设备使用年限不同的方案时，使用净现值直接比较会得出错误的结论，应该使用年均净现值。

值得注意的是，在本例中采用的折现率相同，即具有相同的投资报酬率。此时可以直接比较年均净现值。如果折现系数不同，应该将年均净现值转换为永续净现值，即用各方案的年均净现值除以各自的折现率。比较永续净现值的大小，选择永续净现值较大的方案。

2. 最小公倍数法

最小公倍数法将两个方案的使用寿命的最小公倍数作为比较期间，并假设两个方案在这个比较区间内进行多次重复投资，将各自多次投资的净现值进行比较的分析方法。最小公倍数法的计算步骤如下：

第一步，确定不同投资方案的项目计算期的最小公倍数。

第二步，计算每个投资周期的净现值。

第三步，把每次投资周期的净现值统一折合成现值累加起来。

第四步，比较多期净现值的大小，进行投资分析决策。

例 7—4

在例 7—3 中，旧设备使用寿命为 6 年，新设备使用寿命为 12 年。因此，新旧设备使用寿命的最小公倍数为 12 年。在这个共同期间内，继续使用旧设备的投资方案可以实施两次，使用新设备的投资方案可以实施一次。继续使用旧设备的投资方案实施两次，相当于 6 年后按照现在的变现值重新购置一台同样的旧设备进行第二次投资，获得与当前继续使用旧设备同样的 NPV。12 年内继续使用旧设备的 NPV 为：

$$NPV_{旧}=22.824+22.824\times(P/F,10\%,6)=35.708(万元)$$

使用新设备的 NPV 为：

$$NPV_{新}=34.786(万元)$$

通过比较可以知道，继续使用旧设备的净现值高于使用新设备的净现值，因此不必进行设备更新。可见，用最小公倍数法得出的结论和用年均净现值法得出的结论是一致的。

与年均净现值法相比，最小公倍数法的原理更易于理解，但是在实际的计算中如果两个项目寿命最小公倍数过大，就需要多次折算，会带来很多麻烦。比如，一个项目的使用寿命是 7 年，另外一个项目的使用寿命是 9 年，那么使用寿命的最小公倍数就为 63 年。这意味着第一个项目需要折算 9 次，第二个项目需要折算 7 次。此时，使用年均净现值法更简便。

四、物流企业长期投资决策中的不确定性分析

项目评价所使用的信息绝大部分来自预测和决策，有相当程度的不确定性。

为了确保项目在财务、经济上的可靠性，必须预测项目应承担的风险，进行项目的不确定性分析，主要包括敏感性分析和风险性分析。

（一）敏感性分析

投资项目的敏感性分析是通过分析预测有关投资规模、建设期、经营期、产销量、市场价格和成本水平等要素一旦发生变化对评价指标的影响以及影响程度，来确定敏感程度。可以从考察有关因素单独变动对 NPV 和内含报酬率的影响和确定各因素的临界值两方面展开。

例 7—5

海大物流公司新增运输车辆一台，原始投资 900 000 元，当年投入使用，经营期为 15 年，按直线法折旧，期满无残值。该车辆年运输能力为 10 000 千吨公里，运费收入单价为 50 元/千吨公里，运输单位成本为 32 元/千吨公里，所得税税率为 25%，基准折现率为 9%。要求：计算运价、运输能力、经营期、原始投资、经营成本和基准折现率六个因素变动对 NPV 和内含报酬率的影响程度。假定各因素从不利的方向变动 10%。

(1) 各因素变化前的 NPV 和内含报酬率计算如下：

年折旧＝900 000/15＝60 000(元)

$NCF_{1\sim15}=(50-32)\times10\,000\times(1-25\%)+60\,000=195\,000$(元)

$NPV=NCF_0+NCF_{1\sim15}\times$年金现值系数

$=-900\,000+195\,000\times8.061$

$=671\,895$(元)

年金现值系数＝900 000/195 000＝4.615

查表并用插值法求得：

内含报酬率＝20.37%

年经营成本＝总成本－折旧＝320 000－60 000＝260 000(元)

(2) 运价下降 10%，由 50 元降到 45 元后的 NPV 和内含报酬率计算如下：

$NCF_{1\sim15}=(45-32)\times10\,000\times(1-25\%)+60\,000=157\,500$(元)

投产后年净流量的变动值＝157 500－195 000＝－37 500(元)

或直接计算变动值：

$\Delta NPV=-5\times10\,000\times(1-25\%)\times8.061=-302\,287.5$(元)

变动率＝(－302 287.5/671 895)×100%＝－44.99%

此时可得：

年金现值系数＝900 000/157 500＝5.714

查表并用插值法求得：

内含报酬率＝15.49%

变动率＝－23.96%

按同样的方法和步骤可求出运输能力、经营期、原始投资、经营成本、基准折现率等因素变动后 NPV 和内含报酬率的变化情况，见表 7—6 所示。

表 7—6 因素敏感性分析

因素	NCF			NPV			内含报酬率		
	变动前（元）	变动后（元）	变动率（%）	变动前（元）	变动后（元）	变动率（%）	变动前（元）	变动后（元）	变动率（%）
运价	195 000	157 500	19.23	671 895	369 607.5	−44.99	20.37	15.49	−23.96
运输能力	195 000	181 500	6.92	671 895	563 071.5	−16.20	20.37	18.62	−8.59
经营期	195 000	197 307.5	1.18	671 895	577 241.2	−14.09	20.37	19.85	−2.55
原始投资	195 000	196 500	0.77	671 895	593 986.5	−11.60	20.37	18.25	−10.41
经营成本	195 000	175 500	10.00	671 895	514 705.5	−23.39	20.37	17.85	−12.40
基准折现率	195 000	195 000	0	671 895	583 170	−13.21	20.37	20.37	0

表 7—6 显示，各因素对 NPV 和内含报酬率的影响成本是不同的。上例中，运价的影响最大，经营成本次之，然后就是运输能力和原始投资。因此，在项目实施过程中，要严密监控运价和经营成本等因素，分析评价这些因素的变化情况，使项目的实际执行情况与预期目标一致。

（二）风险性分析

1. 风险调整贴现率法

风险调整贴现率法的基本思想就是，对于高风险的项目，采用较高的贴现率计算 NPV，然后根据 NPV 的规则选择方案。贴现率的确定有以下方法。

（1）用资本资产定价模型来调整贴现率。企业总资产风险包括不可分散风险和可分散风险。不可分散风险可通过 β 来衡量，因而特定投资项目按风险调整的贴现率为：

$$K_j=R_f+\beta_j(K_m-R_f)$$

式中，K_j——项目 j 按风险调整的贴现率或项目的必要报酬率；

R_f——无风险报酬率；

β_j——项目 j 的不可分散风险 β 系数；

K_m——所有项目平均的贴现率或必要报酬率。

（2）按投资项目的风险等级来调整贴现率。这是通过对影响投资项目的各因素进行评分，从而确定风险等级，并根据风险等级来调整贴现率的一种方法。可通过表 7—7 来说明。

表 7—7 中的分数、等级、贴现率都由企业的管理人员根据以往的经营来设定。具体的评分工作则由销售、生产、技术、财务部门组成专家小组来进行。实践中，影响风险的因素可能会更多，风险状况也可能有更多的情况。

表 7—7　　按风险等级调整的贴现率

相关因素	投资项目的风险状况及得分									
	A		B		C		D		E	
	状况	得分	状况	得分	状况	得分	状况	得分	状况	得分
市场竞争	无	1	较弱	3	一般	5	较强	8	很强	12
战略上的协调	很好	1	较好	3	一般	5	较差	8	很差	12
投资回收期	1.5 年	4	1 年	1	2.5 年	7	3 年	10	4 年	15
资源供应	一般	8	很好	1	较好	5	很差	12	较差	10
总分	—	14	—	8	—	22	—	38	—	49

总分	风险等级	调整后的贴现率
0～8	很低	7%
9～16	较低	9%
17～24	一般	12%
25～32	较高	15%
33～40	很高	17%
40 分以上	最高	25%以上

$K_A=9\%$　$K_B=7\%$　$K_C=12\%$　$K_D=17\%$　$K_E\geqslant 25\%$

(3) 用风险报酬率模型来调整贴现率。一项投资的总报酬可分为两个部分，即无风险报酬率和风险报酬率，用公式表示为：

$$K=R_f+bV$$

特定项目 j 的风险调整贴现率为：

$$K_j=R_f+b_jV_j$$

式中，K_j——项目 j 按风险调整的贴现率；

R_f——无风险报酬率；

b_j——项目 j 的风险报酬系数；

V_j——项目 j 的标准离差率。

风险调整贴现率确定后，可用来替代净现值法中的贴现率计算 NPV，进行风险项目投资决策。

风险调整贴现率法容易理解，易于计算，但是，在折现过程中把风险因素和时间因素混为一谈，人为地假设风险随时间的延长而增加，与实际情况不一定相符。

2. 风险调整现金流量法

由于风险的存在，项目所估算的现金流量有时是不确定的，要按风险的情况进行调整，然后根据调整好的现金流量对项目进行评价，这种方法称为风险调整现金流量法，最常用的具体方法是肯定当量法。

肯定当量法就是把不确定的各年现金流量，按照一定的系数（肯定当量系数或约当系数）折算为相当于确定的现金流量的数量，然后利用无风险贴现率来评价风险投资项目的决策分析方法。计算公式为：

$$NPV=\sum_{t=1}^{n}\frac{a_tNCF_t}{(1+K)^t}-C$$

式中，a_t——第 t 年现金流量的肯定当量系数，$0\leqslant a_t\leqslant 1$；

K——无风险贴现率；

NCF_t——税后现金流量。

肯定当量系数是肯定当量的现金流量对与之相当的不肯定的期望现金流量的比值。在进行评价时，可根据各年现金流量风险的大小，选取不同的肯定当量系数。如果以变化系数 V（标准离差率）表示现金流量的不确定性程度，变化系数与肯定当量系数的经验关系见表 7—8 。

表 7—8　　变化系数与肯定当量系数的经验关系换算

V	a_t
0～0.07	1.0
0.08～0.15	0.9
0.16～0.23	0.8
0.24～0.32	0.7
0.33～0.42	0.6
0.43～0.54	0.5
0.55～0.70	0.4
……	……

肯定当量法的主要难点是确定合适的当量系数。可以由经验丰富的分析人员凭主观判断确定肯定当量系数，也可以为每一档变化系数规定相应的肯定当量系数。变化系数与肯定当量系数之间的对照关系，并没有一致公认的客观标准，而与公司管理者对风险的好恶程度有关。

例 7—6

某项目初始投资额为 10 万元，项目年限 3 年，各年净现金流量分别为 5 万元、6 万元和 4 万元。企业管理人员经过分析，确定 1～3 年现金流量的肯定当量系数分别为 0.9，0.7，0.8，无风险贴现率为 6%。用肯定当量法对该项目的决策进行评价。

(1) 确定未来现金流量的当量系数。

(2) 确定未来无风险现金流量。

第 1 年无风险现金流量＝第 1 年净现金流量×第 1 年肯定当量系数
＝50 000×0.9＝45 000(元)

第 2 年无风险现金流量＝第 2 年净现金流量×第 2 年肯定当量系数
＝60 000×0.7＝42 000(元)

第 3 年无风险现金流量＝第 3 年净现金流量×第 3 年肯定当量系数
＝40 000×0.8＝32 000(元)

(3) 用无风险贴现率计算项目的 NPV。

将上述数据代入 $NPV=\sum_{t=1}^{n}\frac{a_t NCF_t}{(1+K)^t}-C$ 可求得

$$NPV=\frac{45\,000}{1+6\%}+\frac{42\,000}{(1+6\%)^2}+\frac{32\,000}{(1+6\%)^3}-1\,000\,000=6\,700(\text{元})$$

可以看出，NPV 为正数，该项目可行。

肯定当量法是用调整 NPV 公式中的分子（即 NCF）的办法来考虑风险因素的，而风险调整贴现率法是用调整 NPV 公式的分母（即折现率）的办法来考虑风险因素的，这是两者的重要区别。肯定当量法克服了风险调整贴现率法夸大远期风险的缺点，但如何确定肯定当量系数是个难题。

第 3 节　平衡计分卡在物流企业绩效评价中的应用

绩效考核系统在组织的运行中不可或缺，在战略计划制定、组织目标达成情况评估以及对管理人员实施奖惩等活动中至关重要。传统的绩效考核系统通常是以财务指标为考核基础，而财务指标只能反映企业的历史信息且通常具有滞后性，并不能较好地反映企业未来的前景，这就有可能使管理人员为了短期利益而违背组织长远战略。对传统绩效考核系统进行变革已经成为学术界和实务界的共识。

非财务指标以其良好的前瞻性与价值相关性，可以有效地弥补财务指标的不足，因此，非财务绩效考核作为针对传统绩效考核系统的革新日益引人注目。研究人员相信非财务绩效考核能够使管理者行为与组织的优先战略相一致，从而促进企业战略的实施和经营业绩的提升。在理论界和实务界的大力推广下，非财务绩效考核借助平衡计分卡等管理创新广泛应用于众多企业。本节主要通过介绍平衡计分卡来介绍非财务绩效评价。

一、平衡计分卡的产生背景

在当前经济日益全球化、科学技术日新月异、竞争激烈的环境下，企业要想持续得到价值，除了要考虑规模经营之外，还必须考虑生产经营上出现的以下新特点。

1. 加强与客户和供应商的联系

工业和经济时代的企业在其经营过程中与客户和供应商保持着距离，但是，知识和信息时代可以使企业实现供、产、销一体化。如此一来，经营就是由客户的订单引发的，而不再是生硬地把产品推向客户。一体化系统以客户的订单为起点，向上游追溯到原材料供应，使企业的所有业务单元都能在成本费用、质量和反应时间等方面得到巨大改善。在这种情况下，发展与客户的关系，一方面要维持原有客户对企业的忠诚，并吸引新的客户；另一方面要与供应商建立良好的关系，保证企业获得质量稳定、价格低廉的原材料。

提高客户满意度，是加强与客户关系的最好办法。随着经济的发展，客户在满足基本的生活需求后，对个性化产品和服务的需求越来越旺盛。企业要令客户满意，就必须了解客户的真实需求，向客户提供差异化的产品，使客户愿意购买。

2. 提高新产品的开发能力

现代技术革新日新月异，产品更新换代越来越快，今天领先的产品，明天不一定能够继续保持优势。企业必须不断研发新技术，提高创新力和服务能力，按客户的需求设计开发新产品，还要不断提升生产工艺水平，提供高质量、高性能的产品，这些都是保证企业长盛不衰的重要因素。

3. 提高员工技能，培养多技能工人

企业员工通常可分为生产人员和管理人员两大类。一般认为，生产人员在管理人员的监督下完成生产任务，他们只提供体力劳动，而没有脑力创新。但是，越来越多的企业认识到，一线的生产人员对生产工序非常熟悉，能提出合理化建议，这些建议不仅能够改善产品生产过程，更有可能使企业业绩发生质的改变。换句话说，企业的每一个员工，都可以凭借知识、技能、经验推动企业的发展。所以，一个优秀的企业要想增强未来的竞争力，就必须重视员工技能的提高。

以上这些因素均影响企业的竞争力，并关系到企业的长远目标能否实现。企业为分析自己在竞争中所处的位置，除了衡量财务业绩以外，还必须对上述各个方面进行衡量，从而提供关于企业竞争力的多方面的信息。要对这些因素进行衡量，利用传统的财务衡量方法是难以做到的，因此要选择平衡计分卡法。

二、平衡计分卡的基本内容

平衡计分卡是为全面评价企业而设计的战略蓝图，它强调非财务业绩和非财务指标的重要性，通过对财务、客户、内部业务流程、学习与成长四个各有侧重又相互影响的方面来评价业绩，以达到愿景、战略与企业经营活动之间的和谐关系，实现短期利益与长期利益、局部利益与整体利益的协调发展，追求企业的可持续发展。其基本框架如图 7—1 所示。

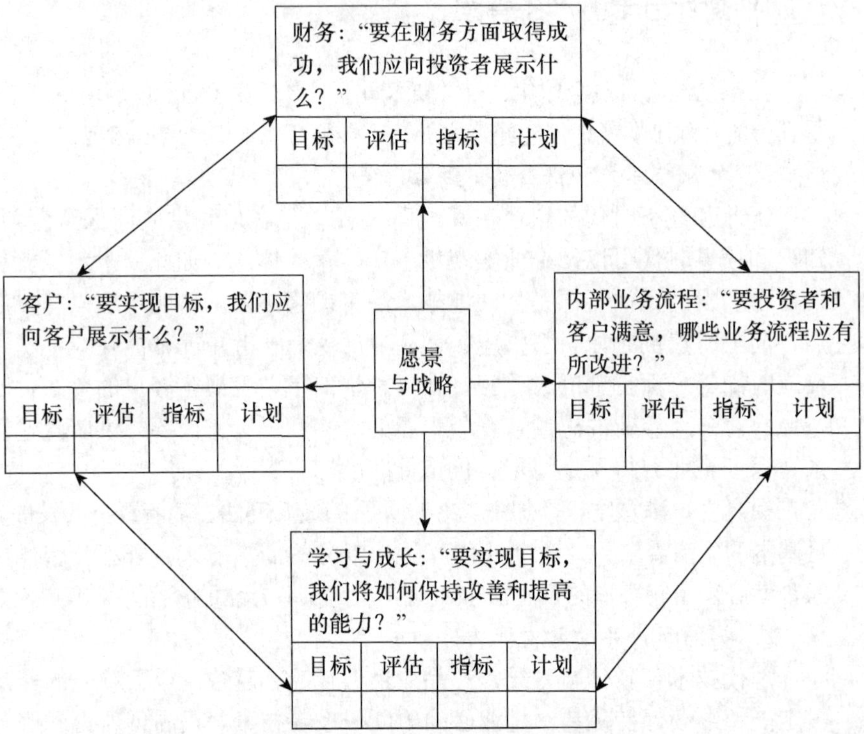

图 7—1 平衡计分卡的基本框架

可见，企业目标与战略的制定和实现与下列四个方面相关，因此完整的战略性绩效评价也应从以下四个方面进行。

1. 财务方面

财务衡量在平衡计分卡中占首要地位，是一个重要的衡量方面，也是另外三个方面的出发点和落脚点。一套平衡计分卡应该反映企业战略的全貌，从长远的财务目标开始，然后将它们同一系列行动相联系，最终实现长期经营目标。

处于生命周期不同阶段的企业，其财务衡量的重点也有所不同。在成长阶段，企业要进行数额巨大的投资，因此其现金流量可以是负数，投资报酬率亦很低，财务衡量应侧重于销售额总体增长百分比和特定顾客群体、特定地区的销售额增长率；处于维持阶段的企业应着重衡量获利能力，比如营业收入和毛利、投资报酬率、经济增加值；处于收获阶段的企业的财务衡量指标主要是现金流量，企业必须力争实现现金流量最大化，并减少营运资金占用。

2. 客户方面

在客户方面，考核企业或者部门对客户的保持和增长方面的贡献，主要关注产品的市场优势、客户关系和客户的满意度等方面的业绩。常见的评价指标包括市场占有率、新客户所占百分比、客户平均销售额、来客数、满意度、忠诚度、品牌形象或认知、客户投诉回复时间或解决次数、退货率、客户流失率或延续率、营销费用占销货收入的比率、参展次数、广告件数、每位客户的服务成本等。

虽然不同的企业在选择客户方面的评价指标时会有所不同，但有一个共同的指导思想：为客户提供高价值的产品，以提高客户的满意程度、新客户的获得程度和客户的保持程度。为客户提供高价值的产品需要明确客户的价值观念。虽然这种客户价值观念在不同的行业有不同的表现形式，但是一般会受到产品和服务的属性、客户关系及企业形象的影响。产品和服务的属性包括产品和服务的功能性、独特性、质量、价格等方面。客户关系包括获得产品的便利程度、市场反应时间和客户在购买商品时的感觉。企业形象主要受企业品牌市场形象的影响。

3. 内部业务流程方面

内部业务流程方面主要关注企业对内部作业活动的改善情况，包括作业流程的创新、营运效率的提高、售后服务过程的改善等。面对市场的不断变化，企业应该不断改善业务流程，以提高运营效率和市场反应速度，保持竞争优势。

内部业务流程方面的评价方法因企业的行业特点和经营方式的不同而有很大差异。常见的评价指标包括准时送达率、平均前置时间、安全生产事故率、生产周期、在途产品和服务的比例、空间利用率、研发费用、专利年限、损益平衡时间、库存量、不良品率、停工期、新产品或服务引进时间、可靠度、计划准确度、媒体正面报道的数量等。具体来说，针对研发过程创新能力的评价指标通常包括新产品收入的比例、损益平衡时间、企业业务流程改善的次数等。针对经营过程改善能力的评价指标包括经营周期、制造周期效率（增值时间/制造周期时间)、准时交货率、质量合格率等。针对售后服务过程改善能力的评价指标通常包括客户售后服务响应时间、一定时期内客户的访问次数、产品的返修率、客户抱怨次数等。

4. 学习与成长方面

学习与成长方面主要关注企业在员工的能力培养和技术培训方面所做出的努力。企业员工的素质决定了企业发展的潜力与市场竞争的能力，员工素质方面的投入将为未来竞争力的提升奠定良好的基础。企业若想永久保持竞争优势，就必须依靠对企业员工的培养努力构建一个学习型企业。因此，平衡计分卡的学习与成长方面是其他三个方面得以顺利实现的基本保证，是企业实现持续增长的内在推动力。

这方面的评价指标通常包括平均培训时间、高学历员工的比例、员工满意度、分红入股计划、授权指数、建议件数、生产率、员工拥有电脑的比例、有第二专长人数、专业证照数、跨功能指派任务数、知识管理水平、旷职率、流动率、工作环境质量等。

平衡计分卡的四个方面相互联系、相互作用。财务方面是表象和滞后指标，客户、内部业务流程、学习与成长是内在原因和领先指标。平衡计分卡的评价方法同时兼顾了组织中的内在与外在因素，并能够与组织的战略目标相配合，可以成为战略实施的重要工具；平衡计分卡同时运用财务指标与非财务指标，使业绩的评价更加完整和全面。

三、平衡计分卡的特点

平衡计分卡以公司的战略目标和竞争需要为基础，将四个方面相结合，不仅有利于正确评估企业经营绩效和竞争实力，还直接表明了企业的奋斗目标和宗旨，有利于企业全体员工对战略计划和目标的理解，有利于管理者决策的正确制定和战略性竞争优势的形成。平衡计分卡突破了以财务作为唯一衡量指标的局限，做到了多个方面的平衡。与传统评价体系比较，平衡计分卡具有如下特点：

（1）可以提高企业整体管理效率。平衡计分卡所涉及的四项内容，都是企业未来成功的关键要素。通过平衡计分卡提供的管理报告，将看似不相关的要素有机地结合在一起，可以节约企业管理者的时间，提高企业管理的整体效率，为企业未来的发展奠定坚实的基础。

（2）可以防止企业管理机能失调。平衡计分卡通过对企业各要素的组合，让管理者能同时考虑企业各职能部门在企业整体中的不同作用与功能，使他们认识到某一领域的工作改进可能是以其他领域的退步为代价换来的，促使企业管理部门做决策时从企业出发，慎重选择可行方案。

四、平衡计分卡法在物流企业综合绩效评价中的应用

随着供应链管理理论的不断发展，许多学者基于卡普兰和诺顿（Kaplan and

Norton）提出的平衡计分卡相关原理设计了针对物流与供应链的平衡计分卡。

刘秉镰等（2003）以平衡计分卡为基础构造了物流企业绩效的层次分析模型和回归模型，同时指出分析物流企业运作绩效对企业长期盈利能力存在影响。Brewer and Speh（2000）指出，只有掌握平衡计分卡和供应链管理之间的联系，才有可能平衡供应链，使其获得竞争优势。马世华（2002）、张和平（2002）等研究并构建了供应链平衡计分卡。

CorVu公司沿用传统的平衡计分卡的四个方面，给出了供应链绩效评价时可能使用的指标。财务方面的指标包括平均库存水平、平均劳动力成本、分拣错误成本、运输错误成本等。客户方面的指标包括新客户订单价值、卖主违约率、完美订单的完成率、准时交货率等。内部业务流程方面的指标包括生产效率、运输、库存、产品状态等。学习与成长方面的指标包括与人力资源相关的指标。

Thomas（2002）也沿用传统平衡计分卡的四个方面，针对供应链管理的特点对平衡计分卡每个方面的具体指标和评价指标作了修改，强调伙伴关系的管理、信息流、威胁与成员组成等。Dirk（2002）对平衡计分卡的四个方面在供应链环境下进行重新定义，分为财务、内部运作、合作质量和合作强度四个方面。

1. *财务层面绩效评价*

财务层面绩效评价指标反映了物流企业的战略及其执行对于股东利益的影响。企业的主要财务目标涉及盈利、股东价值实现和增长。相应的平衡计分卡将财务目标简单表示为生存、成功、价值增长，如表7—9所示。

表7—9　　物流企业平衡计分卡法：财务绩效

目标	评价指标	可量化模型
生存	现金净流量 速动比率	业务进行中的现金流入－现金流出 （流动资产－存货）/流动负债
成功	权益净利率	净利润/股东权益
价值增长	相对市场份额增加额	评价期内销售额增加量/评价期内同行业企业总销售额的增加量

财务层面的绩效评价指标是企业整体发展战略不可忽视的一部分。有时，现代化的物流企业的整体发展战略立足于长期发展和获取利润的能力，并非只盯着近期的利润。所以绩效评价的结果中如果客户、内部业务流程及学习与成长各层面均有较大的进展，但是财务层面没有令人可喜的结果，并不表明管理者不重视财务层面的相关因素，而是他们重视长期盈利能力。

2. *客户层面绩效评价*

物流企业的经营不仅是为了获取财务上的直接收益，还要考虑战略资源的开发与保有。这种战略资源包括外部资源和内部资源。外部资源即客户，为企业带来物理服务产品的市场，这也是企业战略性成长的需求基础。客户层面的绩效评价，就是对企业赖以生存的外部资源开发和利用的绩效进行衡量，具体来说是企业对客户开发的绩效和获利能力的测量。这种评价主要考虑两个方面：一是客户对物流服务满意度的评价；二是对企业开发的客户数量和质量的评价。为使平衡计分卡有效地发挥作用，将这些目标转化成具体的评价指标，如表 7—10 所示。

表 7—10 物流企业平衡计分卡法：客户绩效

目标	评价指标	可量化模型
占有市场份额	市场占有率	客户数量、产品销售量
保持市场	客户保持率	保留或维持同现有客户关系的比率
拓展市场	客户获得率	新客户的数量或对新客户的销售额
客户满意	客户满意度	客户满意率
客户获利	客户获利能力	份额最大客户的获利水平、客户平均获利水平

3. 内部业务流程层面绩效评价

企业赖以生存的另一个重要资源是内部资源，就是物流企业拥有的内部业务能力，包括产品特性、业务流程、软硬资源等。企业的内部业务流程绩效来自企业的核心竞争力，即长期保持市场领先地位、市场占有率较高的关键技术与策略及营销方针等。企业应当清楚自己所具有的优势，例如，高质量的产品和服务、优越的区位、充足的资金来源、优秀的物流管理人员等。这一部分是物流企业绩效评价体系中最能反映行业和企业特色的，需要结合物流企业特点和客户需求共同确定。具体的评价目标和指标如表 7—11 所示。

表 7—11 物流企业平衡计分卡法：内部业务流程绩效

<table>
<tr><th colspan="2">目标</th><th>评价指标</th><th>可量化模型</th></tr>
<tr><td colspan="2">价格合理</td><td>单位进货价格</td><td>每单位进货量价格</td></tr>
<tr><td rowspan="3">服务质量高</td><td>可得性</td><td>存货可得性</td><td>缺货率、供应比率、订货完成率</td></tr>
<tr><td>作业绩效</td><td>速度、一致性、灵活性、故障与恢复</td><td>完成订发货周期的速度、按时配送率以及合同配送需求满足时间、次数、退货更换时间</td></tr>
<tr><td>可靠性</td><td>按时交货率、对配送延迟的提前通知次数、延期订货发生次数</td><td>按时交货次数/总业务数、配送延迟通知次数/配送延迟次数、延期订货发生次数</td></tr>
<tr><td rowspan="2">资源配置优</td><td>硬件配置</td><td>网络化（采用 JIT、MRP 等物流管理系统的客户）</td><td>使用网络化物流管理的客户数/所有客户数</td></tr>
<tr><td>软件配置</td><td>优秀的员工（完成常规任务的时间、质量、专业教育程度）</td><td>员工完成规定任务的时间、员工完成规定任务的出错率、接受过专业物流教育的员工数/员工总数</td></tr>
</table>

4. 学习与成长层面绩效评价

虽然客户层面和内部业务流程层面已经着眼于企业发展的战略层次，但都将评价重点放在物流企业现有竞争力上，学习与成长层面则强调企业不断创新，并保持其竞争力与未来的发展势头，因此，无论是管理阶层还是基层员工都必须不断地学习，推出新的物流产品和服务，迅速有效地占领市场。不断地创新与学习，就能为客户提供更多价值含量高的产品，降低运营成本，提高企业经营效率，扩大市场，找到新增附加值的机会，从而增加股东价值。物流企业学习与成长绩效评价目标和指标如表 7—12 所示。

表 7—12 物流企业平衡计分卡法：学习与成长绩效

目标		评价指标	可量化模型
员工学习	信息系统方面	员工获得足够信息	成本信息及时传递给一线员工所用的时间
	员工能力管理方面	员工能力提高、激发员工的主观能动性和创造力	员工满意率、员工保持率、员工的培训次数
	调动员工参与积极性	激励和权力指标	员工建议数量、员工建议被采纳或执行的数量
业务学习创新		信息化程度、研发投入	研发费增长率、信息系统更新投入占销售额的比率/同行业平均更新投入占销售额的比率

将平衡计分卡法应用于物流企业的绩效衡量，重点在于根据物流企业自身的特点和客户需求的特点，设定恰当的评价指标，进而提出一个全面衡量物流企业绩效的方法体系。采用这种全方位的分析方法，就是在物流企业的经营绩效与其竞争优势的识别之间架起了一座桥梁，必将有利于企业的战略成长。

第 4 节 物流企业价值评估

一、物流企业价值评估概述

在经济金融化之后，体现企业价值的已不只是某一单纯的指标，如利润等。换言之，我们很难再像以往那样，仅仅通过阅读财务报表便可以直接判断一家企业效率的高低。例如，微软公司 2002 年资产负债表的净资产总额约为 60 亿美元，只有通用汽车公司 2 200 亿美元资产总额的 3%左右。按照传统观念，微软公司的价值亦应是通用汽车公司的 3%左右，至少不应与 3%差异太大。然而客观事实是，由于微软公司的产品——计算机软件的技术含量极高，品牌卓越，其市场价值相当于通用汽车公司的 4 倍。随着知识经济的进一步发展，这种情形将越来越普遍。如果仍以传统的账面价值作为企业价值，已经很难适应时代的发展，因此，如何评估企业价值，进而决定经济资源的合理流向，便成为困扰人们的一个新问题。

企业价值评估理论的核心就是在综合考虑企业内部因素、外部因素以及投资者主观意愿的基础上，结合企业经营能力、宏观经济环境以及人的客观需求等多方面因素，对企业持续发展的潜质进行认识和评价。从本质上讲，企业价值首先应体现为企业对其所有索偿权持有人（包括股东、债权人等）需求的满足，其次体现为管理者实施经营权威的满足，前者是满足需求的价值，后者是满足经营的价值。企业价值可以直接地增加股权投资者与债券投资者的财富，间接地增加整个社会的财富。简言之，企业价值是指可持续经营企业的价值。那么，企业价值评估就是对持续经营的企业的经济价值所进行的计量。

二、物流企业以现金流量为基础的价值评估

公司现金流是指流向公司的利益相关者的现金流的总和。公司的利益相关者包括普通股股东、债权人和优先股股东。我国公司制企业中基本上没有优先股股东，因此，公司的利益相关者主要是普通股股东和债权人。公司现金流折现模型的评估对象是企业整体价值，当然该模型也可以用来评估股东权益价值，如果评估股东权益价值，则用企业现金流折现模型评估出企业整体价值后，再减去企业付息债务价值。

（一）公司现金流

1. 公司现金流的计算

公司现金流（*FCFF*）的计算方法有两种，一种方法是把息税前利润（*EBIT*）作为计算的基础：

$$FCFF=EBIT\times(1-\text{所得税税率})+\text{折旧}-\text{资本支出}-\text{营运资本的增加}$$

另一种方法是对各种利益相关者的现金流进行加总：

$$FCFF=FCFE+\text{利息费用}\times(1-\text{所得税税率})+\text{债务本金的偿还}-\text{新债发行}$$

式中，*FCFE* 是股东要求的现金流；剩余三项是债权人要求的现金流。

两种方法从不同角度来计算公司现金流，得出的结果是相同的。

公司现金流与股权现金流的区别在于与债务相关的现金流，即利息支付、本金归还和新债发行。对于那些债务水平合理的公司来说，这就是指用债务和股权的组合来满足资本支出和营运资本的需求，并用新债发行来支持归还本金的公司，在这种情况下，公司现金流将超过股权现金流。

2. 公司现金流的增长与股权现金流的增长

从经营环节而不是融资环节看，由于财务杠杆作用的存在，公司现金流增长率与股权现金流增长率不同。相对于公司现金流而言，财务杠杆作用可以促进股权现金流的增长，只要公司在某一项目上的资产收益率超过税后利息率，增加财务杠杆比率就能够提高单位股权收益增长率以及单位股权现金流增长率。而公司现金流是一种债前的现金流，不会受到财务杠杆比率变化的影响。在计算 *FCFE* 和 *FCFF* 时，资本费用、折旧和资本支出项目会完全一样。

（二）公司现金流折现模型的具体形式

通过加权平均资本成本（*WACC*）折现公司现金流，可以得到公司整体价值。与股息折现模型、股权现金流折现模型一样，对未来增长的假设不同，公司现金流折现模型有不同的变形。

1. 稳定增长的公司

（1）计算公式。稳定增长公司的现金流按照稳定的增长率增长，这样的公司

可以用稳定增长模型进行评估。计算公式为：

$$V_0 = \frac{FACC_1}{WACC - g}$$

式中，V_0——评估基准日公司整体价值；

$FCFF_1$——未来第 1 期的公司现金流；

$WACC$——投入资本的加权平均资本成本；

g——公司现金流的稳定增长率。

（2）适用条件。以上模型的使用必须满足两个条件：第一，模型中所用的增长率必须是合理的，要与宏观经济的增长率相吻合。第二，资本支出与折旧之间的关系必须符合稳定增长的假设。一般来讲，一家稳定增长的公司，其资本支出不应超过折旧很多，因为没有超常的增长，就不需要额外的资本投资。事实上，许多评估人员认为，稳定状态下的资本支出与折旧基本相当，这种关系在高顿增长模型和各种 *FCFF* 稳定增长模型中同样有所反映。

（3）局限性。像所有的稳定增长模型一样，*FCFF* 稳定增长模型对预期增长率的假设也很敏感。特别是，由于所用的折现率是 *WACC*，而在大多数公司中 *WACC* 都要比股权成本低很多，该模型的评估值相对预期增长率更加敏感。此外，该模型对与折旧相关的资本支出的假设也很敏感，通过减少（或增加）与折旧相关的资本支出，就可以加大（或减小）*FCFF*。

2. 其他增长类型的公司

不管公司现金流以何种规律变化，一般都是假设在 n 年之后达到稳定状态，公司整体价值也就等于稳定状态之前现金流现值和稳定状态现金流现值之和，用公式表示为：

$$V_0 = \sum_{t=1}^{n} \frac{FCFF_t}{(1+WACC)^t} + \frac{FCFF_{n+1}}{(WACC-g)(1+WACC)^n}$$

三、物流企业以经济增加值为基础的价值评估

（一）经济增加值的基础

英国著名经济学家阿尔弗雷德·马歇尔（Alfred Marshall，1890）在《经济学原理》中指出："所有者或经营者按现行利率扣除其资本利息之后，所留下的利润可称为其经营或管理的收益。"也就是说，一个企业在任意期间内创造的价值即经济增加值（economic value added，EVA），企业不仅必须考虑会计账目中记录的费用支出，还要考虑业务中所用资本的机会成本。因此，经济增加值为正的投资项目会创造价值，经济增加值为负的项目会毁损价值。同时，经济增加值的多少判定了价值的多少。经济增加值是资源分配的工具，同时也是价值评判的标准。

基于马歇尔的陈述，除非该企业收入已经补偿了企业运营所产生的经常性生产和营业费用，以及为企业所有者投入的资本提供了正常的回报，否则企业没有

真正盈利。这种收益的剩余观正是当今经济利润运动的全部精髓所在。

经济增加值理论依赖于以下两个原则性的假设：

（1）企业只有在所获得的资本回报超过资本的机会成本时才是真正盈利的；

（2）只有当企业的管理者为其股东所做投资决策的净现值为正值时才会创造财富。

考虑权益资本成本指标是最具特点、最重要的方面。只有考虑了权益资本成本的价值评估指标，才能反映企业价值创造的真实能力。只有企业的收益超过所有资本的成本，才能说明经营者为企业增加了价值，为股东创造了财富。如果企业的收益低于所有的资本成本，则说明企业实质上发生亏损，股东的财富受到侵蚀。经济增加值理论明确指出，企业经营者必须考虑所有资本的回报。只有考虑了所有资本的机会成本的价值评估方法，才能够真实反映企业创造的价值。

经济增加值所包含的思想早已出现，在 20 世纪 20 年代，阿尔弗雷德·斯隆（Alfred Sloan）就在通用汽车公司的运营部门实施了一个类似经济增加值的管理体系。30 年代，日本的松下公司也创立了一个类似的管理体系。通用电气公司在 50 年代也有类似的做法。只是当时用剩余收入或经济利润来称呼，尚未提出经济增加值一词。1965 年，沃顿商学院的戴维·所罗门斯（David Solomons）教授研究了剩余收入对部门业绩的衡量，这在 20 世纪六七十年代的财务和会计学界引发了人们的思考。

（二）经济增加值的概念及计算

1989 年美国纽约的思腾思特咨询公司在经过长时间的酝酿后提出了经济增加值的概念，它是指在扣除产生利润而投资的资本成本后所剩下的利润。作为一种概念，经济增加值简单易懂，非财务人员也很容易掌握和应用。经济增加值考虑的资本成本就是经济学家所说的机会成本。机会成本（opportunity cost）是指，投资者由于持有现有的企业证券而放弃的，在其他风险相当的股票和债券上的投资预期带来的回报。

根据思腾思特咨询公司的解释，经济增加值表示的是一个企业扣除资本成本（cost of capital，COC）后的资本收益（return on capital，ROC）。也就是说，一个企业的经济附加值是指该企业的资本收益和资本成本之间的差额。站在股东的角度看，一个企业只有在其资本收益超过为获取该收益所投入的资本的全部成本时，才能为企业的股东带来价值。因此，经济附加值越高，说明企业的价值越高，股东的回报也就越高，而股东回报越高，企业股票在二级市场上的表现也就越好。

根据上述定义，经济附加值的计算公式如下：

$$EVA = ROC - COC$$

式中，*ROC* 通常用税后净营业利润（*NOPAT*）来衡量；*COC* 则等于企业的加权平均资本成本（*WACC*）与全部投入资本（*TC*，包括债务资本和权益资本）

的乘积。

因此，公式可以改写为：

$$EVA = NOPAT - WACC \times TC$$
$$= (RONA - WACC) \times C$$

式中，$RONA$ 是指净资产回报率。

值得注意的是，这一计算公式的运用是以一定的会计制度为基础的，由于各国会计制度不同，会计核算方式也不同，在具体运用 EVA 计算公式来对某一特定国家或地区的企业进行估值时，需要根据当地的会计制度和核算特点来对公式进行修正。

四、物流企业以价格比为基础的价值评估

（一）以价格比为基础的价值评估原理

经济理论和常识都认同一个基本原则：类似的资产应该有类似的交易价格。按照这一原则，评估一项资产价值的一个直截了当的方法就是，找到一个由消息灵通的买者和卖者刚刚交易完的相同的或者至少接近的可比资产。这一原则意味着被评估资产的价值等于可比较资产的交易价格。

这种评估方法在房地产评估中使用的效果很好。如果有 5 套类似的房屋而其中的一套刚刚出售，那么另外 4 套房屋的价值就可以按已出售房屋的卖价来估算。但即使在房地产领域，规格的差别也使得找到一项直接可比的财产相当困难。如果你邻居的一套房屋卖了 100 万元，但其面积仅仅是你房屋的一半，那么将你的房屋估价为 100 万元就是错误的。对于规格问题的解决办法是通过一种比率（如单位价值的估算）来增加同类资产之间的可比性。如果你邻居的房屋是 100 平方米，那么上述买价意味着每平方米 1 万元。如果你的房屋有 200 平方米，以平方米表示的面积与房屋的价值紧密相关，那么你的房屋应该估价为 200 万元。

以上例子运用的是直接比较的方法，要根据规格进行调整，涉及两个数值：一个是价值指标，另一个是与价值有关的可观测变量。要运用直接比较法，对于可比资产而言，应获得价值指标数据和可观测变量数据；对于评估对象而言，应获得可观测变量数据。在房地产的例子中，价值指标数据是房屋的价格，可观测变量是以平方米计的面积。可比房屋的价格与面积的比例可以计算出来，用这一比例乘以待评估房屋面积的平方米数就可以得出所评估房屋的价值。

用数学术语表示直接比较法，有助于进一步理解和熟悉这种方法。以 V 表示价值指标数值，以 X 表示可观测变量数值。直接比较法的关键假设前提是评估对象的 V 与 X 的比例相同，取 $V_{目标公司}/X_{目标公司}=V_{可比公司}/X_{可比公司}$。如果等式成立，那么评估目标公司价值指标可用公式表示为：

$$V_{目标公司} = X_{目标公司} \times V_{可比公司} / X_{可比公司}$$

为此，在运用直接比较法时，一个关键的步骤是挑选可观测变量，该变量应

与价值指标有着确定的关系。一般而言，可观测变量的选取可以根据经济理论所表明的与资产价值存在因果关系的那些变量。在前述房屋的例子中，平方米是一个很好的候选变量，因为较大的房子通常都会按较高的价格出售。如果要评估的是一个企业，那么现金流量、利润这样的变量往往容易成为候选变量，因为价值的源泉是投资人可以收到的净收益。

企业最常用的价格比有三个：市盈率、市净率及价格与销售额比。相关的价格比基数会因价格比的不同而有所不同。例如，市盈率的相关价格比基数就是企业的收益，市净率的相关价格比基数就是企业的账面净资产，价格与销售额比的相关价格比基数就是企业的销售额。进行价值评估时，必须保证价格比和相关价格比基数的一致性。

（二）Q 模型在物流企业价值评估中的应用

Q 模型是美国经济学家詹姆斯·托宾（James Tobin）于 1969 年为了研究公司收购兼并的经济动机而提出的，其原型为：

Q=公司的市场价值/资产的重置成本

Q 表示一个公司的买价与其资产（债务资产和权益资产）的重置成本之比。

当 $Q<1$ 时，说明资产投资的未来现金流总现值小于其重置成本，投资者会对该资产的投资缺乏兴趣。当 $Q>1$ 时，说明资产投资的未来现金流总现值大于其重置成本，投资者可能会对该资产的投资很感兴趣。也有人用 Q 表示购并目标企业的资金盈利率与投资创建一个类似企业的融资资金成本率之比，如果 $Q>1$，说明收购可行；反之，则说明收购不可行。但是，托宾的模型中 Q 指数的含义主要是针对企业有形资产的价格而言，如果考虑到企业的无形资产因素，Q 的含义就会与原来完全相反。如果此时的重置成本包括厂房、设备、人员及商誉等所有资产的重置费用，那么 Q 就表示一个公司的买价与其所有资产的重置成本之比。当 $Q>1$ 时，说明公司的买价高于其所有资产的重置成本，则投资者宁可投资再建一个类似的企业，也不会采取购买行动；相反，当 $Q<1$ 时，说明公司的买价低于其所有资产的重置成本，则收购兼并这样一个企业会比投资创建一个类似的企业有利，投资者会采取购买行动。

从企业价值评估的角度对托宾的 Q 模型做调整，可得到如下公式：

企业市值=Q×资产重置成本

此时的 Q 就相当于一个可比价值倍数。通过选择样本，计算相似企业的 Q 值得到应用于被评估企业的 Q 指数，即可计算出被评估企业的价值。

将托宾的 Q 模型引入企业价值评估的经济意义在于，它揭示边际企业价值（marginal firm value，MFV），说明每增加一单位资源的投入所能带来的企业价值的增加。MFV 的计算公式为：

MFV=企业价值/资产重置成本

企业的边际价值受到很多因素的影响，根据产业经济学和企业战略理论的解释，企业业绩由产业效应、公司效应、年度效应三个因子组成。企业战略理论认为，一个企业的成功取决于企业所处产业的吸引力和企业在该产业中的地位。一个具有优越竞争地位的企业，可能会因为栖身于一个衰退的夕阳产业而获利甚微，即使改善地位也无济于事，因而其 Q 值会较低，每一单位资源的投入所能带来的企业价值增加也非常有限。公司效应表明，同样的资源投入会因不同的经营管理队伍带来不同的产出，从而形成不同的企业价值，Q 值越大，企业的价值增加就越多。年度效应是因年度经济状况对企业价值和权益造成随机影响而产生的，这也解释了为什么证券市场通常对 $Q>1$ 的企业给出有利信号，投资者对其做出积极反应。

将托宾的 Q 模型引入企业价值评估的另一个经济意义在于，它提供了衡量企业无形资产价值的参数。企业的无形资产价值被定义为企业总价值与企业有形资产价值之间的差额。Q 指数是企业总价值与有形资产的重置成本之比，Q 值越大，表明企业总价值与有形资产价值之间的差额越大，即无形资产价值越高；反之亦然。无形资产价值与 Q 指数之间的关系可用公式表示为：

$$\text{无形资产价值}=\text{有形资产重置成本}\times(Q-1)$$

复习思考题

一、简答题

1. 简述影响物流服务质量的相关因素。
2. 简述配送绩效评价的要素。
3. 简述运用净现值指标进行决策的优缺点。
4. 什么是投资项目的敏感性分析？
5. 简述平衡计分卡的内涵及特点。

二、单项选择题

1. 下列各项中（　　）不属于影响物流服务质量的人的因素。

A. 知识结构　　B. 技术熟练程度

C. 能力结构　　D. 领导方式与能力

2. 物流质量一般不包括（　　）。

A. 物流设备质量　　B. 物流工程质量

C. 物流工作质量　　D. 物流服务质量

3. 下列各项中属于物流功能质量的是（　　）。

A. 订单的正确性　　B. 货物的完好程度

C. 人员沟通质量　　D. 运输的及时性

4. 下列各项中不属于运用净现值指标进行决策的优点的是（　　）。

A. 考虑了资金的时间价值

B. 能揭示投资方案本身可能达到的实际报酬率

C. 能够反映各种投资方案取得报酬的大小

D. 考虑了项目相关的全部现金流量

5. 下列各项中不属于平衡计分卡财务绩效目标的是（ ）。

A. 生存 B. 客户获利 C. 成功 D. 价值增长

6. 下列各项中不是衡量平衡计分卡财务绩效的指标有（ ）。

A. 现金净流量 B. 速动比率

C. 市场占有率 D. 相对市场份额增加额

7. 托宾 Q 值等于公司的市场价值与（ ）之比。

A. 资产历史成本 B. 资产公允价值

C. 资产可变现净值 D. 资产重置成本

8. 下列指标中用于考察仓库利用情况的是（ ）。

A. 仓库容积利用率 B. 设施空间利用率

C. 库存周转率 D. 进货时间率

9. 下列指标中不能用于企业内部绩效评价的是（ ）。

A. 投资报酬率 B. 剩余收益

C. 经济增加值 D. 市场增加值

10. 下列各项中不属于计算市场增加值的关键变量的是（ ）。

A. 总资本 B. 账面的总资产

C. 债权价值 D. 股权价值

三、多项选择题

1. 下列各项中属于储存作业的评价指标的是（ ）。

A. 仓库面积利用率 B. 单位面积保管量

C. 平均每品项所占储位数 D. 库存周转率

2. 影响物流服务质量的主要因素有（ ）。

A. 人的因素 B. 体制的因素

C. 设备的因素 D. 环境的因素

3. 物流服务质量通常被分为（ ）。

A. 物流技术质量 B. 物流功能质量

C. 物流运输质量 D. 物流设备质量

4. 按投资的方向，可以把投资分为（ ）。

A. 直接投资 B. 对内投资

C. 间接投资 D. 对外投资

5. 下列各项中属于获利指数的优点的有（ ）。

A. 考虑了资金的时间价值

B. 有利于比较投资额不同的独立投资机会的获利能力

C. 揭示了投资的效率

D. 揭示了投资方案本身能达到的实际报酬率

6. 平衡计分卡是从（ ）方面进行绩效评价的。

A. 财务 B. 客户

C. 内部业务流程　　D. 学习与成长

7. 下列各项中属于平衡计分卡财务绩效评价指标的有（　　）。

A. 现金净流量　　B. 速动比率

C. 权益净利率　　D. 相对市场份额增加额

8. 经济增加值理论依赖的原则性假设有（　　）。

A. 企业只有所获得的资本回报等于资本成本时才是真正盈利的

B. 企业只有所获得的资本回报超过资本的机会成本时才是真正盈利的

C. 只有当企业的管理者为其股东所做投资决策的净现值为正值时才会创造财富

D. 只有当企业的管理者为其股东所做投资决策的利润为正值时才会创造财富

9. 企业最常用的价格比有（　　）。

A. 市盈率　　B. 市净率

C. 净资产收益率　　D. 价格与销售额比

10. 下列各项中属于经济增加值和剩余经营收益的区别的有（　　）。

A. 在计算经济增加值时，需要对会计数据进行一系列调整，包括税后经营利润和投资资本

B. 经济增加值需要根据资本市场的机会成本计算资本成本，以实现经济增加值与资本市场的衔接

C. 剩余收益是根据投资要求的报酬率来计算的，该投资报酬率可以根据管理的要求做出不同选择，带有一定主观性

D. 经济增加值是剩余经营收益的计算方法之一

四、判断题

1. 仓库面积利用率是物流企业在一定时间内仓库的平均库存量与库容总量的百分比。（　　）

2. 按投资与生产经营的关系，可把投资分为对内投资和对外投资。（　　）

3. 获利指数考虑了资金的时间价值，有利于比较投资额不同的独立投资机会的获利能力，并且揭示了投资方案本身能达到的实际报酬率。（　　）

4. 风险调整贴现率法容易理解，易于计算，但是，在折现过程中把风险因素和时间因素混为一谈，人为地假设风险随时间的延长而增长，与实际情况不一定相符。（　　）

5. 托宾 $Q>1$ 时，说明资产投资的未来现金流总现值小于其重置成本，投资者会对该资产的投资缺乏兴趣。（　　）

6. 稳定增长模型中所用的增长率必须是合理的，要与宏观经济的增长率相吻合。（　　）

7. 投资项目的敏感性分析是通过分析预测有关投资规模、建设期、经营期、产销量、市场价格和成本水平等要素一旦发生变化对评价指标的影响以及影响程度来确定敏感程度。（　　）

8. 内含报酬率和现值指数都是根据相对数来评价方案，但在评价方案时要

注意，比率高的方案，绝对数一定大。（ ）

9. 物流服务质量的好坏直接关系到物流企业的整体绩效，它是物流企业管理最为核心的问题之一。（ ）

10. 肯定当量法就是把不确定的各年现金流量，按照一定的系数（肯定当量系数或约当系数）折算为相当于确定的现金流量的数量，然后利用无风险贴现率来评价风险投资项目的决策分析方法。（ ）

五、业务计算题

1. 乙公司是一家航运物流公司，拟添置一条灵便型船舶以扩大运输能力。已知该投资的净现值是 143.27 万元，该船预计使用 8 年，根据下面的条件判断公司是应该自购还是租赁。

（1）如果自行购置该船，需要支付买价 1 700 万元，并支付运输费 60 万元、调试费 80 万元。

（2）如果以租赁方式取得，船东要求的租金为每年 350 万元，在每年年末支付，租赁期 8 年，租赁期内不得退租。船东负责租赁期内船舶的维护。租赁期满，船舶所有权不转让。

（3）税法规定该类船舶使用年限 8 年，采用直线法折旧，预计净残值率为零。

（4）假设税前银行借款（有担保）利息率为 12%。公司适用所得税税率为 25%。

要求：

（1）判断租赁合同的性质。

（2）计算分析乙公司应当选择自购还是租赁。

2. 甲物流公司下设一内河运输单船公司 A。A 公司运费单价为 100 元/千吨海里，每月发生固定成本 200 000 元，目前月运输能力为 50 000 千吨海里，息税前利润为 50 000 元。A 公司平均净经营资产共 600 000 元，经营负债为 200 000 元，所得税税率为 25%。

A 公司拟扩大月运输能力 20 000 千吨海里，增加 400 000 元投资，同时会增加 50 000 元固定成本。这将使单位运输成本降低 10 元，运费单价降至 95 元/千吨海里。A 公司税前资本成本为 10%。

要求：

（1）计算 A 公司扩充前后的部门投资报酬率和经济增加值。

（2）计算 A 公司扩充前后的盈亏临界点作业率。

（3）根据以上计算结果判断 A 公司是否应实施扩充计划。

第 8 章

Chapter 8 物流企业国际业务会计概述

国际贸易的发展离不开国际物流业务的支持，随着经济全球化的发展，大型物流公司的国际业务比重越来越大，并且出现了大批跨国物流公司。物流企业国际业务的明显特点是：直接在境外投资经营，外币结算量增大。因此，物流企业国际业务会计日益成为物流企业管理者关注的焦点。

本章学习目标：

1. 掌握物流企业国际管理会计的目标、对象及特点；
2. 理解物流企业跨国经营面临的特殊问题；
3. 理解物流企业跨国运营资本存量与流量优化问题；
4. 了解物流企业跨国公司外汇风险管理；
5. 了解物流企业跨国公司内部绩效评价指标体系。

第 1 节　物流企业国际管理会计概述

一、经济全球化与跨国物流公司的兴起

经济全球化是当代世界经济的重要特征之一，也是世界经济发展的重要趋势。越来越多的企业通过成功经营不断地扩大规模，并将企业的生产、销售等经营活动的着眼点放在全球。

全球化物流战略是指企业为了适应经营规模的扩大和国际化经营的需要，在全球范围内配置资源，通过采购、生产、营销的全球化实现资源的最佳利用，发挥最大的规模效益。从更宏观的角度来考虑企业的发展，促使美国联合包裹运输公司、美国联邦快递公司等跨国物流公司应运而生。

二、国际管理会计的总框架

目前对国际管理会计的范围主要界定为跨国公司管理会计。诚然，跨国公司

的管理会计应是国际管理会计研究的重点内容，但国际管理会计的内涵远远不止这些。国际管理会计结合了管理会计与国际会计的特征，不仅包含传统企业管理会计的基本原理和方法，还涉及各国管理会计的比较与规范。因此，国际管理会计的范围扩展至以下三个层面：一是跨国公司管理会计；二是国际管理会计比较；三是国际管理会计协调。

三、物流企业国际管理会计的目标与对象

根据国际管理会计所涉及的三个层面，国际管理会计的目标可分为近期目标、中期目标和远期目标三个层次。其中，近期目标主要是解决跨国物流公司面临的特殊管理会计问题，建立适合跨国经营需要的管理会计实务体系；中期目标主要侧重于国际管理会计比较，通过分析各国在政治、经济、文化、教育、法律、管理等方面的差异对管理会计的影响，探索和研究各国管理会计发展的共同规律，为协调各国管理会计实务奠定基础；远期目标则是在比较分析的基础上系统、科学地归纳和总结各国管理会计理论，推动国际管理会计协调发展，最终形成人们公认并加以执行的惯例标准。

国际管理会计的对象因涉及国际经营环境而具有特殊性：（1）不局限于单位内部。跨国物流公司经营活动不仅要研究内部条件，还要研究外部环境，如汇率的变化、外汇的管制程度、通货膨胀和利息率的高低、税负的轻重等。（2）不能局限于价值信息，甚至不能局限于经济信息。这是因为非价值方面的信息（如各国政治上的稳定性、各国管理会计教育水平的高低）均会对国际管理会计的应用产生影响。（3）国际管理会计的对象是跨国物流公司及国家间各种组织在国际环境下经营管理所需的各种信息资源。

四、物流企业国际管理会计的特点

与传统管理会计相比，国际管理会计具有以下特点：

（1）现代信息网络的重要性。如果没有计算机信息网络，跨国物流公司就无法超越地理环境的限制及时地收集、分析、存储以及传递经营管理信息。

（2）信息范围的广泛性。既涉及跨国物流公司管理会计理论与实务，包括各国管理会计的比较，还包括管理会计的协调等方面。

（3）信息传递的横向性。国际管理会计信息不仅在上下级之间纵向流转，而且需要在地区之间的横向流转，这对及时协调整个跨国物流公司的经营活动非常重要。

（4）信息表述的不确定性。国际管理会计信息需要进行货币折算和文字翻译，可能会引起信息表述的不确定性。

（5）信息系统结构的多样性。跨国物流公司组织结构、经营管理政策的多样性要求国际管理会计必须与之相适应，拥有能满足全球性和多中心经营决策需要的多样化信息系统结构。

第 2 节　物流企业跨国公司国际投资决策会计概述

一、物流企业跨国经营面临的特殊问题

（1）物流环境存在差异。国际物流的一个非常重要的特点是，各国物流环境尤其是物流软环境存在差异。不同国家的物流适用不同法律，使国际物流的复杂性远高于一国的物流，甚至会阻断国际物流；不同国家的经济和科技发展水平不同，会造成国际物流的科技支撑能力不同，有些地区无法应用某些技术会导致国际物流系统的水平下降；不同国家的不同标准也造成国家间接轨困难，使国际物流系统难以建立；不同国家的风俗人文也使国际物流受到很大局限。国际物流系统需要在法律、人文、习俗、语言、科技、设施不同的环境下运行，无疑会增大物流的难度和系统的复杂性。

（2）物流系统范围广。物流自身的功能要素、系统与外界的沟通已很复杂，国际物流在此基础上还要增加不同国家的要素，不仅涉及更广的地域和空间，而且涉及更多的内外因素，所需时间更长，这就直接导致物流的难度和复杂性增加，风险增大。当然，也正因如此，国际物流一旦应用现代化系统技术，绩效比以前更显著。例如，开通某个“大陆桥”之后，国际物流的速度会成倍提高，效益显著增加。

（3）国际物流必须有国际化信息系统的支持。国际化信息系统是国际物流尤其是国际联运非常重要的支持手段。建立国际化信息系统的难度在于管理困难，投资巨大，世界各地区物流信息水平不平衡，有的较高，有的较低。当前建立国际化物流信息系统的一种较好的办法是与各国海关的公共信息系统联机，以及时掌握有关各个港口、机场和联运线路、站场的实际状况，为供应或销售物流决策提供支持。物流业是最早发展电子数据交换的领域，这有助于物流的国际化。

（4）国际物流的标准化要求较高。要使国家间的物流顺畅，统一标准是非常重要的，可以说，没有统一的标准，国际物流水平难以提高。目前，美国、欧洲基本实现了物流工具、设施的标准统一，如托盘采用 1 000 毫米×1 200 毫米，集装箱的各种规格及条码技术等一致，从而大大降低了物流费用和转运的难度。而不向这一标准靠拢的国家，必然在转运、换车底等许多方面耗费更多时间和费用，不利于提高国际竞争力。在物流信息传递技术方面，欧洲各国不仅实现了企业内部的标准化，而且实现了企业之间及欧洲统一市场的标准化，这就使欧洲各国之间交流比其与亚洲、非洲国家交流更简单、更有效。

二、物流企业国际投资决策会计

由于不同物流企业在经营范围、地区政策、企业定位、交通运输、时效要求等方面不同，内部情况与外部环境差异很大，因此，企业要根据自己的具体情况

选择适合的物流模式，以达到经济效益与社会效益的最大化。随着企业进入不同发展阶段以及整体经济形势的变化，企业对自己的物流模式要进行调整，以适应自身和外界环境的变化。要以科学的物流理念为指导，根据企业的实际，参考企业的长远发展目标，循序渐进推动跨国物流企业的建设。

决策会计报告不同于常规的财务会计报告，它是一种“事前规划型”的未来货币化资产流量运动的描述。具体应从以下三个方面考虑。

（1）根据配比原则建立关系式“决策收益－决策成本＝决策损益”，编制决策会计的效益报告。决策收益是指企业在未来某一时期实施决策方案所增加的现值价值量，如企业预计上交的利税，员工预计增加的收入，下期净资产的增值等。决策成本是指实施决策方案所需消耗的资源或企业因此而遭受的损失，如机会成本损失、环境成本、自然资源成本、安全成本、人财物的投入等。

（2）根据谨慎性原则建立关系式“决策资产－决策负债＝决策净资产”，编制决策会计的资产负债表。决策资产是指企业为增加未来一定时期的盈利，增强自身竞争实力而投入的资源和预计获得的收益之和。决策负债是根据企业的现状和发展趋势所预计的未来实现的对社会、员工和其他投资者的贡献目标。决策净资产是指在决策方案实施之后企业所拥有的资产之和。通过这一决策报告，可以明晰地反映和描述企业在未来某一会计期间的决策效益。

（3）编写必要的文字报告来弥补报表的缺陷。决策时所处的地点、时间、环境等因素不同对决策目标的制定会产生不同的影响，在实施决策目标时，各种消极或积极因素的复杂性和不确定性，使得报表难以全面地描述，有必要用文字报告予以补充。决策报告的内容可以是全面的，也可以是关于某一方面的，但必须就决策方案的各方面分别编制独立的决策报告。

第 3 节　物流企业跨国运营资本会计概述

一、物流企业跨国营运资本存量的优化问题

从企业资本经营的角度看，资本存量是指已投入企业的各类资本的总和。它以资产形式存在，又称资产存量，通常可反映企业现有生产经营规模和技术水平。短期资产管理的主要目标是现金、应收账款与存货等流动资产投资最优化。一般认为，跨国物流公司营运资本管理策略应具有风险适中或者较为稳健的特征。

跨国物流公司现金管理的目标：以最少量的现金支持公司在全球范围内的生产经营活动，尽量避免通货膨胀和汇率变动带来的损失，从整体上提高现金调度、使用和储存的经济效益。现金平衡调度需考虑以下因素：不同金融市场上投资和融资利率的高低、不同货币之间的汇率变动情况、现金调度成本等。

要实现现金的合理布局，应注意以下方面：

（1）币种的选择，即应以何种货币（本币、外币、软货币/硬货币）持有

现金。

（2）货币市场工具的选择。

应收账款管理的目标：在采用赊销策略所增加的盈利和成本之间进行权衡，以便在充分发挥应收账款功能的基础上降低应收账款的成本。

跨国物流公司应选择有利的交易货币，确定合理的信用政策，同时公司内部关联交易双方在选择开票货币和确定支付条件时，必须充分考虑公司在全球范围内的税务规划、财力配置和资金移动，以实现公司全球利润最大化、税负和风险最小化为目标。

影响跨国存货管理的特殊因素有通货膨胀、币值变动等，进口存货的供应受多种不确定因素（政治动乱、天气、港口罢工、外汇管制、进出口条例）影响。跨国物流公司必须根据各子公司所在国货币贬值情况，分别确定库存量，并经常调整。

二、物流企业跨国营运资本流量的优化问题

跨国营运资本流量管理的目标：在跨国物流公司总部的统一协调下，使营运资本按照最合适的流量、流向和时机进行运转，最大限度地提高公司整体效益。

跨国物流公司内部资金流动的种类：股权投资造成的现金流动、公司内部借贷款形成的资金流动、公司内部无形贸易形成的资金流动、公司内部商品交易及货款结算形成的资金流动。

跨国物流公司内部资金流动的限制因素：东道国的外汇管理制度、东道国的税收制度、政治因素、成本因素。

第 4 节　物流企业跨国经营外汇风险管理概述

一、外汇的交易风险管理

交易风险指一个经济实体在其以外币计价的跨国交易中，由于签约日和履约日汇率变动导致的应收资产或应付债务的价值变动的风险，是汇率变动对将来现金流量的直接影响而引起外汇损失的可能性。例如，在国际市场活动中发生的以外币计价的、已经成立或达成合同的外币事项，像应收应付账款、外币借贷款项、远期外汇合约以及已经签订的贸易合同或订单等，因汇率变动造成的损失。

交易风险的产生源于两点：一是期间性，即外币事项自交易发生时点至结清时点相隔一定时间，对于交易双方来说，在此期间的汇率变动可能产生损益；二是兑换性，即外币事项在收付实现时，将外币兑换为本国货币（或另一种外币）或将本国货币兑换为外币过程中可能发生损益。

交易风险表现为：当外币汇率上升时，外币债权或资产以较高汇率结售而获益，外币债务或负债则以较高汇率购买外币而遭受损失；反之，当汇率下跌时，

外币债权或资产以较低汇率结售而遭受损失，外币债务或负债则以较低汇率购买外币而获益。对于跨国物流公司来讲，只要发生以外币计价的对外销售的交易日与实际结算的收汇日不一致，就会存在由于汇率变动而实际多收或少收外币的可能性。

交易风险通常包括以下几种基本情形：一是已结交易风险，即以信用为基础延期付款的已结外币应收应付账款，因交易发生至实际结算期间的汇率发生变动而引起的风险；二是以外币计价的借贷款项在到期时，由于汇率可能发生变动而带来的风险；三是待履行的远期外汇合同的一方，在合同到期时由于汇率变动而可能发生的风险。严格地说，交易风险和折算风险存在一定的重叠，因为公司资产负债表上的一些科目（如借贷款项和应收应付科目）已经包括折算风险的一部分。另外，与折算风险不同，交易风险会产生实际的外汇损益。随着跨国物流公司对外直接投资规模的扩大，投资进入国家的增多，计价货币出现多元化，伴随交易结算而进行的货币转换越发频繁，交易风险对跨国物流公司现金流量和经营成果的影响也更为深刻。

二、外汇的折算风险管理

跨国物流公司是由不同地域的母、子公司构成的经济实体，为了反映跨国物流公司整体的财务状况、经营成果和现金流量，母公司会在会计年末将子公司的财务报表与母公司进行合并。通常情况下，海外子公司的财务报表采用所在国当地货币作为记账本位币，所以当母公司以本币记账的会计报表合并时，就会出现交易日汇率与折算日汇率不一致的情况。从母公司的角度看，海外子公司按照国外当地货币计量的资产、负债的价值也将发生变化，这就是跨国物流公司所面临的折算风险。其中，承受本外币转换风险的资产与负债成为暴露资产和暴露负债，由于暴露资产与暴露负债的风险可以相互抵消，故企业总的折算风险取决于二者之间的差额。

折算损益的大小主要取决于两个因素：一是暴露在汇率变动风险之下的有关资产和负债项目的差额；二是汇率变动的方向，即外汇是升值还是贬值。如果暴露资产大于暴露负债，当外汇升值时将会产生折算利得，贬值时将会产生折算损失。反之亦然。

一般来说，折算风险实质上是一个会计问题，是一种未实现的损益，而由此产生的外汇换算损益并不会对用报告货币计量的现金流量产生直接影响。公司的价值取决于公司现在及未来真实的净现金流入，折算风险本不应影响公司的真实价值，但考虑到利益相关者（包括投资者、潜在投资者、客户和供应商等）以会计利润评价公司以及公司的股票，折算风险会对公司价值产生间接影响。

三、经济风险管理

经济风险是指意料之外的汇率变动对公司未来国际经营的盈利能力和现金流

量产生影响的一种潜在风险。汇率变动对公司未来产品价格、成本和数量等产生影响，导致企业的收益发生变化。既包括潜在的汇率变动对企业的现金流动所造成的现期和潜在的影响，也包括在这些变动发生的会计期间以外对整个企业获利能力的影响。

相对于折算风险与交易风险对跨国物流公司的经营成果和现金流量产生的短期、一次性的风险来说，经济风险可谓"实际发生的深度风险"，对跨国经营产生的影响最大。不仅要考虑汇率波动带来的一时得失，更重要的是要考察汇率变动对公司经营的长期动态效应。从长期来看，经济风险对跨国物流公司的竞争力产生直接影响，这些风险足以使跨国物流公司陷入某种困境。假设某公司面临较高的经济风险，它未来的净现金流量会因此变得非常不稳定，影响到公司的偿债能力，使公司的商业信用受损，客户和供应商也可能因此转向公司的竞争者，公司的供应和销售链体系遭到破坏，无法保证持续稳定的生产经营。

第 5 节　物流企业跨国经营内部绩效评价会计概述

一、绩效评价的专用财务报告

跨国经营绩效评价的主要目的是保证跨国企业具有充分的盈利能力，及时发现当前经营活动中存在的问题，使企业的有限资源在全球范围内得到合理的配置，同时更好地评价和激励经理人员。

利润表可以生成用于绩效评价的经济指标。

1. 已获利息倍数

已获利息倍数又称利息保障倍数，是衡量企业以获取的利润偿还借款利息能力的指标。计算公式为：

$$已获利息倍数=\frac{息税前利润总额}{利息支出}\times 100\%$$

按照规定，息税前利润总额实际上是息前利润总额。计算公式为：

$$息税前利润总额=利润总额+实际利息支出$$

该指标是从偿债资金来源的角度评价企业债务利息的偿还能力。如果已获利息倍数适当，表明企业偿付债务利息的风险小。因企业所处行业不同，已获利息倍数有不同的标准界限，国际公认的已获利息倍数为 3。该指标越高，表明企业债务偿还越有保证；相反，则表明企业偿债能力越弱；若小于 1，则表明企业无力赚取高于融资成本的利润。

2. 销售（营业）利润率

衡量企业获利水平、评价企业经济效益的主要指标。计算公式为：

$$销售(营业)利润率=\frac{净利润}{营业收入}\times 100\%$$

该指标越高，表明企业市场竞争力越强，发展潜力越大，获利水平也越高。

3．成本费用利润率

衡量企业收益能力和获利成本的一项重要指标。计算公式为：

$$\text{成本费用利润率}=\frac{\text{企业净利润}}{\text{营业成本}+\text{销售费用}+\text{管理费用}+\text{财务费用}}\times 100\%$$

该指标越高，表明企业为取得收益所付出的代价越小，企业成本费用控制机制越好，企业的获利能力越强。

二、绩效评价的多指标体系

1．跨国经营绩效评价的财务指标

具体包括：经营利润率、投资收益率、产权收益率、资产收益率、销售利润率、每股平均增益和剩余收益。

2．跨国经营绩效评价的非财务指标

具体包括：市场占有率的提高、服务质量控制、与其他公司的协作、同各国政府的关系、环境适应性、人才开发、劳动力流动状况、研发、生产率的提高、雇员安全。

3．平衡计分卡

这是一种较新的评价体系，涉及公司经营成败的财务、客户、内部业务流程、学习与成长四个方面的指标。平衡计分卡将上述四个方面联系起来评价，揭示绩效和绩效动因之间的内在联系，是一个综合绩效评价系统。该指标体系较为简洁，有利于公司降低信息成本、提高管理效率，有利于公司内部的协调与平衡。

三、汇率变动对绩效评价的影响

随着经济全球化的影响加强，物流行业逐渐成为一个充分竞争的行业，而传统物流业务进入门槛较低，差异化服务较少，因此许多企业将代垫运费、仓储费、港口费和其他费用作为竞争的主要手段。代垫资金以前主要增加了企业的资金成本和应收账款的回收风险，现在随着人民币升值，企业大量的外币净资产带来了较大的汇率风险。

从理论上讲，如果外币资产总额与外币负债总额相等，则汇率波动对资产的影响很小或几乎没有，因此要减小人民币升值对账面资产的影响，很显然就是要减少企业的外币净资产，具体来讲包括两个方面的工作：

1．精确测算企业最低的外币保有量

为了防范支付风险，企业一般会保留一部分外币存款用于周转。有的企业根据经验或习惯做法确定外币保有量；有的企业根据平均的收款期、付款期和业务规模简单计算来确定外币保有量。外币存款余额一般都大于必需的外币流动资金需求，这不仅影响资金使用效率，而且增大了企业汇率风险。

在人民币升值的预期下，企业可以借助计算机系统完整地统计过去一年甚至两三年每日的外币收款数、外币付款数和外币存款余额等，并在此基础上精确地计算出最低限度的外币保有量和一般情况下的外币保有量（比如能满足80%情况下的支付需求），对于超出部分应及时结汇或作其他安排。

2. 尽量争取应收与应付的平衡，减少代垫资金总量

在与客户或供应商约定付款期限时，不仅要充分考虑企业的资金垫付能力、资金成本，还要充分考虑汇率风险，尽量减少外币应收账款周转天数、增加外币应付账款周转天数，以减少外币代垫资金总量。协议确定以后，要做好应收账款的催收工作，确保客户按期或提前支付，同时控制好付款节奏，从而使企业的外币净资产保持在较低的水平。

需注意的是，如果加快应收账款周转速度收回的美元没有及时结汇，则外币资产只是由外币债权变为外币存款，外币资产总额并未改变，因此汇率风险也没有随之降低。同理，暂时性的延迟支付只是体现为外币存款的增加，不能改变外币净资产的余额，因而也不能降低汇率风险。因此，在加快应收账款周转速度、增加应付账款周转天数的情况下，要结合上述对外币保有量的精确测算，及时将超过保有量部分的美元结汇，这样才能最终规避汇率风险。

复习思考题

一、简答题

1. 简述物流企业国际管理会计的目标与对象。
2. 简述物流企业国际管理会计的特点。
3. 简述物流企业跨国经营面临的特殊问题。
4. 跨国物流公司的现金管理目标是什么?
5. 简述物流企业跨国经营面临的交易风险的基本情形。
6. 物流企业跨国经营如何规避汇率变动风险?

二、单项选择题

1. 物流企业国际管理会计的（　　）主要是解决跨国物流公司面临的特殊管理会计问题，建立适合跨国经营需要的管理会计实务体系。

A. 近期目标　　B. 中期目标　　C. 远期目标　　D. 即期目标

2. 下列各项成本中不属于决策成本的是（　　）。

A. 机会成本　　B. 环境成本　　C. 沉没成本　　D. 安全成本

3. （　　）是指在决策方案实施之后企业所拥有的资产之和。

A. 决策资产　　B. 决策负债　　C. 决策净资产　　D. 决策损益

4. 外币事项自交易发生时点至结清时点相隔一定时间，在此期间产生的外汇交易风险属于（　　）性风险。

A. 兑换　　B. 期间　　C. 持有　　D. 变动

5.（　）风险是指意料之外的汇率变动对公司未来国际经营的盈利能力和现金流量产生影响的一种潜在风险。

A. 交易　B. 折算　C. 兑换　D. 经济

三、多项选择题

1. 国际管理会计的目标可分为（　）等层次。

A. 近期目标　B. 中期目标　C. 远期目标　D. 即期目标

2. 与传统管理会计相比，国际管理会计具有（　）等特点。

A. 现代信息网络的重要性　B. 信息范围的广泛性

C. 信息传递的横向性　D. 信息表述的不确定性

E. 信息系统结构的多样性

3. 物流企业跨国经营面临的特殊问题主要包括（　）。

A. 物流环境存在差异

B. 物流系统范围广

C. 国际物流必须有国际化信息系统的支持

D. 国际物流的标准化要求较高

4. 决策会计报告不同于常规的财务会计报告，它是一种“事前规划型”的未来货币化资产流量运动的描述，具体应从（　）等方面考虑。

A. 根据配比原则编制决策会计的效益报告

B. 根据谨慎性原则编制决策会计的资产负债表

C. 编写必要的文字报告来弥补报表的缺陷

D. 根据可靠性原则编制决策会计的效益报告

5. 交易风险的基本情形通常包括（　）。

A. 已结交易风险

B. 以外币计价的借贷款项到期时，由于汇率可能发生变化而带来的风险

C. 待履行的远期外汇合同的一方，在合同到期时由于汇率的变化而可能发生的风险

D. 折算风险

四、判断题

1. 国际管理会计的对象因涉及国际经营环境而具有特殊性，因此不局限于单位内部，还要研究外部环境。（　）

2. 从企业资本经营的角度看，资本流量是指已投入企业的各类资本的总和，它以资产形式存在，又叫资产存量。（　）

3. 一般来说，折算风险实质上是一个会计问题，是一种已实现的损益，而由此产生的外汇换算损益会对用报告货币计量的现金流量产生直接影响。（　）

4. 从理论上讲，如果外币资产总额与外币负债总额相等，则汇率波动对资产的影响很小或几乎没有，因此要减小人民币升值对账面资产的影响，很显然就是要增加企业的外币净资产。（　）

5. 已获利息倍数指标值越高，表明企业债务偿还越有保证；相反，则表明企业偿债能力越弱。（　）

五、案例分析

怡和货运（香港）有限公司是香港怡和集团的全资附属公司，主要从事国际货运代理业务。20 世纪 90 年代中期，香港怡和集团对怡和货运（香港）有限公司进行重组转型，将其与物流有关的业务合并成立香港怡和物流集团。转型后的怡和物流集团的业务范围包括：海运、空运、特殊货运、仓储及配送，从事特殊货运物流、出口/制造物流、进口/销售物流、电子贸易物流四种主要业务。重组转型后，营业额从 1991 年怡和货运（香港）有限公司的 5 200 万美元增长到 1999 年怡和物流集团的 2 亿美元。1999 年，在货运专业杂志《亚洲货运双周刊》（*Cargonews Asia*）举办的“亚洲货运业大奖”评选中，怡和物流集团被评为十大空运货代、十大海运货代和十大物流服务公司之一，并在多式联运分类评比中排名第二。怡和物流集团内部的管理机构分为整合运输、特殊货运、仓储及配送、财务、人力资源、资讯科技、风险管理等七个部门；在亚洲拥有 53 个办事处，分布在中国内地和香港、台湾地区，以及新加坡、马来西亚、泰国、印度尼西亚、菲律宾和越南；在英国、美国及南非设有合资公司；在德国、法国、瑞士、荷兰和比利时与当地的知名物流企业组成联盟伙伴。在中国内地登记注册了一家名为怡达的合资公司，拥有货运代理营业执照，此外在北京、大连、天津、青岛、上海、深圳、盐田、东莞及台北、台中、高雄等成立了 12 个办事处。仓库面积达 80 多万平方英尺。

怡和货运（香港）有限公司重组转型的成功得益于公司在开展物流服务方面具备以下条件：

（1）有充足的运力提供全程运输、仓储及配送。例如，多式联运、转运、运输途中的一条龙服务、买家指定集运、卖家物流中心、配送中心、地区配送中心、门到门送递、户到户送货、退货处理、逆向物流等。

（2）提供增值服务，即一站式服务。包括报关清关、质量监控、保险、组装、特殊组合包装、再包装、再循环（如回收空瓶并循环再利用）。

（3）应用先进的信息技术。集团管理实行核心活动流程电子化（货运代理、仓储管理及配送系统）；实现电子资料交换，以电子文件替代纸质文件；实施货物追踪系统，实现网上订舱，根据提单、订货单进行货物追踪；以电子邮件形式自动报告货物抵港情况；按客户要求剪裁各种报告；在互联网上公布其费率表；开展电子商贸活动。

（4）拥有连接全球的区域性网络。集团的分公司、合资公司建立战略联盟，公司网络覆盖全球 70 多个国家和地区。

（5）提供高水平的优质服务。集团根据客户需求提出解决问题的全套方案，与客户共同分析发展速度和发展方向，收费合理。

进一步开发亚洲供应链管理市场的巨大潜力，成为亚洲地区最成功的供应链管理专家，是怡和物流集团的远景目标。

要求：

（1）结合怡和货运（香港）有限公司的转型经验，探讨我国货运代理企业从单一功能性物流企业向国际综合性物流企业转型的对策。

（2）如何开展国际第三方物流？

第9章 Chapter 9 物流金融会计

目前，国内物流企业面临物流从业门槛较低、市场竞争非常激烈的局面。在此情形下，物流企业要想谋求发展、取得成就，必须创新业务模式，找到新的利润增长点。对于传统物流业务来说，其在国内已进入了低利润时期，而且随着国内劳动力成本的持续走高，毛利率会更低。物流企业开展物流金融业务将大有作为，因为在我国目前和未来几十年里，中小企业都将保持较大数量，而物流金融业务就是针对这些中小企业所面临的融资难问题开展的新型业务，所以发展物流金融业务会有可观的利润空间，能为物流企业赢得新的市场份额。物流企业在制定未来的战略时，应该优先考虑发展物流金融服务，因为如果物流金融服务发展得好，那么物流企业在未来的物流市场将占据主导地位，成为物流行业的佼佼者。

本章学习目标：

1. 了解物流金融的基本概念；
2. 理解物流金融的基本运作模式；
3. 了解物流金融对会计的影响。

第1节 物流金融概述

快速发展的现代物流业对物流企业的运作提出了更高的要求，物流管理已从物的处理提升到物的附加值方案的管理。可以为客户提供融资的物流供应商在客户心中的地位会大幅提高，物流金融将有助于形成物流企业的竞争优势。物流企业开展物流金融服务，无论是对客户、金融机构、客户的客户，还是对物流企业本身，都是一个共赢的选择。

一、物流金融简介

随着经济区域化、国际化、全球一体化发展趋势的形成，贸易成为世界各国和各地区在经济上相互依赖、相互联系最基本的表现形式，而贸易要最终完成必须依赖于物流。利用金融对资源的宏观调控功能和服务特性服务于物流业，提高物流企业的运营效率已成为当务之急。因此，物流金融逐步成为当代经济发展的必然趋势和重要特征。

物流金融是指在面向物流业的运营过程中，通过运用和开发各种金融产品，有效地组织和调剂物流领域中货币资金的运动。这些资金运动包括发生在物流过程中的各种存款、贷款、投资、信托、租赁、抵押、贴现、保险、有价证券发行与交易，以及金融机构所办理的各类涉及物流业的中间业务等。

物流金融是为物流业提供资金融通、结算、保险等服务的金融业务，如图 9—1 所示，它伴随着物流业的发展而产生。物流企业与金融机构联合起来为资金需求方企业提供融资，物流金融业务的开展对各方都有非常迫切的现实需要。物流和金融的紧密融合能有力支持社会商品的流通，促进流通体制改革顺利进行。物流金融正成为国内银行一项重要的金融业务，并逐步显现其作用。

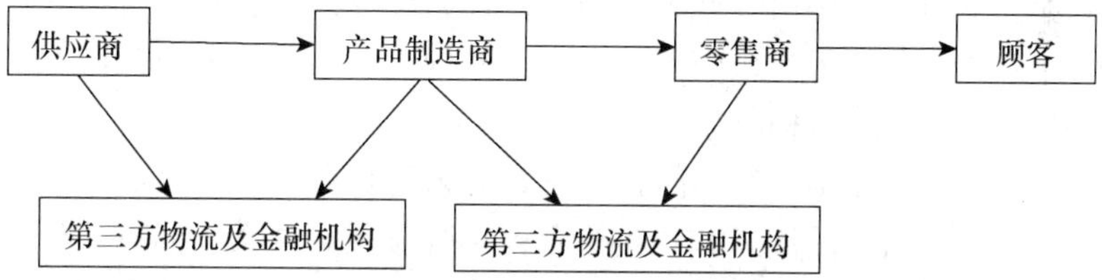

图 9—1　物流金融服务体系

物流金融是物流与金融相结合的复合业务概念，它不仅能提升第三方物流企业的业务能力及效益，还可以为企业融资并提升资本运用的效率。对于金融业务来说，物流金融的功能是帮助金融机构扩大贷款规模，降低信贷风险，协助金融机构处置部分不良资产，有效管理客户关系，提升质押物评估、企业理财等顾问服务项目。从企业行为研究出发，可以看到物流金融的发展起源于“以物融资”业务活动。物流金融服务伴随着现代第三方物流企业应运而生。现代第三方物流企业的业务更加复杂，除了提供现代物流服务外，还要与金融机构合作提供部分金融服务。于是，物流金融在实践中已经迈开了步子，将物流金融学术理论远远地甩在了后边。

二、物流金融的相关内容

1. 物流金融的主体

物流金融涉及四个主体，即买方、卖方、第三方物流企业和金融机构。买方是指商品市场中对某类商品有需求，并愿意通过一定的货币获得商品所有权的政府、企事业单位或自然人，通常表现为资金的供给者、商品的需求者。

卖方是指商品市场中商品所有权的拥有者，愿意通过合理的价格将商品所有权转让给买方。同样，卖方既可能是政府、企业，也可能是普通自然人。卖方通常表现为商品的供给者、资金的需求者。

第三方物流企业是相对“第一方”发货人和“第二方”收货人而言的。第三方物流企业是指与货物有关的发货人和收货人之外的专业物流企业（即第三方）承担企业物流活动的一种物流形态。第三方物流企业既不属于第一方，也不属于第二方，而是通过与第一方或第二方的合作来提供专业化的物流服务；它不拥有商品，不参与商品的买卖，而是为客户提供以合同为约束、以结盟为基础、系列化、个性化、信息化的物流代理服务。最常见的第三方物流企业的服务包括设计物流系统、电子数据交换、报表管理、货物集运、选择承运人和货代人、海关代理、信息管理、仓储、咨询、运费支持、运费谈判等。由于它的服务方式一般是与企业签订一定期限的物流服务合同，所以有人称第三方物流为“合同契约物流”（contract logistics）。

金融机构是指专门从事货币信用活动的中介组织。我国的金融机构按地位和功能可分为四大类：第一类，中央银行，即中国人民银行；第二类，银行，包括政策性银行、商业银行；第三类，非银行金融机构，主要包括信托投资公司、国有及股份制保险公司、城市信用合作社、证券公司、财务公司等；第四类，在境内开办的外资、侨资、中外合资金融机构。以上各种金融机构互相补充，构成了一个完整的金融机构体系。

第三方物流企业与金融机构联合起来为资金需求方提供融资，促进交易的实现，对于提高商品流通和物流管理效率有着现实意义。同时，第三方物流企业借助金融机构给客户提供的担保服务可成为一个物流增值服务项目。

2. 物流金融的内容

物流金融是物流企业在提供物流服务过程中，由物流企业为物流需求方提供的与物流相关的资金支付、结算、保险、资金信贷等衍生的金融服务，其功能是实现物流与资金流动的一体化。物流金融正成为物流企业进行高端竞争的服务创新，并带动银行共同参与的新型金融业务。

国外物流金融的推动者大多是金融机构，而国内主要是第三方物流企业。物流金融服务是伴随着现代第三方物流企业而生。国内学者关于物流金融相关领域的研究逐渐由物资银行、融通仓等方面拓展到供应链、物流发展。

3. 物流金融运作模式和物流金融业务

（1）运作模式。物流金融运作模式主要有质押、担保、垫资等，在实际运作过程中可能是多种模式的混合。例如，在取货时，物流企业先将一部分钱付给供应商，一部分仓单质押，货到收款后结清。这样既可消除厂商资金积压的困扰，又可让买家和卖家两头放心，资金可由银行提供，如果物流企业自有资金充足的话，也可由物流企业全部垫资。

（2）物流金融业务。在实际操作中，降低风险是最重要的。那么，掌控着企业物流的机构应当成为最直接、最有效力的发言者。企业可通过分立、合并、兼并、重组、托管、联营等方式进行产权、经营权的交易。在商品的流通渠道不变的情况下，企业需要将沉淀的资金盘活，但银行考虑的是如何控制风险，因此需要了解抵押物的规格、型号、质量、原价和净值，销售区域、承销商等，还要查看权利凭证原件，辨别真伪。另外，资金流的运作过程非常烦琐，不管是供应商还是消费者，为规避风险，大多通过银行借助信用进行交易。除手续烦琐外，还会产生不必要的成本，资金积压产生利息成本，设立收款中心产生运营成本，中小厂商还要背负沉重的资金周转负担。这些促使物流企业介入金融过程，给客户提供金融担保服务。

在整个运作过程中，物流企业承担的风险相对最小，因为有货物质押。对物流企业而言，其盈利点就在于，将客户与自己的利益连在一起，做到“你中有我，我中有你”，而客户群的基础也会越来越稳固。

目前，为物流商提供的金融服务形式多种多样，如以托运人的应收账款冲抵物流费用；货物在途就可向托运人支付货款，以使托运人资金周转加快，并提前向供应商支付费用，让供应链迅速运转；将一个长期合同的费用化整为零，多次支付，客户可以多次获得收入，相当于为客户提供贷款服务等。一些物流商为了从头到尾控制供应链，保证特殊产品的运输质量并长期稳住客户，开始关注金融市场，但物流商也担心此类服务的风险，因为有此项服务需求的客户很可能金融信誉度极低，在银行无法成功融资。

三、物流金融的相关风险

发展物流金融业务虽然能给物流金融提供商、供应链节点企业和金融机构带来共赢，但物流金融提供商要面对各种风险。有效地分析和控制这些风险是物流金融能否成功的关键之一。物流金融提供商面对的主要风险可以归纳如下。

（1）内部管理风险。这也是企业中普遍存在的风险之一，包括组织机构陈旧松散，管理体制和监督机制不健全，工作人员素质不高，管理层决策发生错误等。在中国，企业内部管理风险往往较大。

（2）运营风险。物流企业都会面临运营方面的风险。但从事金融业务的物流公司，由于要深入到客户产销供应链中提供多元化的服务，相对扩大了运营范围，也就增大了风险。从仓储、运输到与金融机构的往来，以及和客户供销商的接触，经营风险无处不在。中国的物流业还处在粗放型发展阶段，因此运营风险不容忽视。

（3）技术风险。指物流金融提供商因缺乏足够的技术支持而引起的风险。例如，价值评估系统不完善或评估技术不高、网络信息技术落后造成信息不完整、业务不畅等。

（4）市场风险。主要针对库存质物的保值能力而言，包括质物市场价格的波动、金融汇率造成的变现能力改变等。

（5）安全风险。质物在库期间，物流金融提供商必须对其发生的各种损失负责，因此要考虑仓库的安全、员工的诚信以及提单的可信度，还要考虑保存质物的设施能否有效防止损坏、变质等。

（6）环境风险。指政策制度和经济环境的改变，包括相关政策的适用性、新政策的出台、国内外经济的稳定性等。一般情况下，中国的政治和经济环境给物流金融带来的风险不大，但国际环境的变化会通过贸易、汇率等方面产生影响。

(7) 法律风险。主要源于合同的条款规定和对质物的所有权问题。由于业务涉及多方主体，质物的所有权在各主体间流动，很可能产生所有权纠纷。此外，《中华人民共和国担保法》和《中华人民共和国合同法》中与物流金融相关的条款并不完善，又没有其他指导性文件，因此业务合同出现法律问题的概率也不低。

(8) 信用风险。涉及货物的合法性、客户的诚信度等，同时与财务风险、运营风险、安全风险和法律风险等联系密切。在具体开展物流金融业务时，应该结合上述主要风险问题进行相应的风险管理。

第 2 节　物流金融业务的运作流程

物流金融将上下游企业和银行紧密联系在一起，银行能够在一定程度上规避风险，企业也能够做到信息流、物流、资金流的整合，加速物流和资金流的高速运转。

一、垫付货款业务

垫付货款业务模式是指在货物运输过程中，发货方将货权转移给银行，银行根据市场情况按一定比例提供融资，当提货方向银行支付货款后，银行向第三方物流供应商发出放款指示，将货权还给提货方。具体模式如图 9—2 所示。

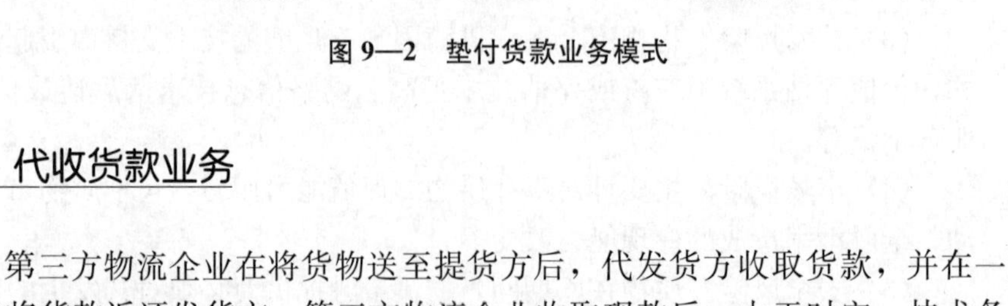

图 9—2　垫付货款业务模式

二、代收货款业务

第三方物流企业在将货物送至提货方后，代发货方收取货款，并在一定时间内将货款返还发货方。第三方物流企业收取现款后，由于时空、技术条件等的限制，一般需要滞后一段时间向发货方返款，随着收款付款业务的不断开展，在一定时间后就会积淀相当规模的资金，不仅方便了客户，而且大大改善了企业的现金流。代收货款业务在邮政物流系统和中小型第三方物流供应商中广泛开展。

三、仓单质押业务

在仓单质押业务模式中，融通仓不仅为金融机构提供可信赖的质物监管，还帮助质押贷款主体双方较好地解决质物价值评估、拍卖等难题。在实际操作中，货主（借款人）一次或多次向银行还贷，银行根据货主还贷情况向货主提供提货单，融通仓根据银行的发货指令向货主交货，具体模式如图 9—3 所示。

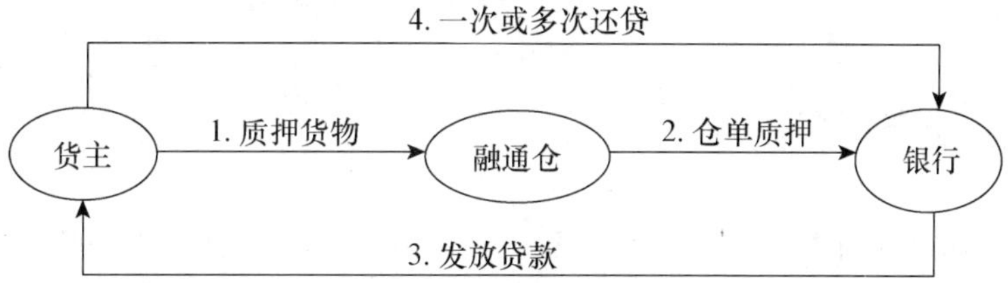

图 9—3　仓单质押业务模式

由于仓单质押业务涉及仓储企业、货主和银行三方的利益，因此要有一套严谨、完善的操作程序。

首先，货主与银行签订银企合作协议、账户监管协议；仓储企业、货主和银行签订仓单；货主当场对专用仓单作质押背书，由仓储企业签章后，货主交付银行提出仓单质押贷款申请。

银行审核后，签署贷款合同和仓单质押合同，按照仓单价值的一定比例放款至货主在银行开立的监管账户。

贷款期内实现正常销售时，贷款全额划入监管账户，银行按约定根据到账金额开具分提单给货主，仓库按约定要求核实后发货；贷款到期归还后，余款可由货主自行支配。

四、保兑仓业务

保兑仓是指以银行信用为载体，以银行承兑汇票为结算工具，由银行控制货权，卖方（或仓储方）受托保管货物，由卖方对承兑汇票保证金以外金额部分以货物回购作为担保，由银行向生产商（卖方）及其经销商（买方）提供的以银行承兑汇票结算的一种金融服务。

制造商、经销商、第三方物流供应商、银行四方签署保兑仓业务合作协议书，经销商根据与制造商签订的购销合同向银行缴纳一定比例的保证金（该款项应不少于经销商计划向制造商提货的价款），申请开立银行承兑汇票，专项用于向制造商支付货款，由第三方物流供应商提供承兑担保，经销商以货物对第三方物流供应商进行反担保。银行给制造商开具承兑汇票后，制造商向保兑仓交货，此时转为仓单质押，具体模式如图 9—4 所示。

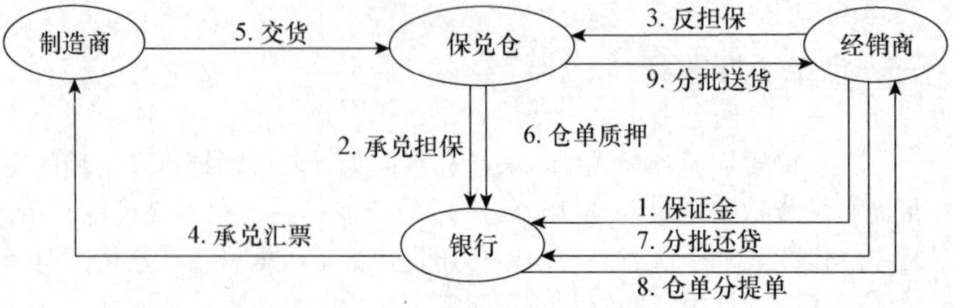

图 9—4　保兑仓业务模式

五、动产质押业务

动产质押是指债务人或者第三人将其动产移交债权人占用，由监督方负责监管，将该动产作为债权的担保。债务人不履行债务时，债权人有权依照契约或合同规定以该动产折价或者以拍卖、变卖该动产的价款优先受偿。债务人或者第三人为出质人，债权人为质权人，移交的动产为质物，出质人以银行认可的动产作为质押担保，银行给予融资。出质人还款后，质权人指示监督方放贷，监督方根据质权人指示发货给出质人，如图 9—5 所示。

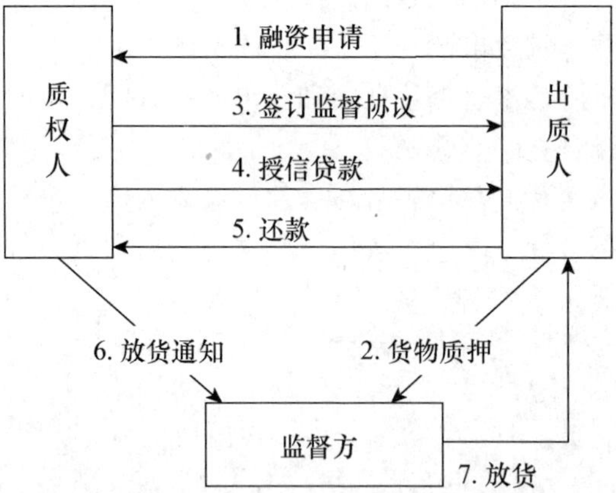

图 9—5　动产质押业务模式

六、开证监管业务

开证监管是指银行为进口商开具信用证，进口商利用信用证向国外的生产商或出口商购买货物，进口商向银行缴纳一定比例的保证金，其余部分则以进口货物的货权提供质押担保，货物的承运、监管以及保管作业由物流企业完成。

七、物流保理业务

物流保理业务模式是保理市场迅速发展的产物，客户在其产品置于第三方物流企业监管之下的同时，就能凭提单获得物流企业预付的货款，货物运输和保理业务的办理同时进行。该业务是物流企业联合金融机构为其他中小企业提供的融资服务。从保理业务的内容来说，物流保理业务与银行保理业务无本质不同，但其经营主体由银行变为第三方物流企业，使物流和金融流的联系更为紧密。

与金融机构相比，第三方物流企业在供应链管理中对买卖双方的经营状况和资信程度都有相当深入的了解，在进行信用评估时不仅手续更为简捷方便，风险也能够得到有效控制。金融机构保理业务的主要风险来自买卖双方的合谋性欺诈，一旦金融机构在信用评估时出现失误，很可能财货两空，而在物流保理业务中，由于货物尚在物流企业控制之下，可以降低这一风险。

即使第三方物流企业因无法追讨货款而将货物滞留，由于对该货物市场有相当多的了解，与该行业内部的供应商和销售商有广泛的联系，在货物变现时有诸多的便利，可使货物得到最大限度的保值。

八、直接融资业务

在第三方物流企业的业务流程中，当它为发货人承运一批货物时，首先代提货人预付一半货款，当提货人取货时则向它交付全部货款。第三方物流企业将另一半货款交付给发货人之前，产生了资金运动的时间差，即这部分资金在交付前有一个沉淀期。在资金沉淀期内，第三方物流企业相当于获得了一笔不用付息的资金。第三方物流企业用该资金从事贷款，而贷款对象仍为它的客户或者限于与物流业务相关的客户。这笔资金不仅加快了客户的流动资金周转，有助于改善客户的财务状况，而且为客户节约了存货持有成本。

第 3 节　物流金融对会计的影响

一、信息不对称问题的优化

根据委托—代理理论，逆向选择是指在建立委托人—代理人关系之前，代理人已经掌握某些委托人不了解的信息，而这些信息有可能是对委托人不利的。代理人利用这些有可能对委托人不利的信息签订对自己有利的合同，委托人则由于信息劣势而处于不利的位置。道德风险是指经济代理人在使其自身效用最大化的同时损害委托人或其他代理人的行为。

一般情况下，信贷市场上授信、受信主体所掌握的信息资源是不同的，受信主体对自己的经营状况及信贷的配置风险等真实情况有比较清楚的认识，授信主体则较难获得这方面的真实信息，他们之间的信息是不对称的。在信用合约签订之前，非对称信息将导致信贷市场上的逆向选择；而在信贷合约签订之后，产生信息优势方（受信主体）的道德风险行为。在以银行为委托人、中小企业受信人为代理人的信贷市场上，信息不对称的问题非常严重，因此逆向选择与道德风险的出现概率也明显高于银行对大型客户的信贷市场。

将物流企业引入信贷结构，两方模式变为三方模式，委托—代理关系变为双层次的。银行和物流企业之间，前者为委托人，后者为代理人；物流企业与受信企业之间，前者为委托人，后者为代理人。由于物流企业实施监管的职能，其对受信企业的物流状况以及日常的生产经营活动十分了解。对于物流外包的受信企业而言，物流企业对其购销活动更是深入参与。这在很大程度上改善了银行与受信企业的信息不对称，有助于信贷交易的达成。

在对中小企业开展的存货质押融资中，银行需要扮演贷款人和贷后监督人的双重角色，如果将银行的监督职能外包给在现场监督的物流企业，并将银行的职能重点放在信贷决策和收回贷款方面，则从银行、物流企业和中小企业的三者关系中，可以取得博弈意义上的单阶段最优解。①

二、交易成本节约

根据新制度经济学中的相关理论，交易是指人与人之间的交互行动，交易成本则是这种交互行动所引起的成本。金融交易成本包括信息费用、实施合约所需的监督成本、界定和保护产权的成本以及源于交易安全性和市场不确定性的保险成本。②

交易成本的产生可部分归因于人们的无知或缺乏信息，在人们的最大化行为下，存在偷窃、欺诈、撒谎、偷懒或违背诺言。在这种情况下，交易成本会很高，如果交易成本过高，则会引起经济发展的停滞甚至崩溃。信息成本一般指交易双方为达成交易在选择潜在合作者、调查其资信和评估其履约可能性的过程中所花的信息收集、选择、整理和传递的成本。毫无疑问，物流企业在提供物流服务的过程中，可以很方便地掌握一个供应链上的生产者、销售者的详细信息，使信息不对称问题得到极大的改善，并节约相关成本。

中小企业融资难的根源之一就在于信贷交易的成本往往高于以利差为主的交易收益，其中最主要的成本包括信息成本和监督成本。显然，物流企业的引入，得益于其专业化的技能、实地监督的便利以及对物流的占有性控制，可以有效地降低这两项成本，使中小企业融资的收益—成本比明显改善。

三、物流金融对会计的具体影响

会计学可以分为对内管理会计和对外财务报表会计。物流金融对财务会计的影响在于科目的设置、计量等基本问题上，而对内部会计即管理会计的影响更为深刻。

---

① 李娟，徐渝，马耕中. 基于存货质押融资的联盟式银行职能外包最优决策研究 [J]. 运筹与管理，2007 (01).

② 储雪俭. 初探物流金融的经济学原理 [J]. 物流技术，2006 (05).

管理会计是向管理者提供企业内部计划、评价、控制以及确保企业资源的合理使用和经营责任的履行所需财务信息，确认、计量、归集、分析、编报、解释和传递的过程。物流金融作为一种新型产品，对管理会计的影响要从其功能和风险方面考虑。

不管是物流企业还是金融企业，抑或是第三方，它们在编制预算时都需要权衡收益与风险，从而找到均衡点。物流金融减少了信息不对称，降低了交易成本，从而为制定计划、做出决策带来了优势，但是物流金融本身就有很大的风险，这些风险有些能通过监管、控制消除，但有些难以消除，为决策的制定带来困难。同时，物流金融涉及的链接多、程序复杂，增大了绩效评价的难度，但是一旦建立了良好的绩效评价系统，将对提升公司的业绩有很大帮助。

复习思考题

一、简答题

1. 简述物流金融的基本概念。
2. 简述物流金融的运作模式。
3. 简述物流金融的相关风险。
4. 简述物流金融对会计的影响。

二、单项选择题

1. 我国物流金融最初起源于（　　）。

A. 银行金融业务的创新实践　　B. 物流企业的创新实践
C. 中小企业的创新实践　　D. 存货质押贷款的发展

2. 制约中小企业发展的主要瓶颈是（　　）。

A. 信用等级评级普遍较低　　B. 可抵押资产少
C. 财务制度不健全　　D. 融资难

3. 由于组织机构陈旧松散，管理体制和监督机制不健全，工作人员素质不高，管理层决策发生错误所形成的风险属于物流金融供应商的（　　）。

A. 运营风险　　B. 技术风险
C. 内部管理风险　　D. 安全风险

4. 管理会计与物流金融的关系是（　　）。

A. 相互制约　　B. 相互促进
C. 两个不相关的领域　　D. 无关

5. 在动产质押业务中，质权人指的是（　　）。

A. 债权人　　B. 债务人　　C. 银行　　D. 第三方

三、多项选择题

1. 物流金融可为物流企业提供金融延伸服务以实现物流过程的（　　）功能。

A. 资金支付　　B. 结算　　C. 信贷　　D. 保险

2. 仓单质押业务涉及（　　）的利益。

A. 仓储企业　B. 监督方　C. 货主　D. 银行

3. 物流行业的融资特征包括（　）。

A. 流动资金需求旺盛　B. 不同规模物流企业的融资差异性大

C. 政策落实不到位　D. 商业银行借款积极性高

4. 物流金融的参与主体包括（　）。

A. 物流企业　B. 银行

C. 中小企业　D. 准金融机构

5. 物流金融的经济学意义在于（　）。

A. 解决信息不对称　B. 减少交易成本

C. 增加监管机制　D. 便于融资

6. 保兑仓业务的主体有（　）。

A. 制造商　B. 经销商

C. 第三方物流供应商　D. 银行

四、判断题

1. 物流金融服务伴随着现代第三方物流企业应运而生，在物流金融服务中，现代第三方物流企业的业务变得简单许多。（　）

2. 物流金融的运营风险是指物流金融提供商因缺乏足够的技术支持而引起的风险。（　）

3. 代收货款业务是在货物运输过程中，发货方将货权转移给银行，银行根据市场情况按一定比例提供融资，当提货方向银行偿还货款后，银行向第三方物流供应商发出放款指示，将货权还给提货方。（　）

4. 与金融机构相比，第三方物流企业在供应链管理中对买卖双方的经营状况和资信程度都有相当深入的了解，在进行信用评估时不仅手续更为简捷方便，风险也能够得到有效控制。（　）

5. 保兑仓是指以银行信用为载体，以银行承兑汇票为结算工具，由银行控制货权，卖方（或仓储方）受托保管货物，由卖方对承兑汇票保证金以外金额部分以货物回购作为担保，由银行向生产商（卖方）及其经销商（买方）提供的以银行承兑汇票结算的一种金融服务。（　）

五、案例分析

美国联合包裹服务公司（UPS）由吉姆·卡塞于1907年8月28日在美国华盛顿州西雅图成立，后总部迁至亚特兰大，起初名为美国信使公司。经过百余年的不断发展，UPS成为世界上最大的包裹快递公司和专业化运输及物流服务的全球顶尖供应商。它能够提供货物配送、全球货运、金融服务、邮件包裹服务和业务拓展咨询等服务，真正实现货物流、信息流和资金流“三流合一”。UPS和其他跨国物流公司的利润来源中排在第一位的是金融物流服务。

1995年，UPS成立UPS物流公司，基于顾客的个性需求提供物流解决方案和咨询服务。1998年，UPS资本公司成立，其宗旨是提供综合性金融产品。该公司是UPS供应链解决方案的“金融臂膀”。2002年，UPS成立UPS供应链解决方案公司，将UPS的业务扩展到以物流、金融、供应链咨询为核心的全方位第四方物流管理。该公司后更名为资本商业信贷公司。

UPS 资本商业信贷公司成为 UPS 资本公司的组成部分，专门为中小企业提供信贷、贸易和金融解决方案。

经过一系列的兼并重组，UPS 形成四大支柱部门，形成了供应链解决方案。

（1）UPS 包裹快递公司：负责传统的 UPS 业务。

（2）UPS 物流公司：主要提供供应链和电子商务服务，其目标是设计、再造和管理供应链的所有或者任何部分，如运输服务、电子商务物流、全球服务和供应链管理。

（3）UPS 资本公司：负责内部和外部金融服务，包括收件方付费增值服务、设备租赁、电子发票与支付、全球贸易金融、保险。

（4）UPS 零售公司：负责监管所有 UPS 拥有和运作的零售实体。

UPS 公司的金融服务主要是货物保险、小额商业信贷以及垫资服务。在大数据时代，UPS 公司走在时代前列，拥有强大的数据库及信息处理系统，可以根据以往的经验和数据编制预算报告，评估其风险的可能性，找出其均衡点。在为客户提供小额贷款时，由于其与客户之间已有一定的了解，因此对客户的信息、资质以及偿债能力相对于其他金融机构而言更了解，这样就可以省去获得信息资源的成本，减少由于信息不对称而失去优质客户的机会成本，并有利于决策制定。

在为客户提供上述金融服务时，货物的状况在 UPS 的掌握之中，如果客户不能按时交付资金，UPS 公司可以扣押其货物，从而降低了不可预测的风险。在为客户提供垫资服务的过程中，UPS 首先代提货人预付一半的货款，当提货人取货时则交付给 UPS 全部货款。UPS 将另一半货款交付给发货人之前，产生了一个资金运动的时间差，即这部分资金在交付前有一个沉淀期。在这个沉淀期内，UPS 不用支付利息就可以获得资金的使用权，由于其不断循环往复且时间可控，因此 UPS 可以开展融资或放贷业务，为公司降低成本、增加收益。

UPS 公司拥有强大的绩效评价系统。由于物流企业的成本大多是运输货物过程中发生的费用，成本的分配、成本中心的建立、以成本为中心的业绩考核系统的设定都比较困难，但 UPS 拥有强大的数据库，能够对成本加以控制。同时，UPS 建立了以全面成本管理为核心的管理会计系统，对资金、费用、成本以及风险的管理都形成了很好的反馈机制，不但为控制过程提供了优势，而且为绩效评价系统提供了考核的依据。

因此，在大数据时代，物流金融的发展离不开信息系统，管理会计也依赖信息系统。离开了信息系统，计划、控制、评价将失去说服力，没有依据数据制定的决策会禁不住考验。

要求：UPS 公司的实例介绍了管理会计在物流金融中的应用，在我国市场上还没有出现这样的实例，通过对该案例的学习，谈谈你对促进我国物流金融发展的看法和建议。

第 10 章

Chapter 10 “互联网＋”与物流企业会计

步入 21 世纪，科技发展日新月异。在发展的浪潮中，信息科学和互联网技术扮演了十分重要的角色。它们在各行各业的应用带来了变革的前奏。物流信息系统经过十年生聚，造就了完整的技术方法和实现步骤，专业化、智能化的物流信息系统陆续出现在学术界和生产领域。传统互联网在物流信息系统的应用虽在学术界屡有提及，但在实务界尚未得到充分的重视。本章介绍“互联网＋”的内涵、“互联网＋”物流的前景、网络物流服务平台及“互联网＋”对物流企业会计的影响等内容，希望在“互联网＋”时代背景下，物流企业会计对物流企业的经营管理能发挥更大的效能。

本章学习目标：

1. 了解“互联网＋”的内涵；
2. 了解“互联网＋”给传统物流带来的影响；
3. 了解建设网络物流服务平台的原则、内容和意义；
4. 了解“互联网＋”带给物流企业会计的机遇与挑战；
5. 了解“互联网＋”给管理会计带来的应用热点。

第 1 节 “互联网＋”物流概述

一、“互联网＋”的内涵

“普适计算之父”马克·韦泽说过，最高深的技术是那些令人无法察觉的技术，这些技术不停地把它们自己编织进日常生活，直到你无从发现为止。互联网正是这样的技术，它潜移默化地渗透到我们的生活中。2015 年 7 月 4 日，国务院正式发布《关于积极推进“互联网＋”行动的指导意见》，标志着我国全面开启通往“互联网＋”时代的大门。“互联网＋”是指以互联网为主的一整套信息技术（包括移动互联网、云计算、大数据技术等）在经济、社会生活各部门的扩散、应用过程。互联网作为一种通用目的技术（general purpose technology）与 100 年前的电力技术、200 年前的蒸汽机技术一样，将对人类经济社会产生巨大、深远而广泛的影响。美国政府将“互联网＋”时代下的大数据比喻成“未来的新石油”，并将其特点概括为“4V”，即 volume（大量）、variety（多样）、velocity（快速）和 value（价值）。

“互联网＋”的本质是传统产业的在线化、数据化。无论是网络零售商还是软件打车平台，所做的工作都是努力实现交易的在线化。只有将商品、人和交易行为迁移到互联网上，才能实现在线化；只有在线，才能形成“活的”数据，随时被调用和挖掘。在线数据的流动性最强，不会像以往一样封闭在某个部门或企业内部。在线数据随时可以在产业上下游、协作主体之间以最低的成本流动和交换。只有流动起来，数据的价值才能最大限度地发挥出来。

“互联网＋”的前提是互联网作为一种基础设施广泛安装。英国演化经济学家卡萝塔·佩蕾丝认为，每一次大的技术革命都形成了与其相适应的技术—经济范式。这个过程会经历两个阶段：第一阶段是新兴产业的兴起和新基础设施的广泛安装；第二个阶段是各行各业应用的蓬勃发展（每个阶段 20～30 年）。中国迄今已有 6 亿多网民、5 亿多智能手机用户。通信网络、互联网、智能手机、智能芯片的普遍应用，为下一阶段“互联网＋”的发展奠定了坚实的基础。

“互联网＋”的内涵从根本上区别于传统意义上的“信息化”，或者说互联网重新定义了信息化。我们之前把信息化定义为：信息和通信技术（information and communication technology，ICT）不断应用深化的过程。但假如 ICT 的普及、应用没有释放出信息和数据的流动性，促进信息/数据跨组织、跨地域的广泛分享使用，就会出现“IT 黑洞”陷阱，信息化效益就难以体现。在互联网时代，信息化正在回归“以信息为核心”这个本质。互联网是迄今为止人类所看到的信息处理成本最低的基础设施。互联网天然具备的全球开放、平等、透明等特性使得信息/数据在工业社会中被压抑的巨大潜力爆发出来，转化成巨大生产力，成为社会财富增长的新源泉。例如，淘宝网作为架构在互联网上的商务交易平台，促进了商品供给—消费需求数据/信息在全国、全球范围内的广泛流通、分享和对接。10 亿件商品、900 万商家、3 亿多消费者实时对接，形成一个超级在线大市场，极大地促进了中国流通业的效率和水平，释放了内需潜力。

二、互联网化的过程

“互联网＋”的过程也是传统产业转型升级的过程。过去 10 年，这一过程呈现“逆向”互联网化。在企业价值链层面上，表现为一个个环节的互联网化：从消费者在线开始，到广告营销、零售、批发和分销，再到生产制造，一直追溯到上游的原材料和生产装备。从产业层面看，表现为一个个产业的互联网化：从广告传媒业、零售业，到批发业，再到生产制造业和原材料供应领域。在这个过程中，作为生产性服务业的物流业、金融业也跟着出现互联网化的趋势。在“互联网＋”逆向倒逼的过程中，各个环节互联网化的比重也是依次递减，如图 10—1 所示。

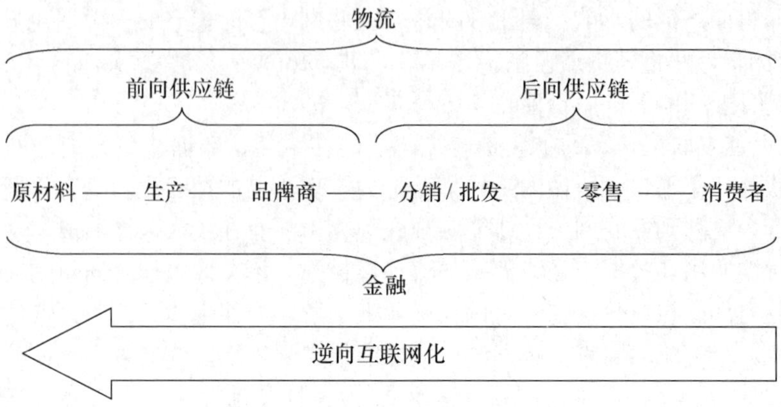

图 10—1 逆向互联网化的过程

最先被互联网带动的是消费者。根据中国互联网络信息中心的数据，到2014年年底，我国网民规模达6.49亿，互联网普及率为47.9%（这可看作中国人口的互联网化程度）。其中，网络购物用户3.61亿，我国网民使用网络购物的比例升至55.7%，在全国居民中的渗透率达到26.67%。

广告营销环节是最早互联网化的商业环节。易观国际的数据显示，2014年我国互联网广告产业规模达到1 535亿元，市场份额占整个广告产业的28%，这在某种程度上可以看作广告业互联网化的程度。

其次是零售环节的互联网化。2014年我国网上零售额同比增长49.7%，达到2.8万亿元，占同期社会总额的10.6%。这也基本代表零售业互联网化的比重。

再往上是批发和分销环节的互联网化。这里包括传统的B2B网站纷纷由信息平台向交易平台转型，推动在线批发，以及传统企业大量开展网络分销业务。例如，2014年7月在港交所挂牌的电子元器件B2B网站“科通芯城”走的是纯线上交易模式，2014年交易规模约80亿元。阿里巴巴的内贸批发平台1688在截止2014年6月之前的12个月内在线批发规模227亿美元（约1 400亿元人民币）。整个国内批发、分销市场的互联网化比例估计为1%～2%。

进一步往上倒逼就是生产制造环节，主要表现为两个方面：一是个性化需求倒逼生产制造柔性化加速，比如大规模个性化定制；二是需求端、零售端与制造业在线紧密连接。这导致制造业也出现在线化、数据化的趋势。

三、“互联网＋”对传统物流的影响

当互联网平台、信息通信技术大量涌入传统物流业，势必给传统物流业带来全面的、颠覆性的影响，创造一种新的互联网物流生态。

（一）互联网思维的产生

在“互联网＋”时代背景下，物流行业首先需要有互联网思维。在互联网技术高速发展、社会变革的前提下，企业以实现商业模式创新为目的，采用顾客导向，基于互联网特征对企业价值模式、营销模式、盈利模式、运营模式重新思考。许多企业开始以用户为中心，并以用户需求为出发点，向后重塑从产品研发、生产、推广、销售，再到售后的产业链各环节。在互联网思维下，互联网不仅仅是工具、渠道，更是基础设施，这是一种全新的方法论和思维理念。

对传统物流企业来说，如何拥抱互联网、利用互联网思维来经营传统物流产业是其在“互联网＋”时代面临的最大课题。面对无数新兴的、迅速成长的互联网企业，许多并未“触网”的传统物流企业面临巨大挑战，更多的物流企业或主动或被动地开始接触互联网，并希望借助互联网寻求突破。这就要求物流企业管理者以互联网思维审视物流企业，改变理念，重塑新的价值主张，最终实现企业战略转型。

1. 互联网与物流的融合

互联网让信息更透明，移动互联网让连接更容易。这一切加上物流之后却是另外一种景象。当前物流市场主体之间彼此孤立、信息共享程度低，要打破这种障碍，需要协同。“互联网＋”使得融合成为可能。单个环节的物流优化是难以为继的，互联网最核心的功能就是连接，将原来更多的节点通过网络连接起来实现协同，创造价值。互联网的加入将使物流的功能继续放大，但协同的核心没有变化，无论是实现透明化、在线化还是智能化，物流企业的成功都要建立在参与者的互联网化与协同之上。不以协同融合为基础的“互联网＋”物流难以实现。

2. 顾客至上

顾客至上的理念在实践中一直未得到全面实现，但在“互联网＋”模式下，尤其是移动互联网条件下，顾客个性化、多样化的需求将得到真正的满足。顾客是企业价值最根本的来源。虽然多年来强调顾客至上理念，但真实的市场并非完全竞争市场，而我们在学术中做的各种研究都假设有效市场存在（即有效市场假说）。在实践中，实际上是生产者掌握主动，因此顾客至上的理念一直未能得以真正践行。经济学家阿克尔洛夫（Akerlof）指出，生产者对自己的商品掌握全面信息，而顾客只能根据商品表面进行判断。这就不仅仅涉及信息传递慢的问题，还涉及信息不对称的问题。“互联网＋”模式下可以解决信息不对称的问题。这个问题解决后，顾客的自主选择权更大，能够真正实现以顾客为中心的理念。

以顾客为中心的理念还可以体现为目前较为流行的体验经济，例如顺丰创新了便利店，使顾客在实体店体验之后再通过互联网购买，充分体现了以顾客为中心的思想，在沟通中实现了顾客至上的理念。以顾客为中心的价值增值理念如图10—2 所示。

（二）从互联网角度改变物流企业战略

“互联网＋”物流有望实现物流产业的蓝海战略而非红海战略。“互联网＋”有望为物流企业带来新的市场，而不仅仅局限于现有市场上的零和博弈。

时下，线上的网购、支付宝、微信营销等正在改变我们的生活。大批新经济互联网企业的涌现更是改变了市场竞争格局，诸如快递领域的微信下单、物流领

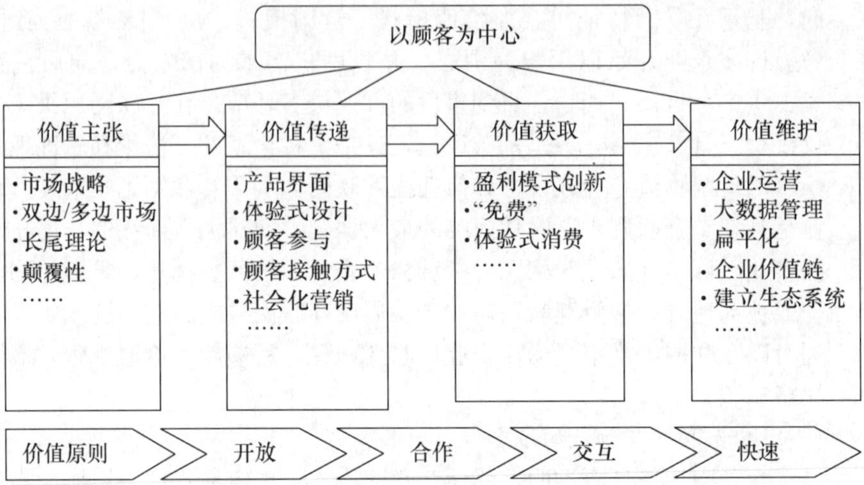

图 10—2 以顾客为中心的价值增值理念图

域的菜鸟骨干网、国际物流的运哪儿网，这些融入一定互联网思维和技术的物流新生儿正在悄悄地影响传统物流业。"互联网＋"形势下，信息的时效性使得空间距离相对缩短，由此引发对物流业提速和快速整合的强烈需求。由于传统物流业以手工操作为主，偏好基础设施建设，造成中小规模物流公司提供的物流服务是被动的。同时，物流量已经由制造业驱动向电商业驱动转变。快递、零担类的物流正部分取代传统合同物流，物流的速度越来越快，越来越倾向于小批量、多批次、高频率的运作模式；当商品销售量急剧增加时，需要快速整合物流资源。

近几年电商行业快速发展，传统消费者已经习惯两种购物模式，即实体店购买和线上网购，后者的比例在不断增加。网购情形下，传统物流仅仅完成了商品的送达。与实体店购买相比，线上的交易使得消费者无法及时试穿、试吃或试用，忽视了消费者的体验。顺丰意识到了这一点，推出"嘿客"模式，融合了O2O模式、虚拟购物、快件自发自取、便民服务等，并在终端社区大范围推广，但叫好不叫座。"嘿客"推行实体店商品展示、线上交易，融合互联网与实体经济，一切似乎很完美。但是其连锁店中零库存——店里不存货，导致消费者完成选购、扫码体验后并不能直接带走心仪的商品，需要快递上门服务。它试图改变或创造消费习惯，将重心放在在线体验上，而忽视了对于线下商品的即时获得、物流体验与延伸服务，消费者不容易接受。电商的积极发展与物流的被动服务的矛盾，使得消费者对体验经济、延伸服务的需求越来越旺盛。

面对速度和体验的双重需求，线下的传统物流业需要加快转型，实现物流业与互联网的融合。用信息化推进转型升级不能只为了做好物流服务、解决速度问题，而是为了用互联网思维、信息化技术改造传统物流业，充分利用互联网的优势，积极响应电商带来的新需求，在新的领域创造一种新的物流生态。

（三）实现传统物流企业的组织创新

传统物流企业的组织结构是金字塔形的层级结构，信息传递速度慢，例如货车司机等货的时间过长。"互联网＋"模式下对传统组织结构提出挑战，向扁平化和团队型结构发展。基层团队的建设以客户为中心、以团队为单位，使组织活动快速便捷。但这种组织结构要求有相应的组织管理创新予以配合。扁平化组织结构和团队型组织结构要求给下级员工授权，分权管理对员工素质提出了更高的要求，需要员工进行自我管理和自我监督，这对传统的人力资源管理发起挑战，颠覆了传统的员工绩效考核与激励制度。

此外，还要进行商业模式的创新。传统物流企业技术创新处于主导地位，但在“互联网＋”背景下，商业模式创新更加具有主导性，而不仅仅拘泥于技术创新。这也呼应了互联网思维模式，即不能将互联网当作物流行业的技术手段，而应该站在更高的角度看待“互联网＋”给物流行业带来的巨大变化。管理者如果仅仅将互联网当作技术手段或者工具在物流行业中简单应用，则显得战略眼光狭隘。商业模式的创新主要表现为营销模式的改变。传统营销模式以广告宣传为主，传统广告平台费用较高，而“互联网＋”物流模式下可以有效利用互联网平台发布广告信息，节约广告费用。社会化营销的运用催生出新的模式，即利用微博、社交网络等互联网媒介实现双向沟通，改变传统物流企业在其内部与外部沟通不畅的问题，创新营销理念。

(四)“互联网＋”物流在物流企业价值链上实现价值增值

供应链集成服务模式即物流企业在以传统的仓储、运输、配送等为基本服务的基础上，围绕服务企业进行供应链上下游延伸开发，集成化提供金融、加工、包装、保险、物流方案设计与咨询、数据分析等增值服务。通过提供基本服务和增值服务，不断增强所服务企业的客户黏性，使客户成为自己的“粉丝”，可增加企业的盈利点。“互联网＋”拥有开放性的特征，使得物流企业价值链上的各节点连接在一起，整合资源，产生协同效应。例如，传统模式下供应商渠道、销售渠道对企业十分重要，而“互联网＋”模式下，客户导向使得这种渠道的垄断被打破。例如在货物运输领域，随着互联网技术的发展，互联网货运发展突飞猛进，新的商业模式层出不穷。互联网对运输系统的覆盖也由过去的车辆追踪与定位，开始向车队管理、车辆维修、金融服务、车辆智能调度等领域全方位延伸，极大促进了货运行业的发展。

四、“互联网＋”物流的前景

首先，“互联网＋”改变原来的物流运作模式，全面推行信息化，实现智慧物流。“互联网＋”形势下的信息化不是单纯地建网站、开发车货匹配的平台、用 APP 发布一些信息，更多的是利用移动互联网的优势，在管理监控、运营作业、金融支付等方面实现信息共享，也就是实现整个物流供应链信息化。比如快递，不但可以实现微信下单、微信运费支付、微信跟单，还可以实现微信保险理赔等。在传统的零担货运中，加入互联网因素将会使物流运营更加科学高效，例如货源的组织可以借助微信、APP 等，有关运输监控的 GPS 数据可实时传输，提货通知、投诉理赔等通过移动互联网更为便捷。

其次，“互联网+”物流为延伸精准营销提供了可能，因为物流掌握了最准确的客户资源（如住址、消费喜好、家庭情况等）。充分利用互联网平台提升物流服务水平后，快递企业很容易形成粉丝效应，加之线下的物流体验和延伸服务，推行试销、定制物流等服务就大有可行性。

再次，“互联网+”物流还可以向其他业态渗透，开启“不务正业模式”。不是为了做物流而做物流，物流可以不赚钱，甚至可以免费，但是物流延伸出来的业态能够盈利。物流业是最易于渗透到其他领域的，在数据、金融、流量、营销等领域都可以延伸。例如，四川航空免费大巴得以生存的秘诀在于，它将传统大巴运营的盈利转移至厂家低价供车、航空服务提升带来乘客增加等环节。当前淘宝网上很多商品包邮，就是将快递费用转移到商品销售中，给消费者造成了物流免费的假象。

目前物流公司的现状是小、散、杂、弱，急需整合资源，提升服务能力。“互联网+”物流一定要充分利用物流的大数据、充足的资金池，实现物流平台化。菜鸟网就是一个典型的例子，它引入信息化网络管理、智能的数据分析，实现物流调度智能化、物流节奏控制智能化、分仓储存智能化，是整个物流生态链中极易适应互联网发展的节点。又如发宝网，引入搜索引擎，采用大众点评模式，线上整合十几万家物流公司，取得明显成效。

从另外一个视角看，这种平台化思想说明物流也可以众筹，这给物流行业资本、资源整合带来更大的想象空间，值得进一步探究。

未来3～5年，随着高速铁路、大型高速船舶、绿色航空、新能源汽车、智能交通、智能仓储、新材料技术、节能环保技术，特别是物联网、下一代信息技术、现代管理科学技术等在物流领域的推广和应用，移动互联网、大数据、云计算将与物流业深度融合，让物流更加智慧化、智能化。这些都会对物流业的转型升级带来促进作用。

第2节 “互联网+”物流的网络物流服务平台

“互联网+”物流的核心载体是物流服务平台。“互联网+”物流不是空中楼阁，而是需要在实践中创造价值，实现盈利和共赢。在此过程中，关键就是要有一个核心载体，在这个载体上能整合物流资源，提高物流效率，驱动物流网络融合，创新物流模式，提升物流应变能力。最关键的是，这个网络物流服务平台要能做到开放、共享、共赢。

从“互联网+”物流的发展进程来看，“互联网+”物流的发展程度将更多地由物流服务平台化的程度来决定。这与其他行业的发展路径比较接近，例如，在零售、生活服务等领域都具有这样的特征。物流业不能离开物流平台去实现“互联网+”物流，这是行业规律，更是产业宿命。物流企业可以利用互联网建设网络物流服务平台。该平台利用先进的计算机网络及通信技术，使各节点物流企业原有的信息系统相连接，快速地对物流企业各环节的信息进行处理，加强物流企业之间的协作，实现物流企业资源的优化配置，同时通过互联网实现物流数据分析反馈的功能。网络物流服务平台可以优化物流运作，提供快速、准确、高效的服务，满足客户个性化定制需求，提高整个物流系统的敏捷性。可见，物流企业必须不断加强网络物流服务平台建设，而平台建设的关键是信息化建设。对物流企业来说，建设网络物流服务平台可以实现信息及时获取，提高物流效率，降低物流成本。

一、建设网络物流服务平台的原则

网络物流服务平台建设的核心是信息化建设。以信息化为中心的网络物流服务平台建设将极大地促进我国物流企业降低物流成本。首先，“互联网＋”物流企业构建网络物流服务平台，能够让物流企业提供一体化的服务。网络物流服务平台可以帮助物流企业提高仓库管理、装卸运输、采购、订购、配送发运、订单处理的自动化水平，实现订货、包装、保管、运输、流通加工一体化，使大规模、高质量、高服务水平处理物流作业成为可能。其次，网络物流服务平台可以使物流企业和其他企业加强信息沟通与合作，有效追踪货物，精确计算物流成本。为此，在建设网络物流服务平台的过程中，需要遵循以下原则。

1. 可获得性

随着互联网的普及，人们从网上获取信息已经成为一种习惯。构建一个基于互联网的物流服务平台，可以将物流企业的信息进行整合，将参与物流服务的企业的基本信息和服务内容进行综合管理，需求者通过平台可以获得更多物流企业的信息，进行优化选择。

2. 及时性

网络物流服务平台提供的信息必须具有即时性，能够快速提供反馈，抓住客户多变的需求。及时性包括平台信息提供及时以及在此基础上的物流企业管理控制及时。在“互联网＋”时代，信息瞬息万变，若网络物流服务平台提供的信息不具有时效性，就会失去搭建这一平台的意义。

3. 精确性

网络物流服务平台提供的信息必须精确反映当前的物流状态和活动，以便掌握顾客需求。精确性是指网络物流服务平台提供的信息必须与物流企业实际状况相匹配。在精确性的要求下，网络物流服务平台才能实现以顾客为导向的服务。

4. 安全性和可靠性

网络物流服务平台的建设需要用到多种技术，尤其是计算机技术和网络技术，而这些技术的应用必然伴随着风险。要想让网络物流服务平台有效发挥作用，物流企业必须在安全性和可靠性上加大投入，维护平台的功能，适应环境、技术、业务等各方面的变化。

二、建设网络物流服务平台的内容

网络物流服务平台的搭建跨行业、跨区域，涉及多种学科和技术。物流企业使用网络物流服务平台可以实现内部信息交流和发布、物流业务交易、客户导向和决策支持等。具体的构建可以从两个方面着手，即运营与开发平台和服务平台。网络物流服务平台的功能如图 10—3 所示。

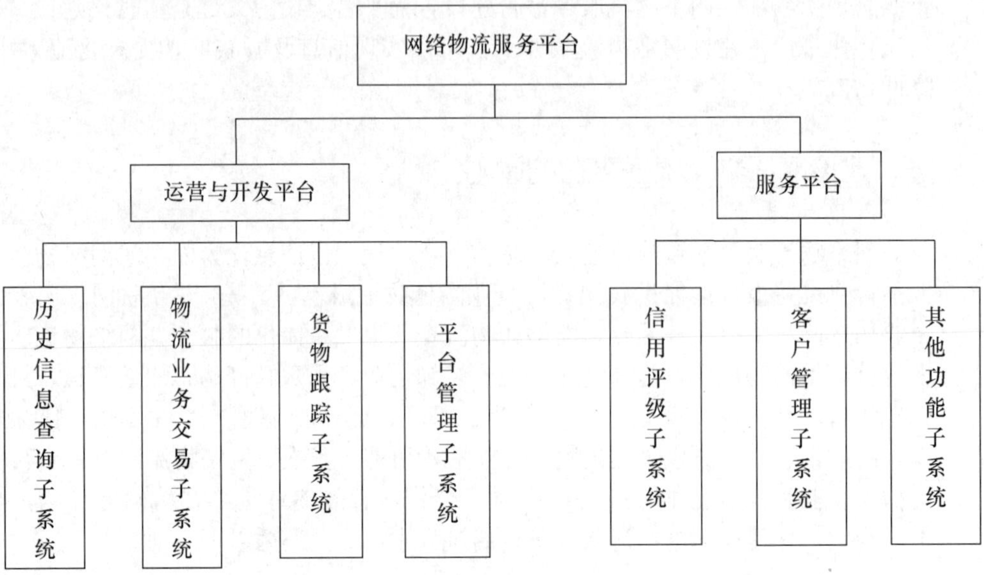

图 10—3 网络物流服务平台的功能

1. 运营与开发平台

（1）历史信息查询子系统。可供查询的历史信息包括物流行业信息、物流服务商信息以及客户历史评价。其中，行业信息包括物流行业的基本知识及相关服务指南等。物流服务商信息的内容比较丰富，包括物流公司的资质、企业文化、银行信用、服务区域范围、价格等所有客户需要了解的企业信息。客户历史评价即老客户对物流公司服务的评价以及对公司的意见和建议。平台用户可以根据自身需求了解行业信息，对拟选择的物流公司的资料进行查询，还可以选择性地了解客户对某公司的服务评价。

（2）物流业务交易子系统。基于互联网的物流服务平台可以让用户在平台上发布需求和供给信息。物流信息一旦在网络物流服务平台上发布就能形成分享的实时传播效益。用户通过物流业务交易子系统查询平台能获取实时信息。相较于传统的物流信息平台，基于互联网的网络物流服务平台除了提供目录式搜索和站内搜索两种信息查询方式，还可以实现对平台中实时信息的抓取。根据一定的匹配规则，平台可双向推送相关偏好信息，撮合双方的业务交易。比如，物流需求方要求在特定的时间地点内货物运往某区域，物流供给方可以满足其对时间、地点、价格等各方面的需求。

（3）货物跟踪子系统。货物跟踪子系统能够实现定位功能和跟踪功能。在网络物流服务平台上，不同地理位置的用户可以通过点击进入平台，在该区域寻找合适的物流企业。对于物流企业而言，可以通过平台发布自身所处的地理位置、货物运输路线、运载情况、运载价格、业务需求等，可以实现与用户的高效实时互动。在物流交易过程中，物流企业通过定位技术在各物流节点将有关货物运输状态的信息发布到平台上，客户可以实时查询。

（4）平台管理子系统。平台管理子系统可以帮助网络物流服务平台实现正常运转，进行系统管理维护，建立物流企业信息库。系统管理维护功能能够方便用户注册，为用户提供定制化服务，关注用户信息的安全性，规定使用权限，维护系统的正常运行。系统可以自动将物流企业和用户的基本信息记录下来，形成可以查询的信息库。

2. 服务平台

（1）信用评价子系统。该系统涉及交易双方的信用评价、网络安全与监督。信用评价子系统基于保护用户安全隐私的原则，在双方完成交易后，通过网络物流服务平台提供的信用等级机制，实现用户之间的相互监督与评价。同时由于信息技术的应用，信用评价子系统可以利用数字签名、数字加密和验证信息等技术，对交易双方的身份进行验证，确保交易者信息真实可靠，保护交易各方的利益，实现安全交易。

（2）客户管理子系统。该系统具有客户信息管理、客户需求信息管理以及客户服务策略管理等功能。前期的客户信息管理可以更有针对性地为客户服务做准备。客户需求信息管理可以实现对客户反馈的需求信息的管理，通过对客户需求的详尽记录和分析，为之后的服务策略和实施方案的制定及选择提供方向性指导，这样不仅可以满足客户的定制化需求，而且能提高物流企业客户服务的效率，实现物流资源的优化配置。客户服务策略管理包括策略的制定、完善、查看、变更等。物流企业拥有特点不同的客户群，通过对客户群进行划分，可以有效提高客户服务质量，实现高效率服务。

（3）其他功能子系统。网络物流服务平台的其他功能子系统包括决策支持功能、金融服务功能和其他增值服务功能等子系统。通过用户发布的相关物流需求信息，物流企业可以在对物流数据进行分析的基础上建立分析模型，对平台提供的业务数据进行深层次的利用，获得具有战略意义的信息。“互联网＋”物流企业在网络物流服务平台的建设过程中可以充分有效地利用互联网，与银行信息系统、第三方支付平台等互联互通，为网络物流服务平台的用户提供电子支付与结算等金融服务。网络物流服务平台还可以为物流企业和用户提供其他增值服务，例如企业形象宣传、环境和路况信息的查询与发布等。

三、建设网络物流服务平台的意义

1. 整合物流资源，提供物流服务综合信息

将现有物流企业信息进行整合，与其网上服务平台进行关联，用户可以通过平台选择相应服务。当人们习惯从平台上获取信息后，新的物流提供方将会主动提交信息供用户选择，平台的作用将会得到充分发挥。

2. 发挥监督作用

网络物流服务平台可以提供用户评价功能，并与信息查询相结合，将用户评

价反映在平台上，在相应的企业查询结果里显示，供客户和企业查看。一方面可以让新客户更加准确地了解物流服务商的真实情况，做出最优选择；另一方面可以让物流企业了解客户需求和意见，及时改进，避免不良事件发生，真正做到服务第一、客户至上，发挥舆论监督的作用。

3. 促进电子商务的发展

电子商务与其他商业活动一样，也是以物资转移或者提供服务为根本目的，电子商务的物流服务一直是一个值得关注的问题。基于互联网的物流服务平台的建立，可以有效解决电子商务中的物流选择问题，为电子商务提供专业的物流服务，在一定程度上促进电子商务的发展。当前，许多电商企业已经建立自己的物流公司，做到快速服务。

4. 规范物流服务标准

网络物流服务平台将所有物流企业的资源进行整合，客户可以做出选择并且进行评价，这在一定程度上促使物流行业采用统一的基本标准，促进了物流行业服务标准的产生。

第3节 “互联网+”对物流企业会计的影响

一、“互联网+”带给物流企业会计的机遇与挑战

(一)“互联网+”带给物流企业会计的机遇

(1) 在职能拓展方面，互联网技术改变了传统的事后核算模式，实现会计核算与物流业务活动的同步集成。会计监督、内部控制与物流业务流程的有机融合，更好地促进会计工作对物流活动的实时反映和有效监控，更好地为内部管理、风险控制、绩效评价等提供决策支持。

(2) 在组织形式方面，互联网的发展促进了会计核算与物流业务活动在物理空间上的适度分离，依托高效率、高度集成的网络物流服务平台，使物流企业会计工作从各物流网点分散式的独立核算模式向集中式的财务共享模式转变。

(3) 在服务模式方面，利用网络物流服务平台，会计服务机构将线下业务与线上业务有机结合，打破了会计服务的地域限制，实现了实时记账和实时财务咨询。同时，互联网的发展也为会计管理部门的业务处理、管理监督、互动交流等提供了有效平台，促进了会计管理部门管理服务模式的进一步转变。会计管理部门可以更加高效地利用企业资源，实现资源优化配置，提高财务管理效率。

(4) 在核算技术方面，互联网技术解决了电子信息在单位之间的快速传递，电子合同、电子银行回单、电子发票等电子凭证逐步取代纸质凭证，会计工作逐步实现无纸化。以会计档案电子化管理为例，其有效克服了传统纸质会计档案管理中存在的占用空间大、行政成本高、保管手段滞后等诸多问题，可以进一步释放会计人力资源，减少会计档案专用储存空间，进而大幅降低相关经费支出，提高管理效率，降低成本。互联网的出现让财务核算在加快速度的同时也更加

精准。

（二）“互联网+”带给物流企业会计的挑战

“互联网+”给物流企业会计带来了积极影响，同时也带来了冲击和挑战。

（1）在观念更新方面，“互联网+”需要会计突破传统思维、传统模式的禁锢，主动利用网络物流服务平台，在组织形式、知识结构、服务模式等方面进行变革。

（2）在标准建设方面，伴随着互联网的发展出现的新的产业形态、商业模式、交易工具、业务活动，必然要求会计法律法规、准则制度与之相适应，进一步规范会计活动，提高会计信息质量。

（3）在系统集成方面，不同会计核算系统之间、会计核算系统与相关业务系统之间、行业监管平台之间，都需要建立统一的数据标准和数据接口，以利于会计数据的跨平台传递和有效利用。

（4）在信息安全方面，随着互联网、移动设备、云技术和社交媒体等新技术、新载体的大量采用，会计信息系统可能受到外部攻击，如何防范会计数据被截取、篡改、损坏、丢失、泄露等，是各单位和政府监管部门面临的现实问题。

二、“互联网+”促进物流企业会计向管理会计转变

（一）管理会计在“互联网+”时代呈现出自身的优越性

“互联网+”时代，云采购、云招聘、云制造、云服务等越来越深地渗透到企业的管理理念之中。企业内部、企业与外部的联通越来越密切，这就需要财务人士对数据有足够精细化的管理与整合，而管理会计可以很好地适应这一需求。

（二）“互联网+”时代可以推动管理会计的价值最大化

管理会计是精细管理和价值创造的重要工具，已成为业界的共识。在互联网时代，传统企业不会被互联网企业取代，而是会互联网化。企业管理的本质并没有改变，同样还是人财物、产供销的管理，但管理的理念、模式、工具和方法却发生了革命性的改变，财务共享中心、云采购、云招聘、电子商务、云制造、云服务等纷纷涌现。互联网时代对精细管理提出了更高要求，而且随着企业内部、企业和外部的互联互通，精细管理不再局限于企业内部，而是扩展到整个供应链。企业互联网化加速了财务与业务的深度融合，并在融合过程中强化了内部控制和流动性管理。基于责任中心会计，集聚企业内部的“小数据”与互联网“大数据”，将使内部管理报告的内涵更加丰富，使管理会计的价值最大化成为可能。

（三）“互联网+”为管理会计带来应用热点

1. 价值创造型的财务共享服务模式

基于云服务和大数据的全面预算可以有效实现以价值创造为中心的财务共享服务模式。云计算推动管控型财务向价值创造型财务转变。云计算、大数据等新

技术应用催生了新的管理工具和业务模式。传统的“财务业务一体化”“三流合一”真正成为可能。比如，财务共享服务中心（财务云）将促进财务体系的再设计，推动财务会计和管理会计分离，为财务职能转型提供数据基础、管理基础和组织基础；集团电子采购系统（云采购）使采购活动由分散管理转变为集中管理。通过在采购中心设立管理会计岗位，财务人员参与采购业务活动变得容易，对采购价格、供应商的信用管理更加有效；基于互联网的电子商务、客户关系管理，使财务人员参与业务和管控的范围从企业内部延伸到上下游产业链。

2. 营运资金管理

以流动性管理为核心的营运资金管理是企业的生命线，尤其在当前经济形势下，流动性管理比增长和利润更重要。传统的资金管理重在集中结算，“互联网＋”环境下资金管理的重点是集团内部的资金池管理、云计算、大数据技术的应用，使流动性管理从集团内部扩展到供应商、客户，实时监控包括应收/应付、库存、现金在内的全价值链的营运资金，加强对资金周转周期的管理和优化，实现准确的资金预测、及时的资金预警和科学合理的资金决策，确保企业有能力应对已知的债务和未知的需求。

营运资金管理的重心不在“营运”，而在“管理”。深入理解这一点，就可以理解财务与业务为何需要深入融合，管理会计为何需要走进业务、深入业务。理解了这一因果关系，也就不难理解管理会计的重心不是传统意义上的“会计”，而是会计对业务的“渗透”与“管理”。要做到这一点，还需要广大财会人员用“互联网＋”的理念充实自己，在管理会计领域不断探索与实践，实现真正的质的飞跃。

企业应对内部资金进行有效管理，提升云计算水平，扩大大数据技术的应用范围，以有效推动流动性管理从企业内部逐渐向企业外部以及相关领域拓展，并对实际开支、库存、现金以及整个价值链上所有营运资金进行优化管理，进一步实现对资金的准确预算以及恰当的资金决策。在“互联网＋”时代，管理会计会逐渐扩展到投资以及融资的范畴，实现企业净现值最大化及融资成本最小化的目标。管理会计能帮助企业做好经营、投资、融资等方面的决策，在企业价值创造上发挥应有的作用。

3. 面向现代服务业的人力资本会计

现代服务业是产业转型的方向，人力资源成本在企业成本结构中的占比很大，尤其是科技服务业，人员素质高、流动性大，由此带来的沉淀成本和机会成本是企业普遍关注的重点。此外，传统的人力资源管理重在人事和薪资的后端管理，而现代人力资本理念将管理的重心移至招聘环节，将个性化人才的招聘视为一个个“战略采购”。日益兴起的社交化招聘为精准招聘提供了新的模式和工具，但个性化招聘的“一人一议”又给精准招聘带来新的挑战，如人才价格的确定等。借助互联网的云招聘模式，不仅可以利用人才价格行情数据为精准招聘提供对标参考，降低人力资源成本，而且可以通过大数据技术对个人的生活轨迹、社交言行等网络信息数据进行分析，准确识别兴趣、性格及能力状况，帮助企业迅速找到适合岗位的员工，提高人岗匹配度。

4. 基于大数据的内部报告和决策分析

管理会计可提升数据价值，基于大数据为对标管理和内部报告提供支撑。管理会计的重要职能之一是通过利用相关信息做好企业前景预测，帮助企业管理者做出正确决策。以全面预算为例，过去因为记录、存储和分析工具的限制，企业全面预算大都局限于企业的内部数据和历史数据，即使是企业内部数据也可能是碎片化的，无法与同行业、先进企业对标，全面预算也就容易变成集团上下每年一次的博弈。预算分析报告中使用定额标准计算出各种指标的结果很容易，但因缺少责任会计的支撑，缺少与内外、行业和区域对比的相关数据，难以评估其合理性。未来基于云计算、大数据技术，用数据说话，实现全员全过程的全面预算成为可能。

互联网的本质之一就是管理“去中心化”，传统的金字塔式组织结构向倒金字塔式转变，中央集权趋向分权，以客户为中心的自主决策成为主流。这就要求利用管理会计的理论、工具和方法，从根本上提升内部报告的内涵和价值，并能够分角色提供，支撑全员决策和实时决策。

在互联网时代，传统企业要用互联网的思维进行管理创新，用管理会计做好精细化文章，发挥管理会计的决策作用；利用云计算、大数据创新互联网应用，推动企业内外的互联互通。

5. 本土 ERP 转型升级

ERP 企业管理软件为管理会计实践提供了平台支撑，而管理会计的发展又为本土 ERP 管理软件的转型升级提供了新动力。本土 ERP 软件与国外先进的管理软件的差距，很大程度上在于系统所蕴含的管理会计基本理论、概念框架、工具方法及最佳实践和模型库相对滞后。财政部 2014 年发布的《关于全面推进管理会计体系建设的指导意见》明确将信息化列入“4＋1”管理会计体系，推进面向管理会计的信息系统建设，这为本土 ERP 转型升级提供了新动力，为本土管理软件厂商全面追赶和超越国际厂商提供了发展机遇。从企业实践来看，“互联网＋”已经成为管理会计理念与方法落地的“利器”，是预算系统、平衡计分卡系统、经济增加值系统、作业成本管理系统等管理会计信息系统落地的重要支撑。

三、借助“互联网＋”加速推进物流企业管理会计的发展

（一）形成“互联网＋”思维，全力助推管理会计实践变革

自 2012 年财政部提出全面推进管理会计体系建设以来，理论界与实务界围绕这一话题的讨论广泛而激烈，讨论的重点可归纳为：一是如何认识管理会计；二是如何实施管理会计。这与管理会计独有的“业务化”特质密切相关。换言之，只有跨越账本、走进业务的管理会计实践变革才能使管理会计释放出无穷能量。要达成目标，关键点、难点在于管理会计体系建设的“抓手”问题。从形而论，抓手可以是工具也可以是手段；从质而论，抓手可以上升为思维与能力，尤其在“互联网＋”环境下，这种思维与能力更加凸显其重要性，这与“互联

网+”的丰富内涵密不可分。尽管目前学术界对“互联网+”没有形成理论，但对它的诠释林林总总。但无论是哪种诠释，“互联网+”的精要与表现都不外乎跨界与融合、尊重与合作、创新与重塑、开放与连接，而这恰恰就是管理会计不同于传统的财务会计之处。

（二）基于价值链精髓的管理会计实践更具生命力

这里所说的价值链包括外部价值链与内部价值链，二者在管理会计实践活动中互相作用、缺一不可。比如，通过外部价值链的重构和优化，增大营运资金的边际贡献，创立企业全新的跨界盈利模式；在企业内部价值链各环节的协调配合下，借助 IT 大数据的强大支撑，进一步加强企业的会计信息化建设，促进业务与财务一体化。可见，遵循价值链的精髓，管理会计实践活动将提高经济效益与管理效率。

（三）跨界业务流程再造的管理会计实践形成合力

在电子商务时代，“互联网+”使得很多企业互融互通。在这种环境下，企业的业务流程再造不能只局限于企业内部。例如，物流金融业务中无论是借鉴金融业管理结构而设的业务流程，还是其在运行中与金融业的对接管理流程，事实上都在间接地推动物流企业内部流程的革新与再造，这些变化无疑将引发更多企业寻求模式与管理的转型升级，推动产业资源流向更市场化的领域，带动国家产业结构的调整和优化。

（四）打造开放模式化的管理会计合作平台

“互联网+”思维有着“尊重与合作”的特质。企业的营运资金管理要想实现最大化的多边效益，仅局限于传统意义上的企业内部资金程序化的管理，显然是过时和保守的，也无法创造更大的空间；而真正开放的营运资金管理模式必然是与其产业链上下游紧密相连的，这就需要加载平台式的信息对话。因此，建立信息开放与共享的交互平台，才能对产业链进行整合，提高整体运行效率。

（五）以“互联网+”促进管理会计发展的同时不能脱离管理会计的本质

财政部 2014 年发布的《关于全面推进管理会计体系建设的指导意见》指出：“管理会计是会计的重要分支，主要服务于单位内部管理需要，是通过利用相关信息，有机融合财务与业务活动，在单位规划、决策、控制和评价等方面发挥重要作用的管理活动。管理会计工作是会计工作的重要组成部分。”这表明，管理会计有别于传统专业化的财务会计，但它是会计的分支，仍属会计序列。只有不忘会计专业要领的管理会计实践变革才真正有效、有用。管理会计的任何实践活动，可以以业务为轴画出大大的圆，然而必须以会计为圆心，只有这样，才不致出现与管理会计活动的目标南辕北辙的偏离损失。

复习思考题

一、简答题

1. 简述什么是互联网思维。

2. 简述建设网络物流服务平台的原则。

3. 简述建设网络物流服务平台对发展我国物流业有哪些重要的意义。

4. 简述"互联网＋"为管理会计带来哪些应用热点。

5. 简述管理会计应如何抓住"互联网＋"所带来的有利条件，趋利避害加快发展。

二、单项选择题

1. "互联网＋"对会计核算带来的明显改变是（　　）。

A. 核算速度更快　　B. 核算无纸化

C. 核算模式的改变　　D. 核算职能的改变

2. 美国政府将"互联网＋"时代下的大数据比喻成"未来的新石油"，它的特点是"4V"，其中不包括的选择是（　　）。

A. volume（大量）　　B. variety（多样）

C. vague（模糊）　　D. value（价值）

3. "互联网＋"思维的特质包括（　　）。

A. 尊重与合作　　B. 包容与创新

C. 谈判与理解　　D. 竞争与发展

4. 最先被互联网带动的是（　　）。

A. 零售商　　B. 批发商

C. 生产商　　D. 消费者

5. "互联网＋"环境下，（　　）有助于管理会计实践形成最大合力。

A. "互联网＋"思维

B. 跨界业务流程再造

C. 开放模式化的管理会计合作平台

D. 价值链精髓

三、多项选择题

1. 互联网思维包括（　　）。

A. 整合理念　　B. 客户至上

C. 形成产业链条　　D. 协同理念

2. 建设物流服务平台的原则包括（　　）。

A. 可获得性　　B. 及时性

C. 精确性　　D. 安全性和可靠性

3. "互联网＋"对传统物流行业的影响包括（　　）。

A. 需要有互联网思维

B. 改变物流企业战略

C. 实现传统物流企业的组织创新

D. 在物流企业价值链上实现价值增值，整合资源信息

4. 下列各子系统中，不属于网络物流服务平台中的运营与开发平台的是（　　）。

A. 历史信息查询子系统　　B. 信用评价子系统

C. 货物跟踪子系统　　D. 客户管理子系统

5. “互联网+”对物流企业会计带来的机遇包括（　　）。

A. 职能拓展方面　　B. 组织形式方面

C. 服务模式方面　　D. 核算技术方面

四、判断题

1. “互联网+”的本质是传统产业的在线化、数据化。（　　）

2. “互联网+”的过程也是传统产业转型升级的过程，这一过程是从原材料供应开始直到消费者的过程。（　　）

3. 在“互联网+”逆向倒逼的过程中，各个环节互联网化的比重也是依次递增的。（　　）

4. 网络物流服务平台建设的核心是信息化建设。（　　）

5. 营运资金管理的重心不在管理，而在营运。（　　）

五、案例分析

1. “互联网+港口物流”案例

（1）青岛港——借“互联网+”促进港口转型升级。青岛港着力构建港口现代物流电子商务生态圈，提升物流信息服务能力；依托港口物流链，构建区域性物流公共信息平台；通过打造海道网、客服中心、跨境电商平台等，实现与海关、国检、船公司、货代等众多相关方的数据共享，并成为国家集装箱海铁联运物联网应用示范工程之一；建立健全市场和客户网络管理、服务体系，以便尽快掌握最新信息。

同时，成立客户服务中心，从干散货入手与客户建立互动，掌握货物最新信息；构筑起“干散货、件杂货、油品和集装箱”四大功能板块服务体系；将互联网技术和思维应用于内陆港服务，实现与新疆国际内陆港的信息“无缝直通”；开启出口集装箱港杂费结算新模式，引导客户网上缴费习惯的培养，掌握“咽喉”式信息。

（2）虎门港——携手盟大集团，打造国内首家临港O2O跨境电商平台。虎门港利用新一代信息技术，实现临港O2O跨境电子商务全面升级；将信息产业与现代物流业紧密融合，利用自动化、信息化、网络化、智能化的港口现代化技术；建立政府、联检单位、码头、船公司、报关、企业等多方的电子数据交换共享平台；同时整合物流、资金流、信息流，帮助企业降低物流成本，提升全港区的信息化水平。

（3）上海港——携手上海吉联，缔造物流O2O管理平台。上海港建设电子商务服务体系，提升网上服务能力，借助O2O管理平台实施长江战略、东北亚

战略、国际化战略。

(4) 连云港港——移动互联网助“智慧”发展。连云港港利用智能手机以及各类移动工业终端，为港口生产经营服务。在码头生产方面，其自主研发的大型件杂货码头业务管理信息系统进一步拓展，大幅提高了港口件杂货码头生产调度效率。在企业社交方面，开发应用“云之家”企业微博和“RTX”企业实时通信两个软件，它们成为集团职工日常信息沟通和工作协同的重要工具。在对外服务方面，开发的“一站式”服务平台稳定运行多年，帮助客户提高业务效率，节约自身成本。

(5) 宁波港——海铁联运加快融入“互联网＋”时代。宁波港综合五个子系统，实现数据互通。综合原有的货运制票系统、装卸车系统、钩计划无线传输系统等五个子系统，实现了海铁联运等业务操作、现场控制的信息化和网络化，也与国铁、船公司、兄弟单位实现了数据互通。

同时引入物联网、大数据的概念，发挥港口连接功能。铁路生产业务系统大大加快了海铁联运融入以物联网、大数据为代表的“互联网＋”时代的步伐，将有效发挥港口铁路在海铁联运中连接“一带一路”的枢纽作用和集疏运功能。今后业务人员只需轻点鼠标，宁波港海铁联运集装箱的在途情况便可尽收眼底。

(6) 日照港——“自动思考”的智慧港口。日照港自主研发了一套融合 GPS 定位、无线通信、物流网和移动互联网等信息技术的管理系统。用户可在其微信公众平台实时查询车辆等候情况，在网上预约提货，自主打印提货单，获得精准信息。日照港通过共享大数据、延伸服务链，建设信息交换平台，实现信息双向沟通；推进电子商务下的“物流单证”，进行货物信息查询、跟踪，形成“港口阿里巴巴”；充分利用物联网、移动互联网等信息技术，帮助决策层、管理层进行战略分析、优劣势分析。

针对以上六个“互联网＋港口物流”的案例，可以看到，港口之于互联网，没有是与否的选择，只有主动与被动的选择。

在港口面临转型升级的今天，固守传统的经营管理思维方式不但拯救不了传统业务和传统经营模式，难以实现港口转型，而且会在港口市场竞争中为那些采用了“互联网＋”的挑战者创造机会。

港口拥抱“互联网＋”，实质上就是要使港口由海运物流链条上的空间节点升级为信息服务节点。尽管“互联网＋”对港口转型升级的推动作用还有待进一步观察，但可肯定的是，“互联网＋”是实现“智慧港口”的基础，也是信息化时代港口转型升级的必然选择。

要求：以港口物流为例讨论“互联网＋”对物流带来哪些影响。

2. “快货”案例

移动互联网的兴起，不仅使生活娱乐类产品越来越丰富，而且让互联网渗透到各个传统产业。一些创业者将目光聚焦物流行业，看到了互联网与传统物流行业相结合的机会。物流类产品随之纷纷上线：骡迹物流、物流小秘、快召货车等主打打车抢单模式，货拉拉主打同城货车抢单模式，OTMS 专注 TMS 服务方向，还有的采用“无车承运人”模式。相比之下，快货既没有主打打车抢单模式，也没有走重资金、重管理路线，而是依据物流信息双向推动逻辑，专注做物流运输的车货信息撮合平台。快货支持车找货，也支持货找车，而且支持整车配货及拼车配货。初期从解决信息不对称问题切入，力争节约能源和资金成本，未来将通过大数据调整供需，让运力资源得到优化配置，更加平衡高效。

快货创始人潘先林表示，物流和打车是不同的，出租车不用主动找乘客，但货运是双向的信息流，之所以没有做抢单模式，是因为货运属于高强度、时间长的工作，行车过程中需要司机集中注意力，加之货运的周期一般需要几天时间，一般情况下，货运司机不会在运输情形下抢单接单。快货希望改变传统物流行业信息闭塞的现状，做好车货信息的撮合。对于供需双方，平台不做特定的限制，只要线下存在合理、合法的产品，都可以来快货平台发布。这样就可减少中间环节成本。

说到货运拼车模式，潘先林算了一笔账：比如从河北香河运一车家具到兰州，找一辆 13 米长的整车大概需要 10 000 元，如果从附近的唐山调一辆已经装了部分钢铁底货的拼车，少运 10 立方米的货物，只需 6 000 多元，同样的货物，一趟节约成本 3 000 多元。目前快货优先支持“有底货拼车”的产品，不仅满足货物实现轻重配比合理运输的需求，同时也为货运双方节约了 30%～40%的运输成本（所节约的这部分成本带来的价值远远大于节省中介信息费带来的用户价值）。

目前快货所服务的托运方包括物流公司、厂家、商户、个人，甚至信息中介等。平台有多种模式，大多采取合作的模式。在快货平台，如果是中介，必须清楚地打上标签，告诉对方，否则被举报后将永久禁用平台。

认证机制方面，考虑到使用门槛和身份认证的平衡，快货在不同时期使用不同的认证机制，用户使用不同的服务有不同的安全级别。目前，平台对于司机主要认证行驶证、带车牌的车照等信息，对于货主则主要认证实体网点的营业信息，如门面照、电话、名片等。定价机制方面，基于快货的 UGC 平台性质，目前采取“线上发布报价信息＋线下双方协商”的方式，未来可能会增加新的交易机制。

谈及商业模式，潘先林说：“快货打算先做信息撮合，再建好诚信机制，然后实现各种交易模式。因为物流的背后是商流、资金流，互联网人做传统行业必须深入实践。我们的优点是有互联网的思维方式，有快速的学习能力和应变能力，缺点是容易想的太多，不接地气，所以我们必须在重产品的同时重运营、重推广，将三者相结合，摸索更多的商业模式。物流领域是个长尾市场，也是个生命周期长的领域，值得我们长期做深做广。未来的方向是一方面做深 TMS 服务，另一方面与周边领域如保险、供应链金融、电商、广告等对接。”

要求：针对上述快货的案例讨论建设网络物流服务平台的意义。

3.“第一物流”案例

据统计，目前中国有 3 300 多万辆卡车，7 000 多万中小企业主，市场规模预计在 10 万亿元左右。但由于缺乏良好的管理能力和技术，传统物流行业存在资源浪费，主要表现在运费高企、运力过剩。

顺应“互联网＋”信息化发展浪潮，2015 年 5 月 6 日，“第一物流”运力电商平台宣布上线。这个以互联网为载体，基于货主与货车司机的运力电商平台，致力于降低货主运输成本，构筑货主与车主的信息交流渠道。

第一物流 CEO 韩军表示，第一物流是一个依托移动互联网构建的物流行业运力电子商务平台，利用移动互联网技术改造传统物流行业，解决行业信息不对称、中间环节过多、非标准化、管理水平低等困扰行业发展的问题，目标是让物流行业作业模式更加高效。

中国已成为世界第一制造大国和贸易大国，物流作为与之匹配的环节，市场规模亦日益扩大。北京邮电大学专家表示，中国需要大型的 B2B 电商平台，用信息化技术打造智慧物流。当前货运成本太高，借助专门的 B2B 物流平台可降低寻找需求的成本，消除信息不对称带来的沟通障碍。另外，通过开放和共享平台上的信息，可以延伸服务价值、提升品牌形象，打造新型运力商业模式。

互联网对传统行业的改造已全面开启。毫无疑问，“互联网＋物流”将改变原始物流的运作模式，向智慧物流迈进。

韩军认为，“互联网＋”形势下的信息化，不是单纯地建网站、搭平台、开发 APP，更多的是利用移动互联网优势，在管理监控、运营服务管理、金融支付等方面实现信息共享，用互联网思维、信息化技术来改造物流产业，在新的领域创造一种新的物流生态。

总而言之，在政策大力支持的环境下，现代物流企业要发挥带头作用，充分利用“互联网＋”的理念，大力发展现代物流产业，开发智能化的物流产品，推动物流业的规范化与信息化发展进程，改善物流成本居高不下的现状。

要求：根据第一物流的案例讨论“互联网＋”对降低物流成本的作用。

参考文献

[1] 阿里研究院. 互联网+：从 IT 到 DT-INTERNETPLUS [M]. 北京：机械工业出版社，2015.

[2] 阿里研究院. “互联网+”研究报告. 百度文库，wenku. baidu. com.

[3] 鲍新中，崔巍. 物流成本管理与控制 [M]. 北京：电子工业出版社，2009.

[4] 鲍新中，李晓非. 物流成本管理理论与实务 [M]. 北京：机械工业出版社，2011.

[5] 陈国庆，黄志，秦金城. 全面预算管理 [M]. 北京：经济科学出版社，2011.

[6] 陈宏. 物流企业财务会计 [M]. 北京：中国物资出版社，2002.

[7] 陈炜煜. 物流财务分析 [M]. 北京：中国财富出版社，2012.

[8] 陈文. 物流成本管理 [M]. 2 版. 北京：北京理工大学出版社，2012.

[9] 储雪俭. 初探物流金融的经济学原理 [J]. 物流技术，2006 (5).

[10] 崔丽霞. 互联网时代财会人员的素质要求研究 [J]. 知识经济，2013 (8).

[11] 戴梦娇. 浅析会计环境对会计的影响 [J]. 市场论坛，2013 (11).

[12] 邓丽. 项目投资决策评价指标分析及比较 [J]. 商业会计，2010 (20).

[13] 丁轶. S 物流企业物流金融应用研究 [D]. 东华大学硕士论文，2014.

[14] 方慧. 管理会计与财务会计在网络经济时代的趋同分析 [J]. 财会月刊（会计版），2005 (12).

[15] 高一斌. 抓住互联网发展趋势　迎接大会计时代 [J]. 商业会计，2015 (15).

[16] 郭士正，刘军. 物流成本管理 [M]. 北京：清华大学出版社，2011.

[17] 国家发展和改革委员会经济运行调节局，南开大学现代物流研究中心. 中国现代物流发展报告（2013 年）[R]. 北京：北京大学出版社，2013.

[18] 侯玉荣. “互联网+”时代的管理会计 [J]. 时代金融，2015 (24).

[19] 花爱梅. 物流企业服务质量评价研究——以 F 物流公司为例 [D]. 南京理工大学硕士学位论文，2014.

[20] 嘉文. “互联网+物流”有望降低运输成本. 新华网，http://new. xinhuanet. com/tech/2015-05/06/c_127771746. htm.

[21] 贾晓波. 物流企业如何核算物流成本 [J]. 科技信息，2006 (3).

[22] 焦勇. 全面预算管理体系的研究 [D]. 天津大学硕士学位论文，2009.

[23] 李进. 物流企业全面预算管理问题探讨 [D]. 景德镇陶瓷学院硕士学位论文，2013.

[24] 李娟，徐渝，马耕中. 基于存货质押融资的联盟式银行职能外包最优决策研究 [J]. 运筹与管理，2007 (2).

[25] 李蔚田，谭恒，杨丽娜. 物流金融 [M]. 北京：北京大学出版社，2013.

[26] 李艳洁. "一带一路"的物流业机会 [N]. 中国经营报，2015-03-07.

[27] 刘秉镰，王鹏姬. 基于平衡计分卡的物流企业绩效层次分析 [J]. 中国流通经济，2003 (7).

[28] 刘丹. 物流企业管理 [M]. 北京：科学出版社，2010.

[29] 刘云国. 高级管理会计理论与实务 [M]. 北京：中国人民大学出版社，2013.

[30] 罗宇. 如何做好物流会计 [M]. 北京：经济管理出版社，2014.

[31] 马士华，李华焰，林勇. 平衡计分卡在供应链绩效评价中的应用研究 [J]. 工业工程与管理，2002 (4).

[32] 牟先军. 互联网背景下的财务会计与管理研究 [J]. 财经界，2015 (18).

[33] 彭家钧. 海尔基于互联网思维的管理会计创新 [J]. 新理财，2014 (5).

[34] 钱爱民，张新民. 新准则下利润结构质量分析体系的重构 [J]. 会计研究，2008 (6).

[35] 曲振波. "互联网+"时代下的管理会计 [J]. 中国集体经济，2015 (16).

[36] 任海宁. 管理会计在物流企业成本优化中的应用研究 [J]. 物流技术，2014 (3).

[37] 深圳发展银行—中欧国际工商学院"供应链金融"课题组. 供应链金融 [M]. 上海：上海远东出版社，2009.

[38] 孙光国. 物流企业会计 [M]. 大连：东北财经大学出版社，2010.

[39] 孙文君. UPS中国国内快递业务发展战略研究 [D]. 中国海洋大学硕士论文，2014.

[40] 孙正妮. "互联网+"背景下的会计变革 [J]. 中国总会计师，2015 (8).

[41] 涂锟斌. 基于金融数据仓库的商业银行管理会计系统的研究 [D]. 厦门大学硕士学位论文，2009.

[42] 汪宇瀚. 物流企业理财 [M]. 北京：中国物资出版社，2006.

[43] 汪正干. 物流企业会计 [M]. 上海：上海财经大学出版社，2008.

[44] 王宏伟. 物流企业会计核算中存在的问题及对策 [J]. 物流技术，2013 (4).

[45] 王久立. 后互联网时代的会计服务创新 [N]. 中国会计报，2015-07-21.

[46] 王琳. 物流绩效管理 [M]. 北京：高等教育出版社，2011.

[47] 王满，耿云江. 物流企业财务管理 [M]. 大连：东北财经大学出版社，2009.

[48] 王兴山. 企业互联网时代的管理会计 [J]. 财务与会计，2015 (4).

[49] 王周，李菲. 互联网金融对会计发展的影响分析 [J]. 现代营销，2015 (8).

[50] 邢铭强. 物流会计（图解案例版）[M]. 北京：中国宇航出版社，2014.

[51] 徐爱农. 企业价值评估 [M]. 北京：中国金融出版社，2012.

[52] 徐海宁. 互联网+时代下管理会计的新发展 [J]. 科技创新与应用，2015 (29).

[53] 徐昊，马斌．时代的变换——互联网构建新世界［M］．北京：机械工业出版社，2015.

[54] 许群．企业预算编制实务与经典案例［M］．北京：中国市场出版社，2012.

[55] 闫华红．项目投资决策评价指标的应用与比较分析［J］．财会学习，2007(1).

[56] 严李浩．浅谈物流企业会计核算和财务管理存在的问题及对策［J］．交通财会，2005 (5).

[57] 严玉康，董兆明．物流企业会计［M］．3版．上海：立信会计出版社，2014.

[58] 杨军．“互联网＋”环境下企业管理会计的实践与变革——广西联通“沃金融”供应链融资模式的分析与启示［J］．会计之友，2015 (18).

[59] 易华，张文杰．企业物流成本的战略成本动因研究［J］．中国流通经济，2008(12).

[60] 殷裕品，兰凤云，刘芳．物流企业绩效分析与评价［M］．北京：北京大学出版社，2013.

[61] 于晓胜．“互联网＋”助力物流业升级［J］．新产经，2015 (4).

[62] 曾雪云．互联网时代的商业模式变革与管理会计理念［J］．财务与会计，2015 (10).

[63] 张川，肖康元，金丽玉．物流企业会计与财务管理［M］．上海：复旦大学出版社，2010.

[64] 张和平，张显东．平衡计分卡在供应链绩效评估中的应用［J］．物流技术，2002 (12).

[65] 张梅．浅谈物流企业会计核算的现状及对策［J］．经营管理者，2010 (9).

[66] 张蔚虹，刘立．物流运输企业全面预算编制探析［J］．交通企业管理，2007(2).

[67] 张先治，陈友邦．财务分析［M］．7版．大连：东北财经大学出版社，2014.

[68] 张新明，栗立钟．财务报表分析：理论内涵与学科定位［J］．财务研究，2015 (1).

[69] 赵涛．物流企业规范化管理全书［M］．北京：电子工业出版社，2008.

[70] 郑秀恋，温卫娟．物流成本管理［M］．北京：清华大学出版社，2013.

[71] 郑秀妙，方静，蔡琳雅．物流成本管理实务［M］．北京：北京师范大学出版社，2012.

[72] 中国物流与采购联合会．中国物流年鉴［M］．北京：中国财富出版社，2014.

[73] 中国总会计师编辑部．管理会计信息化的新趋势［J］．中国总会计师，2015(2).

[74] 周建亚．物流基础［M］．北京：中国物资出版社，2007.

[75] 周容彬．“互联网＋”时代如何推进管理会计的应用［J］．审计与理财，2015(9).

[76] 周铮春．物流企业收入计量方法的探讨［J］．物流科技，2006 (10).

［77］左娅. 别让物流堵了“互联网＋”［N］. 人民日报，2015-05-04.

［78］Brewer P C，Speh T W. Using the balanced scorecard to measure supply chain performance［J］. Journal of Business Logistics，2000，21（1）.

［79］Dirk Maroni. Concept of supply chain controlling，CFD/CPM-Seminar “SCM” 2002 in Bonn. www. conet. de，2003.

［80］Thomas W Speh. An approach for measuring supply chain performance. www. clm-dvrt. org/docs/balanced_scorecard. pdf，2003.

教师教学服务说明

中国人民大学出版社工商管理分社以出版经典、高品质的工商管理、财务会计、统计、市场营销、人力资源管理、运营管理、物流管理、旅游管理等领域的各层次教材为宗旨。

为了更好地为一线教师服务，近年来工商管理分社着力建设了一批数字化、立体化的网络教学资源。教师可以通过以下方式获得免费下载教学资源的权限：

在“人大经管图书在线”（www. rdjg. com. cn）注册，下载“教师服务登记表”，或直接填写下面的“教师服务登记表”，加盖院系公章，然后邮寄或传真给我们。我们收到表格后将在一个工作日内为您开通相关资源的下载权限。

如您需要帮助，请随时与我们联络：

中国人民大学出版社工商管理分社

联系电话：010－62515735，62515749，62515987

传　　真：010－62515732，62514775　　　电子邮箱：rdcbsjg@crup. com. cn

通讯地址：北京市海淀区中关村大街甲59号文化大厦1501室（100872）

教师服务登记表

<table>
<tr><td>姓 名</td><td></td><td>□先生　□女士</td><td>职　　称</td><td colspan="2"></td></tr>
<tr><td>座机/手机</td><td colspan="2"></td><td>电子邮箱</td><td colspan="2"></td></tr>
<tr><td>通讯地址</td><td colspan="2"></td><td>邮　　编</td><td colspan="2"></td></tr>
<tr><td>任教学校</td><td colspan="2"></td><td>所在院系</td><td colspan="2"></td></tr>
<tr><td rowspan="3">所授课程</td><td>课程名称</td><td>现用教材名称</td><td>出版社</td><td>对象（本科生/研究生/MBA/其他）</td><td>学生人数</td></tr>
<tr><td></td><td></td><td></td><td></td><td></td></tr>
<tr><td></td><td></td><td></td><td></td><td></td></tr>
<tr><td colspan="2">需要哪本教材的配套资源</td><td colspan="4"></td></tr>
<tr><td colspan="2">人大经管图书在线用户名</td><td colspan="4"></td></tr>
<tr><td colspan="6">院/系领导（签字）：
院/系办公室盖章</td></tr>
</table>